新・子どもたちの言語獲得

[編者] 小林 春美
　　　 佐々木正人

[著者] 岩立志津夫
　　　 小椋たみ子
　　　 梶川 祥世
　　　 喜多壮太郎
　　　 小林 春美
　　　 佐々木正人
　　　 鳥越 隆士
　　　 藤永　 保
　　　 横山 正幸

大修館書店

まえがき

　子どもたちが，誕生後わずか数年のうちに，基本的な言語能力のほとんどを身につけてしまうのは，実に驚くべきことである。しかし，なぜ子どもたちが言語を獲得できるのか，どのように獲得していくのかを説明するのは，容易なことではない。10年前，本書が最初に出版された1997年当時，「言語獲得理論は経験論的立場・生得論的立場などさまざまな議論が入り乱れ，知的関心を深めつつも，収束とは遠い状態にある」と前書きで述べた。議論の多様性ということに関しては，状況は少しも変わっていない。それどころか，良い意味で多様に豊かさと面白さを増しているように感じられる。詳しくは各章に譲るが，もし3点だけ挙げるならば，言語進化をもたらした人間の特性，特に他者の意図を認知する能力への関心，外界からの入力を統計的に処理する知覚機構の認識，そして音声言語とは異なるモダリティを持つ言語（手話）をも包含できる言語本質の追究，を挙げることができよう。こうした問題やその他興味深く重要な問題について，本書はこの10年間の言語発達研究の進展をできる限り盛り込むようにした。

　こうした多様性の中で，データを重視するアプローチの重要性は，少しも変わっていない。言語獲得研究にとって重要なのは，言語獲得が起きる「場」を生態学的に捉え，綿密に観察することである。人間の言語現象のあり方を反映して，観察対象は，でき

る限り幅広くすべきである。人と人との関わりにおいて暗黙の前提となっているがために，ほとんど意識化されることのない身体の動きや音声のやりとりには，人間が長い進化の過程を経て得たもの，また文化の一部として身につけたものが，色濃く反映している。文法や語彙の獲得についても，個々の子どものそれぞれの「場」での個性的な発達の解明が，言語獲得における個人差や普遍性の問題に，より深い洞察を与えてくれるだろう。

　『子どもたちの言語獲得』は，日本人の子どもたちを対象にデータを蓄積し，「本当に起こっていることは何なのか」を探求し続けている，第一線の研究者らによって執筆されている。言語発達の現象を包括的に捉えようとの意図から，本書の構成は語彙や文法に加えて，音声，非言語要素（身振り），認知発達や障害の問題，養育放棄と言語獲得の問題，非音声言語（手話）までと幅広い。だが，広く浅く知識を提供することが目的ではない。初学者でも読み進められるよう，各章ではある程度多くの頁を割いて，各分野における基本的な知識をわかりやすく提供するようにした。しかしそこだけにとどまることはなく，読者はいつのまにか，言語獲得研究の最前線の，極めて興味深い問題にまで分け入っているはずである。そうした特徴を持つゆえに，言語獲得やその周辺領域を専門とする研究者にとっても，新鮮な知見を提供しうると考える。なお，前書では音声の章を京都大学の正高信男先生に執筆頂いたが，本書ではご都合により辞退されたため，気鋭の研究者である玉川大学の梶川祥世先生にお願いした。内容では，前回は言語的音声の産出に重点がおかれたのに対し，今回は単語音声の抽出に重点がおかれるという違いがあり，全般的に一新されている。前回の章も示唆に富んだ興味深い章であったが，今回は最近の統計的学習やそれに関連する養育者など環境要因の

分析を含んでおり，前書に劣らず興味深い章となっている。

　近頃は喜ばしいことに，日本でも言語獲得に関するテキストが，以前に比べて多く出版されるようになっている。これは言語・コミュニケーションの発達が，人間の全般的発達の様相を考える上で，本質的に重要であることが認識されてきたからであろう。さらには，言語発達研究，特にデータを重視する研究が，保育・療育上のニーズに対し，実践的・実用的な情報を提供できるようになってきたことも影響していると考えられる。こうした状況の中で，本書は包括的な視点，心理学的・生態学的アプローチ，日本児のデータを主として収めることで，教育・療育現場への示唆を含むことに加え，人間の知的好奇心自体もかきたてる点で，かなりユニークではないかと自負している。なお，学習・研究をサポートしやすいよう，各章末に読書案内，巻末に文献・索引を配した。言語獲得に関する大学の学部・大学院用テキストに使っていただければと思う。また言語獲得に関心を持つ保育関係者・幼児教育者にも役立てていただきたいし，最近の研究をレビューしたい研究者にとっても有用かと思う。

　本書の意図に賛同して，お忙しいなか寄稿して下さった執筆者の先生がたに，厚くお礼申し上げたい。また，大修館書店編集部日高美南子氏は，編者の執筆作業の遅さに対しても辛抱強く励ましてくださり，終始新版作成の強力な推進役であった。深く謝意を表したい。

　2008年2月

　　　　　　　　　　　　　　　　　　　　編者（小林春美）

目次

子どもたちの言語獲得

まえがき　iii

I　はじめに

第1章　言語獲得理論の動き ―― 3
―― 生得性をめぐって ――

1. 行動主義からチョムスキー理論へ　5
2. 言語の「生得性」をめぐる論争　16
3. 子どもへの言語入力の検討　27
4. 意図を推測しあう存在としての人間　32
5. 新しい動きと可能性　37

II　ことばの獲得

第2章　音声の獲得 ―― 47

1. セグメンテーション　49
2. 単語音声の「正確な」認知　52
3. 意味と結びついた単語音声の認知　65
4. おわりに　69

第3章　身振りとことば ―― 71

1. 身振りとことばの関係　72
2. ことばの発達と身振りの発達　75
3. 認知発達と身振りの発達　83
4. まとめ　86

第4章　語彙の獲得―――――――――― 89
―――ことばの意味をいかに知るのか―――

1. 語彙獲得の過程　91
2. 「制約」の果たす役割　96
3. 指示意図の理解とことばの意味の獲得　106

第5章　文法の獲得〈1〉――――――― 119
―――動詞を中心に―――

1. 7つの研究　121
2. 理論的検討　134

第6章　文法の獲得〈2〉――――――― 141
―――助詞を中心に―――

1. 助詞の獲得過程　143
2. 助詞の誤用の理由　152
3. 助詞の獲得方法　160

III　ことばをささえるもの

第7章　養育放棄事例とことばの発達――― 165

1. 初期発達の臨界期仮説　167
2. 言語獲得の臨界期とジニーの事例　172
3. F・Gにおける言語獲得　182
4. コロンビアのアダム　195

第8章　障害児のことばの発達 ──────201
──初期言語発達と認知発達の関係──

1．言語獲得─前言語から言語へ　203
2．初期言語発達と認知発達の関係　206
3．自閉症児の言語　225
4．おわりに　227

第9章　手話の獲得 ────────────231

1．手話とは　233
2．第一言語としての手話の獲得　238
3．手話獲得の特殊性　248
4．おわりに　257

第10章　「ことばの獲得」を包囲していること ──259

1．「ある」からはじまる　260
2．子どもたちを取り囲んでいること　265
3．意味にたどりつくまで　273

文　　献　283
索　　引　297
執筆者紹介　302

: 子どもたちの言語獲得

Ⅰ　はじめに

第1章

●

言語獲得理論の動き
——生得性をめぐって——

子どもたちが言語を獲得できるのはなぜなのか，どのようなメカニズムによるのか，現代的な理論の流れとその論争点を紹介する。

　理論では大人のことばの単純な模倣である，という説がまず登場した。しかし，子どものことばには，模倣だけでは説明できないような現象がしばしば見られる。そこで子どもは生まれつきことばのルール（文法）を備えている，という説が登場した。チョムスキー（Noam Chomsky）は，環境からの入力（大人のことば）だけから最終的に大人の文法が獲得されるのは不可能であり，あらゆる言語に普遍的な文法を子どもは持って生まれてくるはずだと主張した。この主張は多くの心理学者，言語学者の知的好奇心を揺さぶり，さまざまな研究へと駆り立て，言語獲得研究はその多様性と豊かさを増すこととなった。子どもに向けられた大人のことばや子どもとの相互作用の研究は，そうした研究のうちの主要なものの一つである。言語獲得研究の歴史はこの生得性が重要なのか，それとも大人の入力（環境）が重要なのか，の論争に終始してきたといっても言い過ぎではない。1994年に出版されたスティーブン・ピンカー（Steven Pinker）の *The Language Instinct* に至って，研究者のみならず，言語獲得に関心のある一般の人々にも言語の「生得性」（innateness）の主張は大きなインパクトを与えたようである。一方，進化の過程で他者の意図を理解する能力を得たことが言語能力を人間にもたらした，とするマイケル・トマセロ（Michael Tomasello）の考えが，心理学系の研究者の注目を集めるようになっている。

　本章では，生得性をめぐる論争を中心に言語獲得研究の流れを振り返り，新たな動きを紹介する。同時に，本書に収められた各論文を研究の流れと新たな動きの中に位置づけることを試みる。

行動主義からチョムスキー理論へ

1) 行動主義アプローチ

　言語獲得理論の現代的な流れの最初に位置するのが，スキナー（B. F. Skinner）による行動主義アプローチである。行動主義では，人間の心を探る方法としては科学的に妥当なものは存在しないし，「心」という直接観察不可能なものはもともと科学的検証ができないものだと考える。そこで，表面的に観察可能な事実として，人間がどう「行動する」かだけを対象とした。スキナーはこの考えを人間の言語能力の解明にも押し進めた。それが著書のタイトル『言語行動』（*Verbal Behavior*）にも表れている。「言語」ということばは，いかにも脳の中に内在する知識であるかのような印象を与えると考え，それを避けるためあくまで「言語行動」といったのである。

　行動主義では，人間の行動は，外界からの刺激に対し，ある反応を繰り返すうちに，「連合」（association）が形成され，その連鎖から形成されるもの，と考える。言語獲得では，例として語彙の獲得でいえば，「アメ」という音声と，口の中に感ずる「甘い味」というヒトの生体の反応とが幾度も繰り返し同時に（または継起して）起こることにより，「アメ」という音声と「甘い味」とが連合する。こうして，最初は「アメ」という音声に何の意味も感じなかったのが，「甘い味のもの」という「意味」を付与するようになるという。ことばの産出については，ある言語行動をしたあと，それが強化されたかどうかによりその行動が変化する，ということによって説明する。たとえば，うまく発音できず「アエ」と言っていた子どもが大人の発音を模倣して正しく「ア

メ」と発音できたときに，大人から「上手に言えたね」とほめられたり，本当にアメをもらえたとする。こうした言語的・物的な報酬は，次に再び「アメ」と正しく発音することを強化するであろう。行動主義アプローチは，さらに子どもは大人のことばを観察・模倣し，文法を獲得していくと主張するようになった。行動主義では，言語行動は数ある人間の行動のうちの一つにすぎず，どの行動も同じ刺激と反応の連合の形成という原理で説明できるとしている。

2) 行動主義アプローチへの批判

　行動主義アプローチを強く批判し，言語獲得理論研究に革命的変化をもたらしたのがチョムスキーであった。行動主義では，子どもの姿を刺激と反応の連鎖を形成するだけのきわめて受動的なものと描いていると批判し，実は子どもは脳の中に言語のルールを持っており，外界からの情報に基づいてそのルールを変更・完成させていく能動的なものなのだと主張した。

　子どもが独自のルールを持っている証拠の一つに，子どもは単純に正しい文法を獲得していくのではなく，一時期誤用することが挙げられる。英語の動詞の形態素獲得過程では，went の代わりに子どもは一時期 goed を使う時期がある。子どもはなぜこんな間違いをするのか。大人はこんな間違いはしない。だから，これは大人のことばの模倣とは考えられない。また，こうした誤りを大人がほめるはずはないから，強化されることもありえない。こうした独自の誤りを子どもが犯すのは，実は子どもが能動的に言語獲得に取り組んでいる証拠である。子どもが動詞の過去形の形態素 -ed を獲得する過程で，この形態素をいわゆる不規則動詞にまで誤って使ってしまったからとしか考えられない。

　チョムスキーは，文法すなわち語の連結に関する知識の獲得に

ついても，行動主義アプローチでは説明がつかないと指摘している。行動主義アプローチにおいては，語と語の連結は，過去にある語とある語がどのように連結して大人のことばに出現していたか，という「生起率」によって決定される。たとえば，the という語は，girl, dog, などという語が次にくることが過去の生起率から高いと考えられる。いきなり is がきて The is... というような連結が起こることは通常考えられない。文法とは，この生起率に関する膨大なリストに他ならないことになる。

ところが，これに対し，チョムスキーは"Colorless green ideas sleep furiously."というチョムスキー自身が作った有名な文を例に挙げて反論した。この文では，colorless と green，green と ideas の間に過去の文において連結があった可能性はゼロであろう。「色のない緑色」なんてナンセンス以外の何ものでもない。同様に ideas と sleep, sleep と furiously の間にも連結は考えられない。にもかかわらず，英語話者にとってこれは，意味はおかしいが，文としてはありえると感じられる。逆に"Was he went to the newspaper is in deep end."は，それぞれの相前後する語の間の連結の生起率はかなり高そうだが，まったく文になっていない。このような文法的直感を，行動主義アプローチでは説明できない。

3）生得的アプローチにおける「データ」の性質

こうした文法的直感を説明することこそ，言語能力を解明するために最も重要なことであり，またこうした文法的直感を示す文の集まりこそが信頼でき考察に値する「データ」であると，チョムスキーを代表とする生成文法学者は考えている。実際の人間の発話では言い間違い，言い差してやめること，勘違いなどを含んでいる。だから，こうした発話は文法的直感を推測するためには

使えない。「データ」はこのような「誤り」に加え，わざとする曖昧表現やことばが発せられる状況への配慮といった「語用論的要素」(pragmatics) からも注意深く隔離しておかなければならない。こうした要素は，「言語の運用」(linguistic performance) に際してはじめて考慮されるべき問題であり，「言語能力」(linguistic competence) という本質ではないと考えるからである。そこで信頼されるべき「データ」とは，通常言語学者がみずからの言語的直感に基づき文法的と判定した文の集まりからなっているものである。

　大人は一般に不完全な話し方しかしないのだから，実際に大人によって発話される文章と，最終的に子どもが獲得する文法構造との間には厳然としてギャップが存在することになる。より正確には，大津 (1989) によれば，「おとなの文法には経験のみからは帰納できない部分が含まれており，しかも，文法以外の知識の獲得の際にも機能すると考えられる一般的な心的機構を想定しただけでは文法の獲得を説明できない」(pp. 189-190) のである。これは「刺激の貧困」(poverty of stimulus) と呼ばれている。こうした困難な状況にあるにもかかわらず，子どもは5，6歳ぐらいまでには基本的な文法を獲得してしまう。これはいったいなぜ可能なのか。

　これに対しチョムスキーは，行動主義やそれを支える経験主義とはラディカルに異なる解答を与えた。文法は生まれつき子どもの頭に備わっているという考え方である。ここでいう「文法」は，「日本語」「英語」というような個別の言語の文法（個別文法）ではなく，あらゆる言語に普遍的と考えられている「普遍文法」(Universal Grammar：UG) である。生得的 (innate) に普遍文法が備わっているので，ごくわずかの不十分な「言語入力」(linguistic input, 大人の言語) に触れただけで，普遍文法

は「トリガー」(trigger, 引き金をひく) されるという。

4) 原理とパラメータのアプローチの概念

　チョムスキーの理論は, 初期理論に始まり, 標準理論, 拡大標準理論, 修正拡大標準理論を経て, 統率・束縛理論へと変化してきたといわれる。そうした変遷を解説するのは本章の目的ではなく, 筆者の力量を超える。本章の議論を進めるために必要な程度に限定して, 「原理とパラメータのアプローチ」(Principles and Parameters Approach) と呼ばれる概念について述べる (詳しくは大津 (1989) の優れた解説や西垣内 (1995) を参照)。

　単語は一つずつ口から順番に発せられるので, 文は一見すると単語が単純に連鎖して線状に連なったものに見える。しかし, チョムスキーによれば, 実際には文は単純な線形ではなく, 心の中でツリー (樹状) 構造を持ち, 名詞句, 動詞句といった, 「句」(phrase) のまとまりからなっている。句は単語のまとまりからなる。そこで, 単語はそれぞれが個別に扱われるのではなく, 句のレベルでひとまとめとされ, 疑問文などを作るためにまとまった状態で動かすことができる。さらには, 文さえも, ひとまとまりとして別の文の中に入れ子の状態にすることにより, 複雑な文を作ることができる。

　当初, 句構造規則が主として取り扱ったのは英語のみであり, 名詞句, 動詞句の構造は, すでに得られている英語の言語資料をうまく説明できる (記述的妥当性を持つ) ように記述されていた。しかし, 名詞句も動詞句も (さらには形容詞句, 前置詞句も含めあらゆる句が), ともに「主要部」(head) と「補部」(complement) からなっており, 基本的には同型的であることが認識されるとともに, もっと一般性の高い単純な記述が可能となった。「X バー理論」(X-bar theory) では「主要部の超範疇要素と

してXを設け，それと補部が構成する句をXバーで表す」（柴谷，1989）ようになった。西垣内（1995）によれば，「Xバー理論は，すべての句構造は$X^n → αX^{n-1}$の枠組みに即していなければならないという単純な「原理」からなる体系」（p. 28）である。このシンプルな句構造の原理は「事実の記述にとどまるものではなく，句構造のありうる姿を予告する力を持ったものである（説明的妥当性を持つ）」（西垣内，p. 28）と考えられており，普遍文法の一部をなすとされている。

　上記に挙げたXバー理論の図式は，そのままでは語順を指定しない。だから個別の言語の文法が導き出されるためには，語順などを指定することが必要である。これが「パラメータ」（parameters）の設定である。普遍文法に経験が作用して個別言語の文法が獲得されることを，大人の文法＝f（UG, E）（ただし，f：文法獲得関数，E：経験）という関数の形で表すことができる。パラメータとは，文法獲得関数を構成するUGに含まれている原理に付随する変数を指す。「原理とパラメータ」について，大津（1989）は，「ヒトに生得的に与えられたUG（普遍文法）はパラメータを含んだ一般原理から成る体系であり，生後外界から与えられる経験に矛盾しないように個々の原理のパラメータの値を固定していくことによっておとなの文法が構築される」（p. 194）と述べている。句の中の主要部（ヘッド）は，動詞句であれば動詞である。この動詞は，英語では"go to the park"の中の"go"のように句の左側にくる。一方，日本語では動詞句の中の動詞は「公園へ行く」の中の「行く」のように句の右側にくる。このように，ヘッドが句の中の右にくるのか，左にくるのかは，個別言語によって異なっており，文の語順の決定に大きく関わる。ヘッド・パラメータの値（句の中の右か左か）は子どもが大人の言語を聞いてはじめて設定できる。「公園へ行こう！」と

言う親の文を聞いて，いったん「ヘッドは句の右」と設定してしまえば，同一言語内であれば動詞句であろうが名詞句であろうが，多くの句の中でヘッドは一定の場所（ここでは右）にくる傾向が強いことが分かっている。いわば一瞬にしていまだ出会ってもいない多くの句の基本構造が分かってしまう。ピンカー（1995）は，このように2つの値が仮定されているようなパラメータの設定について，「二者択一のスイッチをどちらかに倒すようなもの」（p. 152）と表現している。

5）パラメータ設定における問題

　原理とパラメータのアプローチによれば，子どもは抽象度の高い原理を持って生まれ，いくつかのパラメータ設定を行うだけでよい。そうすれば，生まれてきた社会における言語の文法が獲得できる。あとは語彙さえ獲得すればよい。実際，「ミニマリスト・プログラム」（Minimalist Program）と呼ばれる原理とパラメータ・アプローチの最近の展開では，パラメータ設定は語彙の中にすでに組み込まれていると考えられている。そこで，西垣内（1995）は，「パラメータの値の設定が語彙の習得の一部であるとすれば，言語獲得の過程で子どもがしなければならないのは語彙の習得だけであると言い切ることができる」（p. 35）と述べている。こうして子どもは，たくさんの文に触れむずかしい帰納的な推論を営々と行う負担から解放されることになる。このことは確かに，能力的には大人よりかなり低いはずの子どもが，5，6歳ころまでに複雑な個別文法の獲得をしてしまうのはなぜかを説得力をもって説明できるように見える。

　しかしながら，このパラメータ設定はいくつかの未解決の問題を抱えている。マイゼル（Meisel, 1995）によって展開されている議論を参考にして2つの問題を取り上げる。

まず第一に，トリガーの問題である。パラメータはどのような入力に会ったときトリガーされるのか，よく分かっていない。トリガーという語の意味（「引き金をひく」）からして，きわめてわずかの情報でもパラメータがセットされると考えられている。理想的にはたった一つの文に出会っただけでトリガーされることになる。よく論議されるパラメータの一つに「空主語（null subject）パラメータ」がある。英語では主語は必ず必要だが，日本語，イタリア語などでは必ずしも必要ではない。そこで子どもは，獲得すべき個別文法がはたして空主語を許すのか，許さないのか，パラメータ設定をする必要がある。子どもはたとえば「ご飯食べる？」というような主語のない文に出会って，「主語はなくてもよい」（空主語でもよい）というパラメータ設定をすることになる。

　しかし，子どもが最初に出会った文がもし間違っていたらどうなるのだろう。ヴァリアン（Valian, 1990）によれば，インプット，すなわち大人の子どもに対する言語には，4〜20％くらいの割合で非文法的な文もしくは，非文法的とまではいえないが完全に文法的ではないような文が含まれている。こうした非文法的な文は子どもの文法獲得を不可能にする危険性をはらんでいるとマイゼルは論じている。たとえば，英語の場合，"Wantyour lunch now?" "Raining hard." といった主語のない文を子どもは耳にするかもしれない。こうした文はけっして間違いとはいえず，むしろ子どもはよく耳にする可能性があるといえよう。しかし完全に文法的とはいえないから，本来は子どもが文法を導き出すためのデータにしてはいけないのだ。しかし，子どもにそんなことが分かろうはずはない。こうした「間違った」インプットに出会ってすぐトリガーしてしまい，間違ったパラメータ設定が行われてしまったら？　たとえば，たまたま子どもが上のような文に出

会ったとき，パラメータを「主語はなくてもよい」にセットしてしまったらどうなるのだろう？　英語では主語は文法的文では常に必要なので，これは間違っている。だから，パラメータの「再設定」(reset) が必要になる。では，どれだけの数の正しい文に出会えば再設定できるのだろうか？　十分多くの数の文に接し，明らかに主語のある文のほうが多いと分かったとき再設定できるのだとしたら，もはやパラメータは「トリガー」だけで簡単に設定できるものではなくなってしまう。むしろ，比較的「多い」「少ない」を判断できるような，統計的計算に基づいて設定されるものになってしまう。これは，帰納的推論に立脚しないパラメータ理論にとって受け入れがたい考えであろうと，筆者は推測する。ランダルはこの間違ったインプットの問題を解決するために，「トリガー臨界値」(trigger threshold) を提唱し，十分に証拠が集まったところではじめてトリガーが起こるというが，その臨界値がいくつかについては分かっていない。

　第二に初期設定の値の問題がある。初期設定はすでにインプットに触れる以前に設定されているという説では，空主語パラメータの最初の設定は，ハイアムズ (Hyams, 1986) によると，「主語はなくてもよい」である。英語を獲得しつつある子どもは，初期の文でしばしば本来は必要な主語を省略した発話をすることが証拠として挙げられる。たとえば，自分の行動について言及して"... ride truck."と言ったり，大人に要求して"... want more apples."と言ったりする。

　しかし，一見奇妙な意見なのだが，バーウィック (Berwick, 1985) は，パラメータはより「小さな言語」を生成するように初期設定されていなければならないと主張した。「小さな言語」とは，あるパラメータの2つの値をそれぞれの値に設定したとき，2つの言語が生成されることになるが，そのうちの部分集合にな

るほうの言語を指す(「部分集合の原理」(Subset Principle))。空主語パラメータでいえば,その2つの言語とは,「空主語を許す」〔主語はあってもなくてもよい〕言語と「空主語を許さない」〔主語は必ずある〕言語であり,空主語を許さない言語は,主語に対していわば制限が強く,空主語を許す言語より「小さな言語」ということになる。

　さて,ここで空主語パラメータでは「主語は省略されない」にセットされていなければならない。日本語を例に考えると,もし「主語は省略されない」に設定されていれば,「ご飯食べる?」「行くよ」というような主語がない文に出会えばすぐに暫定値(デフォールト)が間違っていることが分かり,「主語はなくてもよい」に再設定できる。英語はというと,もともとのデフォールトのままで正しいので,再設定の必要はなく問題ない。しかし,もしハイアムズのいうように「主語はなくてもよい」に設定されていたとしたら,日本語はそのままでいいとして,英語が困る。主語がある文もない文も正しいので,たとえ主語がある文ばかりに多く接したとしても再設定の必要がなくなってしまう。どのくらい多くの主語のある文法的文に接すれば「主語は省略されない」に再設定できるのか,分かっていない。しかも,子どもは4〜20%もの,完全に文法的ではない文にまで接するというのだから,ますます混乱しそうだ。ついさっき耳にした文が,はたして再設定をするために考慮すべき文(文法的文)か,無視していい文(非文法的文)なのか,判断しなくてはならないが,当然ながらこれは困難である。

　かりに,幸運にも「肯定証拠」(positive evidence)にばかり(つまり主語のある文法的文にばかり)出会ったとしよう。これでパラメータは「主語はなくてもよい」という値ではけっしてなく,「主語は省略されない」という値になる,と子どもは決定で

きるだろうか。ここで，親は文法的な間違いを子どもがしても，間違っていると指摘しないとされていることが問題となる。「否定証拠の欠如」(absence of negative evidence) といわれている問題だ。これについてはブラウンとハンロン (Brown & Hanlon, 1970) のデータがよく引用される。肯定証拠だけでは確かに「主語はなくてもよい」は間違いだ，と論理的には決定できない。主語がなくとも正しいとされる文法的文に，いままではたまたま出会わなかったが，これから出会うかもしれないではないか。肯定証拠だけでは，「過剰に一般的な」文法が作り出されてしまうだけなのである。過剰な部分を「削り取る」ためには否定証拠が必要なのだ。では，主語がないけれども文法的である文が出現することは，ない，ということ（大津 (1989) によれば，これは子どもが「期待」するような「単純な」構造の文に出会っても「期待」がこうした経験によって裏づけられないことである。いわば，外界からの情報によらず，子どもが自ら作り出した否定証拠であり，「間接否定証拠」(indirect negative evidence) と呼ばれる）があれば「主語は省略してもよい」を排除できるだろうか。ヴァリアン (1990) は「どのくらい長い間，ある文法構造が「出現しない」ことを確かめればいいのか分からない」と疑問を呈している。主語がない文には出会わないことをどのくらい長い間確認すればいいか。一般にあることが「ある」ことを確認するのはたった1回でもすむが，「ない」ことを確認するのはむずかしい。文のように際限なく数があるものについては，「ない」ことを「確実に」確認するのは，間接否定証拠があってもやはり困難と思われる。

　ということは，やはりバーウィック (1985) のいうように，なるべく小さな言語を生成する初期値のほうが良いことになる。とすると，子どもは，入力のありようによっては大幅に変更を迫ら

れるかもしれない，いわば「あまりあてにならない」「変更はおおいにありうる」暫定値を生まれつきいくつか持って生まれてくることになる。この点，同じ「デフォールト」でも，コンピュータやソフトウェアが出荷されるときに設定され，なるべく多くのユーザや場面で最も役立ちそうな値に設定されている「デフォールト」とは，だいぶ性質が異なることになる。このように変更がおおいにありうる暫定値ばかり持った状態で生まれたら，子どもは言語獲得に際してかえって苦労してしまわないだろうか，というごく素朴な疑問が筆者にはわいてくる。「なぜ子どもはパラメータ設定を変えられるのか」という問題については，生成文法理論に立脚する研究者の間でも論争が続いており，伊藤友彦のように原理とパラメータのアプローチ自体を疑問視する研究者もいる。

 言語の「生得性」をめぐる論争

1) ピンカーによる「言語の生得性の証拠」

　普遍文法は子どもの頭に生まれつき備わっているというのが，生得的アプローチの最も重要なポイントである。ピンカーの著書『言語を生みだす本能』の原書（1994）のタイトルは *The Language Instinct*（「言語本能」）という。ピンカーは，言語が人間という種に固有の，ちょうど象の鼻と同じように高度に進化を遂げ生得的に備わっている，一つの器官（心的器官）であることを終始一貫して強く主張している。

　ピンカーの主張を簡単にまとめると，言語は進化の過程で生まれ，現存する種としては人間にしか備わっていない能力であり，人間でさえあれば誰でも，言語以外の能力が極端に低くても，と

くに何も教えられることなく言語を素早く獲得できるということである。

　言語の生得性の主張を裏づけるためにピンカーが提示した証拠は多岐にわたるが、ここではとくに説得力があるように筆者には思われる3つの証拠を取り上げる。第一は、「ウィリアムズ症候群」(Williams Syndrome) というめずらしいタイプの知的障害の人々の存在である。ピンカーによれば、この症候群の人々は、知能指数は50前後と低く、靴紐を結ぶ、左右を区別する、といった日常的な行動ができない。にもかかわらず、正しい文法を使って驚くほどなめらかに話すことができる。他の能力が極端に低いのに言語は損なわれていない。だから、言語が他の能力から独立した「モジュール」(module) 構造を持つことを立証している例だとしている。

　第二に、「ピジンのクレオール化」という現象がある。別々のまったく異なる言語を話す人々が何らかの活動をするために1つの場所に集まると、お互いにコミュニケーションをするために当座しのぎの混成語を使うようになる。これが「ピジン」(pidgin) と呼ばれる。ピジンはしかし真正の言語とはいえない。なぜなら語順は定まっていないし、文法規則がほとんどないからだ。この人々の子どもたちの世代では、このピジンを母語とする人々が現れる。この人々の言語はもはや単なる混成語ではなく、ちゃんと文法規則のある新しい言語「クレオール」(creole) に変化していることが知られている。これをピジンのクレオール化という。ピンカーは、第二世代の子どもたちが両親の言語の影響をほとんど受けていないとすれば、クレオールは子どもたちの脳に内在する普遍文法によって作り出されたと考えざるをえない、と主張している。

　驚異的なのは、クレオール化は音声言語のみならず、「手話」

(sign language)でも生じることだ。多くの聴覚障害児は健聴の両親のもとに生まれる。両親の音声言語を子どもは理解できず，時には就学時まで言語に触れない子どももいるという。学校でも手話を遠ざけて，口話法〔唇を読む〕での教育が強調されることがある。その結果，手話を大人に近くなってからはじめて学ぶ聴覚障害者がいる。ピンカーは，15，16歳という遅い年齢になってはじめて手話を獲得した両親を持つ聴覚障害児の例を引いている。この両親の手話は不完全であったが，この子どもはその入力から，完全な言語としての形を持った手話を作り出していたのだった。本書第9章の鳥越隆士の論文では，さらに聴覚障害児が自然発生的に作り出した「ホーム・サイン」(home sign)の分析を含めた，きわめて興味深い解説がなされている。

　第一，第二の証拠はごく普通の子どもが母国語を学ぶときの例ではなく，かなり特殊な例といえよう。そこで第三に，ごく普通の子どもが実験場面でどのような文法的判断をするかに基づく証拠を挙げる。英語では疑問文を作る場合，助動詞を取り出して文頭に移動させるという操作を行う。たとえば，

　　a unicorn is in the garden.→ is a unicorn in the garden?

という具合だ。子どもはこうした疑問文を簡単に作れるが，ここで子どもは，頭の中にルールを持っているわけではなく，単に「最初に聞いた助動詞（is）を文頭にもっていく」という単純な線形ルール〔文を，樹状構造をなしたものではなく，単語が線のように連なったものと考えた場合のルール〕を持っているにすぎないと仮定してみる。すると，次のような文では，その疑問文は矢印の下のような妙な文になってしまうであろう。

　　a unicorn that is eating a flower is in the garden.

→ is a unicorn that eating a flower is in the garden?

　では，子どもは本当に，このように複雑な文の疑問文を作るとき，単純な線形ルールを使うだろうか。

　クレインとナカヤマ（Crain & Nakayama, 1986）は，3〜5歳の子どもたちに「スター・ウォーズ」に出てきたジャッバの人形を見せて，"Ask Jabba if the boy who is unhappy is watching Mickey Mouse."（つまんないなと思っている男の子がミッキー・マウスを見ているかどうか，ジャッバに聞いてごらん）と尋ねた。すると子どもたちは喜んでジャッバに尋ねた（すなわち疑問文を作った）が，単純な線形ルールに頼って"Is the boy who unhappy is watching Micky Mouse?"という非文法的な文を作った子どもは1人もいなかった。

　これは，子どもたちははじめて聞く文でもちゃんと文の句構造を探り出し，"the boy who is unhappy"や，"a unicorn that is eating a flower"をひとまとまりの句として意識し，この名詞句のあとにくる is を文頭にもってくるというルールを使っているからである。主句の中に助動詞がもう一つ埋め込まれているような複雑な疑問文を親が子どもに言っているとは思えないので，こうしたルールは経験から学んだとは考えられない，とピンカーは述べている。

　実際，モーガン（Morgan, 1986）によれば，子どもの「平均発話長」（Mean Length of Utterance: MLU）が 4〔子どもが平均4語からなる文をしゃべること〕になっても，その子どもに対して大人が「埋め込み文」（complement clause）を 1 つ含む文を話す割合は 10.6％，埋め込み文を 2 つも含む文を話す割合は 0.5％にすぎない。経験から学べそうもないのだとしたら，こうしたルールは生得的としか考えられない。これが「刺激の貧困」に基

づく生得性の主張の根拠であり，ピンカーによればチョムスキーはこの根拠について，「言語の基本構図が生得のものであることの「最大の根拠」」(p. 53) と述べている。

2) ピンカーによる「言語の生得性の証拠」への反論

ピンカー（1994）による生得性の主張について，生成文法論とは異なる立場から長年認知発達と言語獲得の研究を積み重ねてきたベイツと，認知心理学的立場に立つ言語獲得研究で頭角を現しているトマセロが反発している。

第一に，ウィリアムズ症候群の子どもは知能指数が低く，認知能力が一般に低いにもかかわらず，立派に文法を使いこなして会話できる。だから文法能力はモジュールをなすといえるだろうか？　ベイツ（1994）は，研究されたウィリアムズ症候群の子どもたちが優れた文法能力を持つのはむしろ当然であって，他の認知能力に比べて文法能力が飛び抜けているわけではない，と反論している。研究されたウィリアムズ症候群の子どもたちは，多くがティーンエージャーである。知能指数の基本的な考え方は，人間の実際の年齢に応じて期待される知能水準に比べて，実際には何歳に相当する知能水準に達しているか，ということであり，IQ＝MA/CA×100（MA：精神年齢，CA：暦年齢）で表される。ウィリアムズ症候群の 10 代の子どもたちは IQ が 50～60 といわれるが，これはごくノーマルな 6 歳児に相当する！　ピンカーは，3 歳児は文法獲得の天才，5，6 歳でほぼすべて文法は獲得される，といっているのだから，IQ 50 でも文法獲得は十分なはずだというのだ。

それでは，実際にウィリアムズ症候群の子どもはどのようなペースで言語獲得をするのだろうか。もしピンカーのいうように文法能力は他の能力と独立であるならば，言語獲得のペースも

ノーマルかもしれない。生後8カ月から2歳半までの1,803人の子どもについて，親に対する質問紙を使って語彙・文法・認知能力の発達を調べたベイツら（Bates, et al., 1995）のデータには，ウィリアムズ症候群やダウン症候群の子どもたちのデータも含まれていた。これに基づき，ベイツは，ウィリアムズ症候群の子どもたちはけっして言語獲得はノーマルでなく，非常に late talkers（ことばが遅い子どもたち）であると述べている。だいたい2年も遅れるという。このことから，ベイツは，「言語が獲得される以前に，一定の「認知的下位構造」ができていなければならないことが示唆される」と述べている。

第二の，移民の子どもたちによるクレオール化の現象はどうか。これについてトマセロ（Tomasello, 1995）は，こうした子どもたちが実際にどのような言語環境にいたのかについてほとんど分かっておらず，本当に不十分な入力のみでクレオール化したかどうかは不明だと述べている。ビッカートンが研究したハワイアン・クレオールが実際に生まれたのは，70年から100年も前のことになる。ピジンを話していた大人は，もちろんピジンだけしか使えなかったというわけではない。どの移民でもピジンとは異なる母国語を持っており，母国語で互いに会話することは当然あっただろう。だから移民の子どもたちは文法が備わった「自然言語」（natural language）にまったく触れなかったとは断定できないはずだ，とトマセロは述べている。

クレオール化の現象が手話でも見られることについては，トマセロは子どものきわめて優れた創造性にクレオール化の基盤を求めようとしているようだ。しかし，筆者はこの主張に対してはトマセロの立場に対し懐疑的である。創造性は多様な発揮のされかたをするのではないだろうか。人々の間で標準化されるのがクレオール化の特徴とすれば，創造性では説明がつきにくい。ある程

度生得的な基盤を考える必要があろう。ピンカーによれば、「話しかける」という表現のニカラグアにおけるピジン的な手話では、「話しかける」という手振りをしてから、発話者の位置から相手の位置に指を振る。一方、クレオール的手話では、「話しかける」手振りをしながら同時に、手を相手のほうへ出す。この新しいやり方は、形式的には動詞を変化させて性や数に一致させるのと同じであるという。確かに、よりなめらかに、手の動きと形が同時的にできることが文法化のポイントの一つだとすれば、人間の生理的な機構の存在が考えられるといえよう。

　第三の、3歳児でも実験場面で正しい文法的判断を行えるという証拠については、トマセロは、どんな誤りを子どもがしそうかという予想自体が非常に奇妙な、受け入れがたいものであり、その誤りを子どもがしないからといって、普遍文法が生得的であるという根拠にはならない、と批判している。"Ask Jabba if the boy who is unhappy is watching Mickey Mouse."と実験者に頼まれた子どもは、実験者が口にした2つの"is"のうち、「ごく単純に」最初に出てきた"is"を先頭にもってきて、"Is the boy who unhappy is watching Mickey Mouse?"と言いそうなものだが、実際には子どもはこうした間違いをしない。だから生得的に句構造を意識できるという。しかし、トマセロにいわせれば、最初に聞いたisを疑問文の先頭にもってくるのが、「単純」で子どもが「論理的に見ていかにもしそうな」やり方だという断定こそ、何の根拠があるのかということになる。Whoのあとにいきなり動詞の-ing形や、形容詞がくるような妙な文をいまだかつて聞いたことがないからそうした間違いをしないのだ、という単純な答えでも十分説明できるではないか、という。

　こうしたストレートに経験論的な立場に立つトマセロの反論は、一見単純で、雑に感じられる。子どもは、時にはいまだかつ

て聞いたことのないはずの文法的な間違い，たとえば，過去形のgoedや，"Nobody don't likes me."のような構造を口にすることが知られているからだ。しかし，こうした反論をする背景には，実は「動詞-島仮説」（verb island hypothesis）とトマセロが呼ぶ，独自の文法獲得に関する考え方があるようだ。著書 *First Verbs* の中で，トマセロ（Tomasello, 1992）は，娘Travisの動詞の使用を詳細に追ったデータをもとに，はじめのうちはそれぞれの動詞には経験から生み出された固有のルールのみが存在しており，ある時点まではそれぞれ独自の発達を遂げていたと報告している。すなわち，生成文法論が予想するような，普遍的なルールは存在していなかった。親からの入力と，自分たちの生活体験をもとにそれぞれの動詞について個別の小さなルールを作っていたと述べている。

偶然にも，日本でもこれに似た結論に達していた研究者がいる。いずれも，きわめて丹念に少数の子どもたちの文法獲得過程を記録し，分析した研究者である。本書第5章の岩立志津夫の論文では，日本語の動詞の発達を分析し，はじめルールはごく限られた文構造の中だけで使われ，統合を経てしだいに幅広く使われるようになるとの認識を示し，「ローカル・ルールからグローバル・ルールへ」という理論を提唱している。本書第6章の横山正幸の論文では，日本語の助詞の発達について，「おーきいノ魚」に見られるような，「連体修飾の助詞ノ」の誤用などの分析を通し，誤用ルールが特定の語結合に固着していたことを論じている。なお，前田富祺・前田紀代子著『幼児語彙の統合的発達の研究』（1996）は実子の動作語の発達を詳しくまとめ，やはり語彙ごとの個性的発達のあり方を示しているのが注目される。

3）生得性論争の最近の焦点

　注意しておかなければならないのは，ピンカーの考えは，チョムスキーや，他の多くの生成文法学者の考えとは必ずしも一致していないことである。不一致は言語のモジュール性についてとくに顕著と思われる。ピンカーはモジュールの独立性を主張するフォーダーとほぼ同様の立場に立つが，この意見はチョムスキーの見解とはやや異なるようだ。大津（1989）によれば，生成文法理論では「ある体系が等質的な内部構造を持ったいくつかの下位構造（モジュール）に分割可能で，かつ，その下位構造間に相互作用が存在するとき，その体系はモジュール性を持つと言う」。このように，チョムスキーはモジュール間の相互作用を前提と考えている。さらに西垣内（1995）は，文法能力のモジュール性についての生成文法論者の間の意見の違いについて，次のように述べている。

> 　多くの研究者は言語の知識の本質は人間の認知能力の，必ずしも言語のために存在するのではない部分がはたらきあって成立しているものであり，言語の知識の説明は言語以外の能力に還元できなければならないと考えている。他方，チョムスキーなどは言語の能力は人間の認知能力の中で１つの単位をなしており，他の部分とインタフェイスを持ちながら成立していると考える。後者の立場にたてば，Xバー・スキーマの概念的根拠は非言語的な概念に還元される必要はない。(pp. 31-32)

　ピンカーによる生得論は，言語のモジュール性を不可欠の要素として含んでいる。しかし，生得的であることはモジュール性とは独立に考えられるべき問題であることをベイツが論じている

(Bates, 1994)。ベイツは，言語における生得性，脳における局在性，モジュール性の3つは，しばしば区別されずに扱われ混乱を生じさせていると指摘し，この3つは常にワンセットとして取り扱われるべきものではなく，それぞれ論理的に独立して扱われなければならないと指摘する。学習によってもモジュール性のある能力が作られること（たとえば自動車の運転）を，生得性とモジュール性が独立であることの例として挙げている。

　言語の生得性の主張を考えるとき，誤解してはならないのは，生成文法に基盤をおく研究者はけっして環境からの入力が不必要だといっているわけではないことだ。大津は文法獲得関数を示し，普遍文法と経験が相互作用することにより文法が獲得されることを明確に述べている。環境からの入力が欠如すると，けっして言語獲得は行われないことはよく知られている。ピンカーも著書の中で引いているように，いわゆる「野生児」，あるいは不幸にも養育放棄されて育った子どもが言語をまともに獲得できない事例が，入力欠如の影響の深刻さを極端な形で示している。本書第7章の藤永保の論文では，海外および日本で発見された，通常の人間の社会とは隔絶された環境で育った子どもたちの，悲惨な発達の遅れとその後の経過が述べられている。藤永が関わった日本児の事例はとりわけ深い関心をそそる。

　一方，ピンカーによる言語の生得性の主張を批判するベイツやトマセロにしても，生得性をまったく否定しているのではないことに注意する必要がある。ベイツは，人間だけが言語を完全な形で獲得できることを考えると，言語の生得性はあるレベルにおける分析では真実でなければならない，と述べている。トマセロもまた，人間は言語獲得を可能とするように生物学的に準備されている，と述べている。いずれも生得的な能力の存在をはっきり認めているのである。しかし，何が生得的かを特定することには消

極的で，言語は「あるレベルの分析において生得的」とか，あるいは言語は「生物学的基礎のより一般的な部分に根ざす」というように，漠然と述べるにとどまっているようだ。

　こうしてみると，ピンカーが著書『言語を生みだす本能』で読者に対し提起した「言語は生得的かどうか」という問題は，実は争点になりえていないし，言語獲得論争における現在の焦点ではない。生得的な能力があることはすでに前提なのであり，(1)それは普遍文法なのか，それとも一般的な生物学的基盤に属する能力なのか，そして，(2)言語に関する生得的な能力は言語以外の能力とは独立のモジュールかどうか，の2点が生得性に関する現在の焦点なのだと筆者は考える。この2点はそれぞれ独立の問題である。「本当に生得的な部分」について，生成文法論者の関心は高く，より普遍的・抽象的な普遍文法の記述をすることによってこれを解明することを目指している。こうした研究者には，普遍文法はモジュール性を持ち他の能力と関係を持たないと考える研究者と，普遍文法は言語以外の能力に還元できると考える研究者とが含まれる。しかし，モジュール性について実証的に検証しようという研究者は少ないように思う。一方，文法能力の出現について生得的な部分への心理学者の関心は一般に低く，漠然と生物学的機構の存在を指摘するにとどまるようだ。心理学者はむしろモジュール性（あるいは非モジュール性）についての関心が高く，言語の認知的基盤や，言語能力と非言語能力の関係についての研究が多い。本書の第8章に収められた小椋たみ子の論文の主要な部分を占める言語発達と認知発達の関係の研究も，そうした研究の重要なものの一つである。

3 子どもへの言語入力の検討

1）環境からの入力

1960年代のチョムスキーの理論に触発され，1970年代に数多く出現したのが，大人からの言語入力の性質を解明しようとした研究である。「刺激の貧困」，すなわち子どもが最終的に獲得する文法には，経験のみから（大人の言語入力のみから）帰納するだけでは獲得できない部分がある，という主張は，心理学者の注意をひいた。この主張は，当初チョムスキーが大人の発話の非文法性を指摘していたこととも相まって，大人の言語入力は子どもが言語を獲得するときの良いデータにはなりえていない，と解釈されることが多かった。そこで，スノウとファーガソン（Snow & Ferguson, 1977）などは大人の言語入力を調べ，大部分が短く単純で，文法的であり，繰り返しが多いこと，発音は明確で韻律の変化が豊かであること，などを見出し，こうした特徴が子どもの言語獲得を促していると主張した。こうした特徴のある言語入力はCDS（Child Directed Speech，子どもに向けられた発話）あるいは「マザリーズ」（motherese，母親語）と呼ばれる。

さらに，こうした特徴が確かに子どもの言語獲得に直接影響を及ぼしているのかという研究も盛んに行われた。文法的複雑さや平均発話長などさまざまな指標について，ある時期の大人の言語特性が同時期の子どもの言語特性と相関するか，またはある時期の大人の言語特性の指標が，一定期間をおいたあとでの子どもの言語特性の指標と関係すると見られるかが調べられた。しかし，ニューポートら（Newport, *et al.*, 1977）の研究にも見られるように，はっきりした結論は導き出せなかった。平均発話長などあ

る程度の相関が見出されたものもあるが，相関研究の限界も指摘されねばならない。

　加えて，単純な文法で親がしゃべることは子どもの統語構造解析を確かに助けるかもしれないが，複雑な文を理解できるようになることがなぜ可能か説明できないとの問題点もある。そこで親は統語構造の複雑さを子どもの発達レベルにうまく合わせているという「敏感調整仮説」(fine-tuning hypothesis) も提出された。しかし，これについてもスノウら（Snow, *et al.*, 1987）の研究も示すように，明確な証拠は見出されなかった。

　1970年代後半から1980年代には，ブルーナー，ベイツらが「前言語期」(pre-linguistic period) の親子のコミュニケーション成立に注目し，親の入力の重要性が指摘された。親子で同じ事象に注意する「共同注意」(joint attention) の際のことばかけが語彙獲得を促すとの研究が，その例である。また実験により，大人が子どもの不十分あるいは非文法的な発話を正しく言いかえてやると，子どもは新しい文法構造を獲得できることが示された。敏感調整仮説にも典型的に見られるように，子どもの側の要因の変化が，大人の入力の特徴に変化を与え，きわめて相互作用的であることが強調されるようになった。ここに至って，斉藤こずゑも述べているように，「単にチョムスキーの生得的言語能力の反証を目指すだけではなく，より包括的な新しい視点を追求」しはじめたのであった。

　確かに，こうした一連の大人の言語入力の研究，前言語コミュニケーションの成立の研究，そして言語トレーニングによる研究はそれぞれきわめて有意義であり，子どもの言語環境の解明に大きく寄与した。しかし，大人の言語入力への関心に火をつけた，普遍文法の生得性の最大の根拠とされる「刺激の貧困」に対し，大津（1989）も指摘するように，直接解答を与えるものではな

い。そこで，1980年代に蓄積された心理学的立場に立つ研究者による大人の言語入力の特性や，前言語的コミュニケーションの研究は，言語学者の関心をあまり呼ぶことなく，両者の関心は噛み合わず，それぞれ並行したまま独自の関心にのみ基づいて研究がされていたという指摘がある。一方，1980年代に入ると，語彙獲得の分野で生成文法論の考えに似た特徴を持つ「制約（constraints）論」が出現し，語彙獲得においても，子どもはおそらく語の意味の仮説を限定できるような原理を生得的に持っている，という説が盛んとなった。1990年代には乳児研究手法の進展とともに，経験がわずかであるはずの乳児が持つ能力の高さが知られるようになり，一般に心理学者の間でも生得的な能力への関心が高まった。1990年代後半から2000年代に至って，発達をヒトという種における進化との関連で捉え，言語獲得における基本的能力を，生得的に備わっているとされる社会的認知能力に求める説の高まりが見られる。本書第4章に収められた小林春美の論文は，語彙獲得における制約論について解説し，社会的認知能力とくに他者の意図の読み取りを重視する立場から検討している。一方，環境からの入力におけるパターンの繰り返しが直接統計的に処理され構造の単位として抽出されるとする，注意統計的学習への注目も広がっている。それを可能とする基本的能力も生得的であると考えられている。しかし，生成文法理論における生得性の考え方とは大きく異なっている。生得的能力は環境からの入力への注意を促す基盤的能力に限定され，実際のデータ入力の蓄積こそが言語の獲得に重要な役割を果たすとしている。

2)「刺激の貧困」への反論

　実は，チョムスキーが掲示した「刺激の貧困」に直接答えうるのは，伊藤友彦も指摘するように，大人の言語入力そのものが子

どもにとって分析しやすい特徴を持つかどうかではなく，言語入力において「否定証拠」が果たす役割を分析することである。「否定証拠」とは，通常いわゆる「直接否定証拠」(direct negative evidence) のことを指すことが多いが，ここでは直接否定証拠に加え，「間接否定証拠」，さらに「暗示的否定証拠」(implicit negative evidence) をも包含する概念とする。直接否定証拠とは文法的に間違った言い方について子どもに教えることであり，親が子どもの文法的間違いを直したり，あるいは「こういう言い方は間違いだから言わないでね」と言って，わざわざ間違った言い方は何かを教えたりするようなことを指す。こうした証拠が与えられないと，子どもが過剰に一般的な文法を作っても，それを正しく直すことが不可能になってしまうと生成文法論者は指摘する。子どもの文法的間違いを親は直さないことを指摘した有名な研究に，先にも引用したブラウンとハンロン (Brown & Hanlon, 1970) がある。ブラウンらが分析したアダムという幼児の非文法的な発話例，たとえば"Draw a boot paper."に対し，親は"That's right."というように肯定的に反応し，直接文法的間違いを指摘することはなかった。

これに対し，親は実はいろいろなフィードバックを与えている，と主張している学者も多い。トマセロ (Tomasello, 1995) は，実際には親は，子どもが正しい文を言ったときはそれを繰り返し，間違った文を言ったときは正しい文に直して子どもに返している，という研究を挙げて反論している。否定証拠の欠如の問題については，確かにアダムの両親はめったに子どもの文法的な間違いを直さなかったが，これは1人の子どもの事例にすぎず，しかも両親は，子どもの非文法的発話の前後には"Draw a boot on the paper."と正しい文に繰り返し「言い直し」(recast) て返していた。こうした言い直しはけっして明示的な否定証拠では

ないが，暗示的な否定証拠にはなりうると考えられる（Sokolov & Snow, 1994）。

否定証拠の欠如の問題については，生成文法に基盤をおく研究者の間にも議論がある。ヴァリアン（Valian, 1990）の調査では，大人が子どもに対して返したことばの中で，5％は子どものことばそのままのオウム返しであり，約30％は子どもがその前に言ったことばに似通ったものであった。その30％のうち約3分の2は子どもの間違いを暗に訂正するものだったという。ヴァリアンは，子どもは，無意識のうちにある文法構造を使ってみる「実験」をし，大人から返ってきたことばと比較して非文法的な構造かどうか確かめているのではないかと述べている。この比較プロセスによって，間接否定証拠〔期待されるような文法構造が実際には経験されないこと〕では確定しきれない，間違ったパラメータ設定を短期間に排除できるとしている。パラメータの再設定がされるかどうかは別にして，否定証拠が明示的に示されなくても，暗示的に示されることはあり，こうした情報を子どもが使って文法の誤った部分を直していることは十分考えられるといえよう。

「刺激の貧困」について，比較的最近反論が行われるようになったもう一つの問題に，「まれな出来事」（rare events）の取り扱いがある。先に挙げたクレインらの実験では，ほぼ経験するはずのないような複雑な文について，3，4歳の子どもでも文法的判断ができたり，複雑な埋め込み文を正しく作れるのがなぜかが問われていた。クレインは，経験では獲得できないはずのことを子どもが知っているとし，文法の生得性を主張した。この立場はクレイン（Crain, 1992）の論文の刺激的なタイトル「経験が欠如した状況での言語獲得」（"Language acquisition in the absence of experience"）に明らかに示されている。確かに親の

子どもに対する言語を調べると，1つ以上の文が埋め込まれた複雑な文を親が発することは少ない。2つ以上の埋め込み文がある文では，発話された文全体の0.4〜0.5%くらいにすぎないとされる。こうしたデータから，経験がほとんどないのに文法獲得が起こるとされることが問題となった。

　従来，親が否定証拠を示したり，暗に訂正をしたり，複雑な文を発する頻度は，全体の発話中に占める割合で示されることが多かった。しかし，スノウ（Snow, 1994）はキース・ネルソン（Nelson, K.E., 1982）の研究を引いて，まれな出来事であっても，単純に回数を計算してみると，無視できない回数，子どもは大人から役に立つインプットを受け取っていることになる，と指摘している。限られた時間内での観察中に起きた頻度に基づいて，1日あるいは1カ月あるいは1年という単位で，単にそうした出来事の予想される頻度を計算し，その効果を予想することも必要ではないか，と主張している。1時間の観察中に，母親の全発話中子どもの文法獲得に役立ちそうなあるタイプの発話が，かりにわずか1回しか観察されないとしても，1年間にそうした発話に触れる回数そのものはかなりの数にのぼるはずだという。（少なく見積もっても400回以上になる，とスノウは述べているが，単純に計算すればさらにその10倍ぐらいにはなりそうだ。）まれな出来事の取り扱いは，単なる「入力」（input）と，子どもが本当にデータとして取り入れる「取り込み」（intake）とを区別して考える必要性にも関連する問題であるといえよう。

4 意図を推測しあう存在としての人間

　1990年代以降，社会的相互作用を重視するアプローチの中で

も新たな変化が生じた。それは，社会的相互作用の中で発揮される子ども自身の有能性への関心である。環境からの入力すなわち養育者の役割を重視する立場では，養育者がいかに子どものニーズや意図を敏感に知覚するか，その知覚をもとに言語獲得に向けて優れた支援を行うか，しかもそれらがおそらく無意識のうちに行われることなどが主張されてきた。しかし台頭している社会的相互作用アプローチの考え方では，むしろ子どもの優れた知覚能力のほうがクローズアップされる。子ども自身が養育者など他者と積極的に共同注意を成立させ，他者の心を理解する優れた能力を持っているため，言語獲得が行われると考える。

この社会的認知能力特に他者の意図を推測する人間の能力を重視する理論への関心が，心理学的立場に立つ言語獲得研究者の間で高まっている。この考え方を推進する中心的存在であるトマセロ（Tomasello, 1999）は，生成文法理論の考え方とは対極に位置する理論を展開している。トマセロによれば，生後18カ月ごろまでに明確に出現する他者の意図を推測する能力こそが，言語獲得における最も基盤的能力である。他者の意図を推測する能力は，生物的な適応として進化の過程で人間だけに十全のものとして出現した。狩りなどの協同作業を円滑に行うとともに，競合的場面で他者の信念を意図的にコントロールすることがヒトに適応的行動となり，その結果コミュニケーションの技能と言語が獲得されたと考える。

この考え方によれば，語の獲得とはある状況下での大人のコミュニケーションの意図を推測し，その意図とことばを結びつける過程にほかならない。ある場所に存在する同一の「土地」は，「海岸」「地面」「ビーチ」など，いろいろな呼ばれ方をする。船を接岸させようとしている船員にとっては「海岸」であり，スカイダイビングをしている人から見れば「地面」であり，日光浴を

楽しんでいる人から見れば「ビーチ」と呼ばれることになる。トマセロはフィルモアによるこの例を言語における「視点」(perspectives) について説明するために好んで引用する。ある事物・事象についてあることばを使うのは，その事物・事象に対しある一定の「視点」をとることを会話の相手に宣言しているということなのである。それを聞いた会話の相手は，そのことばを受け入れる際に，そのことばによって選択された視点をも受け入れている。次の機会には逆にそのことばを使って発話を返す。こうしてお互いにある一定の視点をとって会話に参加していることを確認しあう。このように，互いにこの事物・事象についてこの視点をとって話をしましょうと確認しあうのが，語を使うことの本質であるとする。子どももまたこのプロセスのさなかにいる。まず大人がどのようなコミュニケーション意図や視点を持ってある語を使ったかを推測し，学ぶ。次の機会には他の人に同じ意図や視点を持ってもらいたくてその語を使うというわけである。本書第8章で小椋たみ子は，自閉症児は同じ発達年齢の遅滞児と言語能力などを比較したとき，とくに語彙理解・指示理解の領域で遅れが大きいことを明らかにしている。自閉症児はコミュニケーション全般について重い障害を持つが，この遅れはとくに他者意図理解のむずかしさに起因することを示唆するデータといえるだろう。

　ことばと世界をマップ（対応づけ）するという考えは単純すぎるし，人間のコミュニケーション行動の現実にそぐわないというこの主張は明快である。ことばと世界の関係はけっして一義的でなく，いくつかの制約で説明しきれるものでもない。状況によって複雑に変化することばと視点の関係を捉えてはじめて，ことばの意味を学ぶことができるのである。

　トマセロは文構造についても同様の考え方をしている。「フレッドは石でその窓を割った」という事象は，

① Fred broke the window with a rock.
② It was Fred who broke the window.
③ The window broke.
④ The rock broke the window.

などさまざまの文で表現することができる。それぞれの文は会話の相手にある特定の，適切な視点をとってもらうために選択されるのである。たとえば②についていえば，「サムが窓を壊したんだって？」というような相手の発話に対し，「いや，やったのはフレッドだ」と，「フレッド」に注目する視点をとるよう促す目的で特別に選択された文なのである。

トマセロ（Tomasello, 1999）は role reversal imitation（役割交替のイミテーション）という用語を使って，この視点（パースペクティブ）について説明している。イミテーションとは，単に相手のやっていることをまねする（トマセロは表面上だけで相手の意図や目的を理解することなく同じ行動を模倣することをmimic と呼ぶ）のでなく，相手の意図や目的を理解して模倣する（こうした模倣をトマセロは imitation と呼び，mimicking とはっきり区別する）ことを意味する。人間に最も近いとされるチンパンジーは mimicking は可能だが imitation はできないという。なお，チンパンジーは相手の意図や目的の理解を伴うことなく相手の行動の結果だけをコピーするような，emulation というタイプの模倣は可能だという。人間は，ヒトという種に特有のタイプの模倣 imitation ができるだけでなく，相手と役割が交替可能であることをも理解している。言語コミュニケーションにおいては，自分が相手と同様の意図や目的を持っているときは，相手が使ったのと同じ語彙や文型を使って相手の心に自分と同じパースペクティブを出現させることができると理解していることになる。ことばとはまさにこうしたコミュニケーション機能のために

進化してきたのだ,とトマセロは主張するのである。

ではヒトのあり方を他の動物のそれとは本質的に異なるものとしている優れた模倣能力とは,どのようなものだろうか。チンパンジーとヒトの模倣能力を比較する自身の研究に基づき,明和(2006)は,チンパンジーの母親がモノを介して子どもと関わるやり方は,ヒトの母親のそれとは本質的に異なると述べている。チンパンジーの母親は,モノを介して乳児と関わることはほとんどない。そのため,チンパンジーの乳児はモノの機能や操作方法を自分自身で試行錯誤しながらそれぞれの子ども自身のやり方で身につけていく。一方,ヒトの母親は乳児とのコミュニケーションにおいてせっせとモノを取り入れ,鏡のように乳児に対してふるまう。そのため,ヒトの乳児はモノの知識を他者との関係を基盤として学ぶ。明和によれば,「こうした三項関係にもとづくコミュニケーションは,モノにかかわる他者の行為の目的を予測することを可能にする。そして,ヒトはモノを扱っている他者の身体の動きそのものから,その背後に潜む心の状態を察し始める」(p. 189)と述べている。ヒトの子どもがいかに優れた模倣能力を持つかについて,次の実験が明確に示している。メルツォフ(Meltzoff, 1995)はヒトの乳児がこれまで見たことがないと思われる事物を用意し,4つのやり方で提示した。条件は,(1)ターゲット操作をする(シリンダーの中に首飾りを入れる),(2)ターゲット操作をしようとしたが何度も失敗する,(3)ターゲット操作ではない無意味な操作をする(シリンダーに首飾りを近づける),(4)モノを持つだけ(ベースライン条件)であった。すると,18カ月児は(1)と(2)の場合はターゲット操作を行った。しかし(3)と(4)の場合は行わなかった。つまり,18カ月児はすでに,(2)の意図だけが提示されたが失敗したため,実際には実現されず見ることができなかった行為においてさえ,行為者の意図

を読み取って実現する能力を示したのである。一方，容器を手の運動パターンの一つ（ねじる，など）を使って開ける課題に置き換えた実験について，チンパンジーを被験者として明和と松沢が行ったところ，(1)と(2)のいずれの場合も，チンパンジーはターゲット操作（容器を開ける）を実行できなかった。運動パターンそのものを模倣することがなかったことから，明和らは，チンパンジーにとって，他者のからだの動きの情報は他者の行為を理解する手がかりになっていない，と結論づけている。

　人間は他者のからだの動きに注意を払い，行動の背後に隠された内的な意図を読み取ることにきわめて巧みになるという特殊な進化を遂げた。言語シンボルについても，共有された経験において使用される様子を観察し，みずからも文脈に対し適切に使用することを学習する。そして一つの同一の対象にいろいろな視点を記述することを学ぶ。それを可能としている中心的技能が，この他者の意図を読むという能力なのであろう。

5 新しい動きと可能性

　以上，言語獲得理論で最も活発に議論されてきた生得性の問題を中心に解説した。当然ながら言語獲得は，生得的機構，あるいは環境からの入力のどちらか一方のみで説明がつく問題ではない。生得的機構を強調する生成文法論に立脚する立場でも，環境からの入力はパラメータ設定にとって根本的に重要な情報である。一方，環境からの入力を強調する立場でも，生得的機構の存在は当然と受けとめられている。しかしながら，単に強調点が違うだけ，あるいは生得的機構と環境からの入力の割合の見積りが違うだけと単純に捉えることはできない。環境からの入力を，パ

ラメータ設定をするためのものとして捉える立場では，確率計算や，多くのデータからボトムアップ的に推論することは一般に仮定されない。そこで間違った設定がされた場合の再設定（文法的誤りの訂正）を，なぜ子どもはできるのかが大きな問題になる。しかし，子どもはデータに基づいた帰納的推論によって設定変更をすると考えた場合には，なぜ子どもは設定変更ができるかはもはや問題にならないと思われる。

データに基づいた帰納的推論をする情報処理的言語獲得モデルの一つに，ベイツとマックウィニー（Bates & MacWhinney, 1987）の「競合モデル」（competition model）がある。「競合モデル」では，子どもが文の意味を探る際に，語順，語の意味〔ある語が生物を意味するなら，その語は行為者になりやすいと予想されることなど〕，文法形態素といった手がかりの間で競合が生じると考える。経験的データに基づき，正しく機能することが最も多かった手がかり（たとえば語順）が採用されることとなる（このモデルによる日本語児の研究に伊藤武彦ら（1991）の研究がある）。ここでは詳しく触れないが，ラメルハートとマックレランドが提唱した「PDP モデル」（Parallel Distributed Processing Model, ニューラル・ネットワーク，コネクショニズムとも呼ばれる）も帰納的な処理をするシステムである。データに基づきみずから「学ぶ」ことができ，入力に若干の誤りが含まれていても正しく学習が進むという，興味深い特徴を持つ。こうしたコンピュータ・システムの登場は，あらかじめ学習過程をプログラムしておかなくても，また厳密な仮説検証を行わなくても，データに基づいて学習ができるシステムが存在しうることを示している。こうしたモデルは少なくとも子どもの言語獲得を考える上で，重要なメタファーを提供してくれるといえよう。実際，この「コネクショニズム」（Connectionism）に基づくアプローチに，最近の

脳神経科学による知見を統合し，生得性を問い直そうという動きが出てきている。エルマンら（Elman, *et al.*, 1996）による *Rethinking Innateness*（『生得性の再考』）では，従来一般に生得的に決定されていると考えられてきた脳の機構の発達が，脳神経の興奮という低次レベルから，脳機能の局在性という高次レベルに至るまで，入力情報（タイミングという系時的要素を伴った）と，遺伝子的要素との間の相互作用によるものであることが強調されている。

このコネクショニズムの考え方は，最近注目を集めている「統計的学習」（Smith（2000）ら）の考え方にも明確に受け継がれている。統計的学習とは，環境の構造（言語音声のストリームも含む）が子どもの注意・認知に直接反映するという考え方である。本書の梶川祥世による第2章は，統計的学習が言語音声とくに音韻系列の認知をよく説明することを詳しく解説している。無意味音声シラブルの連続を一定時間聞かせるとその中から繰り返し登場する音声シラブルを抽出できるようになる実験により，入力を統計的に処理しパターンを学習することが示されている。現在は音声学習のみならず語彙学習，文法学習の解明にも利用されつつある。実験方法としては乳児に新奇な事物と音声シラブルを2つずつ提示し，異なる組み合わせでこれを多数提示する。テストでは，音声シラブルと事物の提示を行い，注視時間を測定する。その結果，刺激提示場面と一致している刺激を長く見ることが示されたという。選択的注意，共同注意が不要であり，仮説検証，制約も不要という考え方である。これで本当に単語の意味の獲得を説明できるのかという疑問がわくが，スミスは，ほとんど何も知識がない乳児期にはこのような環境の構造を直接取り込む方法こそが有効であると強調している。

確かに発達の初期における語の学習を部分的に説明すること は

可能であろう。しかし少なくとも語の爆発的増加が起きたあとの発達を説明するのには不十分ではないだろうか。それは後述するように，18カ月以降，子どもは他者の意図の読み取り能力が高度化するために，環境からの音声に選択的に注意を払い，指示意図と語を結びつけることが示されているからである。

　社会語用論的アプローチを提唱するトマセロが主張する文法獲得のモデルにおける中核的能力「パターン発見」も，コネクショニズム的考え方に似た側面を持つ（Tomasello, 2003）。パターン発見とは，基本的には，共通または類似する事項をグループにまとめるプロセスである。トマセロは文法獲得を説明する理論として，データに基づくボトムアップ的アプローチをとる「使用基盤モデル」（usage-based grammar）を主張する。使用基盤モデルでは，ある語や文型が使用されたという使用事象は，それがどのような意図で使用されたかという推測による情報とともに子どもにより記憶され，その語や文型の生起頻度はパターン発見のために重要な情報となる。トークン頻度が高ければその表現に具体的に含まれる単語や形態素の定着が促進され，その表現全体をひとまとめとして記憶から取り出し使用できるようになる。一方，ある表現クラス内のタイプ頻度が高い場合は，そのクラスから抽象的な構文形式が形成されやすくなるという（森川，2006）。このモデルは前述した「動詞-島」の考え方のように，初期の文法獲得における子どもの保守性をうまく説明できる。また階層的補文構造の獲得において，ある思考・信念や欲求を表す語や文型が早期に獲得されるかどうかは，その表現が入力中に含まれる頻度や認知的複雑さによっているという（松井，2006）。補文構造という複雑な構造の獲得が一律にそれに関係する心的動詞の獲得を促すわけではないという点で，使用基盤モデルの証左となると考えられる。しかし，使用基盤モデルは発展途上のモデルであり，構

文の機能カテゴリー理解のためにどのくらいのトークンが必要か，異なるトークン間で，意味や機能においてどのくらいの類似性が必要かなど，多くの問題が残されている。

　子どもの言語獲得を考えるときのアプローチとして，より現実に即したアプローチは，「学習可能性」(learnability) に基づく理論のようなトップダウン的アプローチとは考えにくい。つまり，「経験することがないと考えられるにもかかわらずこうしたことを子どもが知っているためには（こうした間違いを子どもがしないですむためには），何が頭の中にあらかじめ（生まれつき）入っていなければならないか」を演繹的に推論することではないと思われる。実際に子どもがどのように言語を獲得していくか，親や他の人々との関わり，文化的環境，自然環境，言語以外の認知能力，「非言語コミュニケーション」(non-linguistic communication) 能力など，関係のありそうなあらゆる点に目を向けてデータをとり，帰納的に推論していくことではないだろうか。言語を見つめる場合でも，対象とする言語の要素は，文法のみならず，音声，語彙，語用論的要素と多岐にわたる必要があり，さらには言語獲得の解明のためには，言語だけを見つめているのでは不十分である。本書第3章の喜多壮太郎の論文では，非言語コミュニケーション能力のうち，とくに「身振り」(gesture) に注目し，身振りが非言語的認知と言語との接点の位置にあり，言語獲得においても独自の役割を果たすことを明らかにしようとしている。

　言語獲得理論のこうした流れの中で，最近心理学系の研究者の間で多くの賛同を集めるようになってきたモデルがある。「創発連立モデル」(emergentist colition model) であり，ホリックら (Hollich, *et al*., 2000) により提案された。創発連立モデルでは，語の学習における制約理論のような生得的なアプローチ，社会語

用論的アプローチのいずれも，発達のある時期での学習のスナップショットを与えているにすぎないとする（小椋，2006）。子どもは，注意の手がかり，社会的な手がかり，言語的な手がかりなど多様な手がかりを使う。どのような手がかりが使えるか，複数の手がかりをどのように競合・選択また統合させて使えるかは，子どものある時点で到達している認知能力による。つまり子どもの語の学習は，子どもの認知発達のレベルに依存しており，初期よりも後期ではより多くの手がかりを使えるように変化する。この問題について，養育者の言語入力と子どもの言語発達の関係を調べた一連の研究結果が示唆的である（村瀬，2006）。12カ月児に対して共同注意が達成されている状態で養育者がことばかけをする傾向の高さが，後の子どもの理解語彙・産出語彙の大きさと相関することが示されている（Carpenter, *et al*, 1998）。実験的に子どもがすでに注意を向けている対象に対し語を発するほうが，子どもが注意を向けていない対象に対し語を発する場合よりも，語の理解がよくなされる（Tomasello & Farrar, 1986）。こうした研究は，語彙の急増が起きるおおむね18カ月以前（とくに13カ月以前）の子どもでは，養育者が子どもの注意の方向に合わせて発話するという応答性や随伴性が重要であることを示している。しかし興味深いことに，こうした傾向は語彙の急増が生ずるようになる18カ月ごろ以降はあまり見られなくなるという。平均して21カ月の子どもの場合，共同注意達成における養育者の発話数や応答性は子どもの語彙の増大と関連がなく，養育者の語のタイプ数や複雑性が関連する（Hoff & Naigles, 2002）。この変化には，18カ月ごろに子どもは養育者の注意方向を積極的に抽出し語の意味の推測につなげるようになり，たとえ子どもがまったく注意を払っていない事物に対し養育者が発話しても，子どもみずから共同注意を達成して発話の意図を知ることができる

ようになる（Baldwin, 1991）という能力も関係していると考えられる。このように，初期には事象と語の時間的随伴性や，知覚的にめだつという顕著性が語の獲得において重要な役割を果たすが，こうした知覚連合的な手がかりはおおむね18カ月以降，社会的手がかりをも使えるようになった段階で主導的役割が低くなる。

創発連立モデルは，注意統計的学習の能力は認知発達が初期段階の言語獲得に益をもたらす一方，社会語用論的能力は認知発達が他者の意図理解ができる程度に発達した段階の言語獲得に益をもたらすことを予測する。それぞれのアプローチや，個人差研究における実際の言語獲得データとの整合性が高いため，妥当性が高く有望なモデルといえる。今後のさらなる研究の進展が望まれる。

本書には，言語獲得に関する幅広い視点から，各分野において，こうした「データに基づく帰納的アプローチ」をとって優れた業績をあげている研究者の論文が収められている。本書を大きな3つの枠組みで捉えると，まず，言語獲得理論の歴史的展開と新たな動きを考察した本章を第Ⅰ部とし，第Ⅱ部「ことばの獲得」では，音声の獲得，身振りとことばの関係の発達，語彙の獲得，文法の獲得（動詞中心と助詞中心の2章）の5章により，典型的な子どもあるいは普通児の言語発達の様相を最近の知見を含めて捉える。第Ⅲ部「ことばをささえるもの」では，養育放棄事例とことばの発達，障害児のことばの発達，手話の獲得の3章により，非典型的な子どもの言語獲得を通して，典型的なタイプの子どもの言語獲得にも共通するような，ことばを支える機構についてのより深い理解を目指す。さらに第10章「「ことばの獲得」を包囲していること」では，ことばのある環境に生まれ育つ人間と環境のあり方を，エコロジカルな視点から考察する。なお，本

書では「語用論」を章として立ててはいないが，第 8 章小椋たみ子の論文は，自閉症児が持つ困難さの本質に，語用論的側面があることを詳述している。語用論とは，人間の会話における能力を取扱う研究分野であり，本章でもトマセロの議論の中で取り上げたとおり，近年その言語獲得における重要性が深く認識されるようになっている。各研究者自身の研究により得られた言語獲得データに基づく分析・主張には説得力があり，また，言語獲得という研究分野の広さと奥深さとが示されている。

〔付記：本章の前半部について貴重なご教示・ご示唆をいただいた，國學院大學の斉藤こずゑ先生と東京学芸大学の伊藤友彦先生に心より感謝申し上げる。〕

● 読書案内

　下記に挙げる本は，本章でも大きくその内容を取り上げた書である。生得的立場と社会語用論的立場について深く理解するのに役立つだろう。

1　スティーブン・ピンカー『**言語を生みだす本能（上・下）**』椋田直子訳，NHK ブックス，日本放送出版協会，1995

　本章を書く契機にもなった本である。「言語の生得性」をさまざまなデータを挙げて強く主張している。ウィットに富んだ筆致でチョムスキーの理論が素人にもわかりやすく面白く説かれている。

2　マイケル・トマセロ『**心とことばの起源を探る**』大堀壽夫・中澤恒子・西村義樹・本田啓訳，勁草書房，2006

　ヒトは他者を意図を持つ存在として認識するという特殊な進化をとげたこと，このことが言語と文化を生むことにつな

がったこと，子どもはこの能力を幼い段階から発揮して語彙と文法の獲得を行うことを，さまざまな自身の実験結果に基づいて主張している。

3 明和政子『心が芽ばえるとき：コミュニケーションの誕生と進化』NTT 出版，2006

チンパンジーとヒトの発達を比較する実験・観察に基づき，ヒトらしい心が生まれる道筋を，進化と個体の発達の両面から論じている。ヒトにおいてはじめて進化したきわめて優れた模倣能力が，他者の行動から意図を読み取る能力に結びついたという，トマセロの議論に通ずる興味深い主張を展開している。

II ことばの獲得

第 2 章
●
音声の獲得

子どもは，1歳から2歳の頃になると少しずつ単語のようなことばの断片を話しはじめ，それから3歳になるまでの間におよそ1000語の単語を獲得する。これらの単語の中には，よく似た音を持つものも含まれている。たとえば，「カイ（貝）」と「タイ（鯛）」は語頭の子音が異なるだけで，残りの部分は同じ /a/＋/i/ で構成されている。またそれぞれの語頭の /k/ と /t/ はどちらも無声閉鎖音で，発音が似ている。このように単語を構成する音はよく似ていることがあるが，1音の違いでも存在すれば当然単語の表す意味も異なってくる。このためとくに数多くの単語を獲得していくにあたっては，単語を構成する音を詳細に聞きわけたり発音しわけたりする能力が重要である。このことは，大人からみればごくわずかな数の語彙しか持たない子どもに対しても十分に当てはまる。では，子どもはどの程度正確に単語を学習しているのだろうか。そしてその学習はどのように進むのだろうか。

　まだことばを使うことができない子どもが単語を獲得する流れは，大まかに以下の3つの過程に分けることができる。すなわち，(1)連続する言語音声から単語を切り出す，(2)音韻とその組み合わせである単語の正確な形を覚える，(3)「音韻の組み合わせ」としての単語をその意味（指示対象）と結びつける，である。

　この章では，言語獲得初期の0～1歳期の言語理解の発達について，この3つの過程に沿ってとくに単語の音声という側面に焦点を当てて概観する。

1 セグメンテーション

　子どもは，どのようにして単語を覚えるのだろうか。単純な予想としては，大人がそれ単独で発話した単語を一つずつ覚えていくことが考えられる。大人は子どもに対しては，短い発話を行うことが多い。この中には1語のみの発話も含まれる。たとえば，散歩をしていて犬とすれ違うときに，親は子どもに対して「あっ！ いぬ！」などと言いながら犬を指差して教えることがある。子どもはこのように個々に発音された単語（「いぬ」）を指示対象（犬）に関連づけて学習する。この予想は単純すぎるように思われるが，まったく誤りというわけではない。ブレントとシスキンドの観察（Brent & Siskind, 2001）によると，親が単独で発話することの多い単語は，文中で発話されることの多い単語に比べて，数カ月後に子どもの語彙として獲得されている確率が高かった。単独で発話される単語は，やはり子どもにとって獲得しやすいのである。

　しかし問題は，親が常に子どもに1語のみの発話を行っているわけではないことにある。先のブレントらの研究では，親の1語発話は全発話の10%にすぎなかった。実際に，子どもに対して大人が話しかけている場面を観察してみても，物の名称や動作語などを単独で発話するばかりではないことに気づく。むしろ，「おなかがすいたのね」「ボールを転がしてごらん」などのように，文を話していることのほうが圧倒的に多い。つまり親によって単独で発話されることの多い単語を覚えるだけではあまりにも効率が悪く，多くの単語を短い期間に獲得していくことはとうてい無理である。したがって，こうした大人の話しかけから子ども

は単語を聞きとっていかねばならず，そのためには，複数の単語が連結した音の流れを分析することが必要である。このような連続する言語音声をどのようにして単語などの単位に区切るのかという問題は，「セグメンテーション問題」(segmentation problem) と呼ばれている。

　セグメンテーション問題を解決する能力について，とくに英語を母語とする 0 歳児を対象に研究が進められ，子どもは言語獲得初期から文中の単語を切り出していることが明らかになってきた。まず子どもによる連続言語音声の処理は，プロソディー (prosody, 韻律) すなわち音の高低や速度，長さなどの情報を手がかりとして行われる。プロソディーに含まれる要素の一つに言語のリズムがある。たとえば，英語の言語リズムはストレス (強勢) に基づいている。"A dog is running in the park." のような文の場合，下線を引いた母音の部分にストレスが置かれ，これらのストレスがくる音節の間隔がほぼ一定に保たれる。そしてこのストレスは，名詞では語頭に置かれることが多い。このため，"kingdom" や "pencil" などのように強―弱のストレスパターンを持つ音節の組み合わせを一つのまとまり，すなわち単語として認識することが有効な方略となる。英語を母語として育った子どもは，およそ 7 カ月半になると，強―弱ストレスパターンの単語を文中から切り出すことができることが分かっている。(Jusczyk, *et al.*, 1999)。

　プロソディーは，胎児期から聞き取り記憶されており，子どもにとって単語切り出しの最初の手がかりとして利用しやすいものである。そしてプロソディーのみを手がかりとしても，ある程度切り出しは成功する。プロソディーのみでは単語を正しく切り出せない場合も多いが，発達に伴って，複数の手がかりを組み合わせて使うようになることで，しだいに単語切り出しの精度は上

がっていく。

　プロソディー以外の有力な手がかりの一つが統計情報である。統計情報に基づく学習を「統計的学習（statistical learning）」と呼ぶ。統計的学習により，子どもは環境においてさまざまな事象が共起する確率や頻度に基づいて，外界の事象についての知識を得る。この知識をもとに，事象をチャンクにまとめたりカテゴリー化したりすることで，言語使用に必要な音韻や単語の学習を行うことができる。

　単語音声についての統計的学習を「いぬ」を例にとって見てみよう。「いぬがかどをまがっていったよ」という文から「いぬ」という音声のまとまりを切り出す際には，「いぬ」の「い」という音節と「ぬ」という音節が隣り合って出現する確率を手がかりとする。つまり「いぬ」の「い」に「ぬ」が続く確率が高く，「ぬ」に「が」が隣り合う確率は低いことを手がかりとして，「いぬが」と連続して発声された音の系列から，「い」と「ぬ」を1つのチャンクにまとめる。また，「ぬ」と「が」の間は単語の境界である確率が高いと判断し，「いぬ」という単語を切り出し学習することになる。もしも子どもにとって「い」と「ぬ」が隣り合う確率が非常に低い，つまり子どもが「いぬ」という単語をそれ以前にまったく聞いたことがなければ，「い」と「ぬ」は1つのチャンクにまとめられないことになる。だが子どもは次第に，プロソディーに加えて音の配列特徴など他の統計情報も組み合わせることにより，はじめて聞いた単語も正しく切り出せるようになっていく。

2 単語音声の「正確な」認知

1) ミニマルペアの区別

0歳の後半に文から単語を切り出せるようになると、子どもはそれらの単語音声を記憶し、意味と結びつけ語彙として獲得していく。そして1歳から3歳までの間に、子どもは急速に多くの単語を獲得する。とくに1歳半頃からは、毎日新しい語彙が増えていくほどめざましい発達をとげる。

3歳頃までに獲得する約1000語という数は、成人の語彙数万語に比べればかなり少ない。だが、その中にもミニマルペア、つまり1音しか違わないよく似た単語は多数含まれている。さらに6歳までに覚えておくことが望ましいとして挙げられている約2900語（金田一, 1996）の中にも、「サイ（犀）」と「タイ（鯛）」と「カイ（貝）」のようなミニマルペアが数多く存在している。このため、子どもが単語を聞きとり学習していく際には、おおまかにその単語の形を学習すればよいのではなく、単語を構成している音を詳細に聞きわけ、表象している必要があるといえる。

2) 音韻の獲得

単語を獲得するためには、単語を構成する個々の音、すなわち音韻（または音素）を聞きわけることが必要である。音韻は、各言語の単語の意味の違いを作る最小単位の音であり、日本語ならば /a/ /i/ /u/ /e/ /o/ といった母音や /k/ /g/ /m/ などの子音がそれにあたる。

音韻のカテゴリーは、言語によってまったく任意に決まるので

はなく，ヒトが発声するという物理的制約を受けている。国際音声記号（International Phonetic Alphabet）の分類では，言語に共通した基本の母音と子音が，発話時の舌の位置などの基準により合わせて100近くに分けられている。こうしたさまざまな音韻を聞きわける能力はおそらく生得的であり，言語普遍的であるとされている。つまりどの言語環境に生まれても，はじめはこれらの音を聞きわける能力を持っている。この聞きわけは，音響的特徴の連続的な変化をそのまま連続的に知覚するのではなく，ある境界地点から明確に2つのカテゴリーにわけて知覚することで行われる（Eimas & Miller, 1980）。これは「カテゴリー知覚（categorical perception）」と呼ばれ，音韻獲得の重要な基礎となっている。

このカテゴリー知覚によって，音響的変異（ばらつき）にいちいち惑わされることなく，言語音声を効率的に音韻カテゴリーに分類し認識することができる。たとえば /da/ と言うときの /d/ の音は，AさんとBさんでは音響的特徴が異なるし，話す速度によっても異なる。また /da/ と言うときと /de/ と言うときとでは，/d/ の音響的特徴は後ろの母音 /a/ や /e/ を発音する準備のために異なってくる。このように，文脈（状況や環境）によって /d/ の音響的特徴にはばらつきがあるのにもかかわらず，/d/ という1つのカテゴリーとして認識されるのである。

さまざまな母音と子音を聞きわける力は，生後1カ月から3カ月ぐらいで発達していることが示されている。たとえば，母音や，/b/ /d/ /g/ のような閉鎖音，/f/ /v/ のような摩擦音などは，1～2カ月で聞きわけている。新生児でも，/bi/ と /di/ のような1音節中の子音の調音点の違いや，/ba/ と /bi/ のような母音の音色の違いを知覚することができたと報告されている（Bertoncini, et al., 1987）。さらにこれらの音より子どもにとっても

う少し発音のむずかしく,学習時期が比較的遅いとされる /r//w/ などでも,2〜3 カ月でよく聞きわけられるようである。

　生まれてまもない時期には,カテゴリー知覚により,上記のような母語の音韻だけでなく,非母語の音韻も区別することができる (Best & McRoberts, 2003)。そして母音は 6 カ月頃,子音は 12 カ月頃という,誕生後かなり短い時間で,成人のレベルには及ばないながらも,母語の音韻体系に対応した知覚が形成されるのである (Kuhl, et al., 1992)。

　成人による音韻の音響的特徴の知覚は,母語の音韻体系による影響を受けている (Kuhl, 1999)。たとえば,/r/ という音韻カテゴリーと /l/ という音韻カテゴリーの境界に近い音響的特徴を持つ /r/ と /l/ は,それぞれの音韻の知覚空間に求心力が働くような形で,英語話者にとっては実際の音響的差異よりもその差が際立って知覚される。図 1 の A はテスト音声の物理的な音響特徴のうち,第 2 フォルマント周波数と第 3 フォルマント周波数を表す。フォルマント周波数は音声の共鳴の強められた部分で,母音や子音を決定する要素のひとつである。A の中で,縦横に隣り合う音声どうしの特徴の違いはどこをとっても等しい。B と C はこれらのテスト音声をアメリカ人と日本人が聞いた場合に,隣り合う音どうしの類似度を表している。同じテスト音声を聞いても,B のアメリカ人は /ra/ と /la/ という 2 つのカテゴリーに分けられる形で,C の日本人は /ra/ という 1 つのカテゴリーにまとまる形というように,言語によって知覚のしかたが異なる。クールは,この現象が成人だけでなく生後半年ころの乳児にも見られること,すなわち母語の音韻獲得がこの時期には進んでいることを示した (Kuhl, et al., 1992)。また 1 歳ころには,母語に存在しない非母語の 2 つの音韻の音響的な差異に対しては,母語の音韻に対する場合と同様の反応を示さなくなることが脳波計測によっ

■図1 英語話者（アメリカ人）と日本語話者（日本人）による
／r／と／l／の知覚 (Kuhl, 1999)

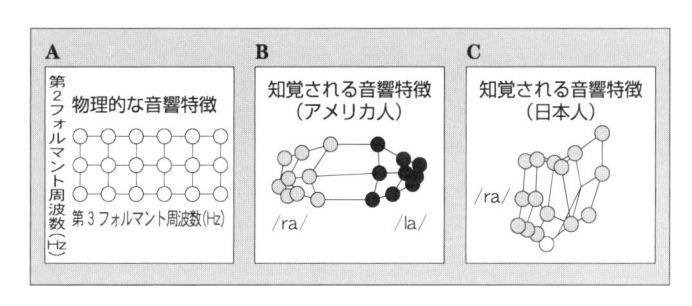

A 物理的な音響特徴
第2フォルマント周波数(Hz)
第3フォルマント周波数(Hz)

B 知覚される音響特徴（アメリカ人）
／ra／　　／la／

C 知覚される音響特徴（日本人）
／ra／

ても示され，半年から1歳の時期に音韻が学習されるという説を裏づけている（Cheour, *et al*., 1998）。

3）発音と知覚の関係

　子どもはしばしば言い誤りをする。たとえば，言うことを「聞（き）かない」と言おうとしたのに「汚（きたな）い」というように，／k／の音が／t／に置き換わってしまうことがある。また，「カルピス」が「カピリス」，「カボチャ」が「カチャボ」になるなど，音が入れ替わってしまう現象もよく観察される。こうした言い誤りは，成人のような1回限りのものではなく一時期は継続し，子ども時代のほほえましいエピソードとして，大事に書き留めている親も少なくない。

　それでは，子どもは自分が言い誤りをするような発音のむずかしい音を，正確に聞きわけているのだろうか。3歳頃になっても多くの子どもが「ライオン」と言おうとして「ダイオン」と誤った発音をしてしまう。このように言い誤りをする子どもにとっての単語音声の表象は，どのような音なのだろうか。もともと発音

が似ている音は正しく聞きわけができず，そのために正しく発音することができないのであろうか。

ブラッドロウら (Bradlow, et al., 1997) は，非母語の音を聞きわける能力と発音能力との関係について，成人を対象に調べている。彼らは，日本語話者の成人には聞きわけも発音もむずかしい /r/ と /l/ について，まず聞きわけのテストを行った。たとえば"rate"と"late"のようなミニマルペアを日本人の学生に聞かせて，今の発音がどちらの単語であったのかを判断してもらった。このときの成績は，平均で約65%の正答率であった。次に，3〜4週間にわたり単語を聞きわける練習を行ってもらった。この練習も最初のテストと同様に，/r/ と /l/ のミニマルペアの判断を行うもので，判断のあとに正答か誤答かのフィードバックが与えられた。この練習が終了したあと，もう一度テストを行ったところ，正答率は約80%にまで上昇していた。

ここまでは聞きわけの練習をしたのであるから，当然の結果かもしれない。実は，最初と最後のテスト時に，/r/ と /l/ のミニマルペアを，テストを受けた人に発音してもらい録音していた。その音声を，英語話者に聞かせてどちらの単語であるのかを判断してもらった結果，最初のテスト時には正答率が約68%であったのに対し，最後のテスト時には74%と成績がやや上昇していたのである。つまり，聞きわけのむずかしい音を聞く練習をすることによって，発音する能力も改善されていたということである。このことから，聞く／話すに共通した /r/ と /l/ の音の表象があり，一方の経路（聞く）を通じて表象が修正され，もう一方の経路（話す）にも影響を及ぼしたのではないかと推測することができる。

日本人にとっての /r//l/ のように非母語の発音や聞きわけがむずかしい音はよく知られているが，母語である日本語にも混同

されやすい音がある。たとえば，/r/ と /d/ は非常に混同されやすく，主に西日本の広い範囲で混同が観察される。混同の起こる地域では，「ウドン」が「ウロン」，「インロウ」が「インドウ」と発音されるのである。また /r/ と /d/ は，日本語を学習している台湾の人にとっても，発音・聞きとりともにむずかしい音であり（劉，2000），発音と聞きとりの能力が関係していることが示唆されている。成人と同様に，子どもの発話においても，/r/ と /d/ は混同が起こりやすい。これは，子どもにとって /r/ と /d/ の聞きわけがむずかしいためなのだろうか。

そこで5カ月，9カ月，15カ月の月齢群を対象として，単語中の /r/ と /d/ の聞きわけ能力を調べた実験を以下に紹介する（Kajikawa, et al., 2005）。前述したように，6カ月頃には母語の母音をほぼ獲得するとされているため，5カ月は，いわば言語普遍的な知覚によっていると考えられる時期である。9カ月群は，理解できる単語が少しずつ現れはじめるころで，限定的ではあるが文からの単語の切り出しも可能になりはじめる時期である。また15カ月群になると，多くの場合ある程度の発話が可能になっている時期である。以上のような発達段階にある3群を見てみることとした。

まず子どもに聞かせる単語として，「ラマク」を基準語，「ダマク」と「ハマク」をテスト語，そして「ワサズ」を統制語とした。「ラマク」と「ダマク」は /r/ と /d/ のミニマルペア，「ラマク」と「ハマク」は /r/ と /h/ のミニマルペアである。これらの語頭の子音の変化に子どもが気づくかどうかをテストした。つまり，「ラマク」を基準語として，「ダマク」「ハマク」という1音のみが異なる単語に変わったときに子どもはその変化に気づくかどうか，そして単語中のすべての子音が変わった「ワサズ」への変化に気づくかどうかを調べた。統制語の「ワサズ」は，子ども

にとっても容易に聞きわけることができると考えられるため，子どもが実験終了時までテストの音に注意を向けつづけられているかどうかを確認するために行ったものである。/r/ と /d/ は言い誤りが多く，調音点が近い。一方 /r/ と /h/ はそれに比べると調音点の違いが大きい音のペアであるため，聞きわけが容易であろうと予想した。

テストは，「馴化スイッチ法」(Habituation switch procedure) と呼ばれる方法で行った。実験室内の前方にディスプレイがあり，子どもは母親の膝に座って，その正面に向かう。ディスプレイの下にビデオカメラがあり，ディスプレイの後ろにスピーカーが隠されている。実験者は別室にいて，このビデオカメラを通して子どもの反応を観察しながら，実験の操作を行った。

1試行は14秒間で，その間「ラマク，ラマク，ラマク……」と1種類の単語音声が繰り返し呈示される。スピーカーから音声が呈示されると，子どもは格子縞模様が映し出されているディスプレイのほうをじっと見つめる。そこでディスプレイを見ている間は音声にも注意を向けていると解釈する。呈示の最中にはディスプレイを見ていたりよそ見をしたりするため，子どもの反応をコンピューターで記録し，1試行の14秒間のうち，子どもがディスプレイのほうを見ていた時間を合計して単語音声に対する反応時間とした。

この実験では，基準語である「ラマク」を何試行も繰り返して子どもに聞いてもらった。はじめのうち子どもは集中して画面を見ているが，やがて画面にも音声にも飽きてきて，画面を見る時間が短くなっていく（馴化）。その飽きる時点がきたところで基準語の呈示は終了した。

次はテストのセッションである。ここでははじめに何回も繰り返し聞いた基準語の「ラマク」，テスト語の「ダマク」と「ハマ

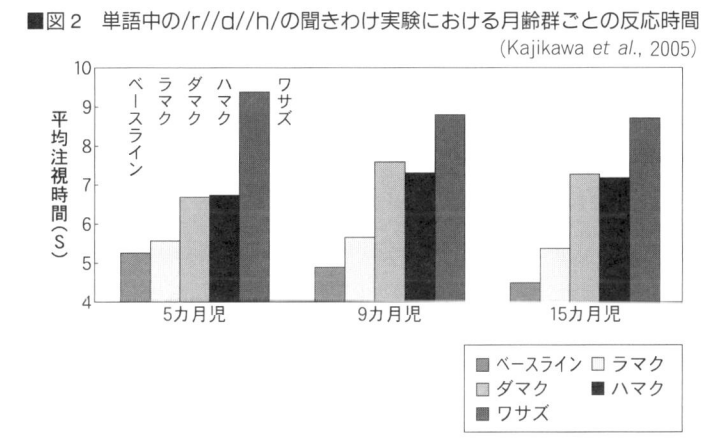

■図2　単語中の/r//d//h/の聞きわけ実験における月齢群ごとの反応時間
(Kajikawa et al., 2005)

ク」，そして最後に統制語の「ワサズ」を子どもに聞かせた。もし子どもがこれらの音の変化に気がつくならば，注意が復活して反応時間が上昇すること（脱馴化）が予想される。

　図2は，5カ月，9カ月，15カ月の月齢群ごとに平均反応時間を示したものである。馴化フェーズの最後の3試行の平均を，子どもの注意が最も減少した反応であるためベースラインとし，テストではベースラインからの注意の回復が見られるかどうかを確認した。まず「ワサズ」と「ハマク」については，すべての月齢群で注意が復活した。月齢間に差が見られたのは，「ラマク」に発音が最も近い「ダマク」であった。このときは9カ月群と15カ月群で注意の復活が見られ，5カ月群では復活は見られなかった。実は5カ月群の反応時間においては，「ハマク」と「ダマク」の平均値には大きな違いがない。だが，注意が復活した子どもの割合を見てみると，5カ月群では「ハマク」が約70％であったのに対し，「ダマク」は60％とやや低く，変化に気づいた

子どもが比較的少なかったのである。

　これらの結果から，発音上の区別がむずかしい /r/ と /d/ のミニマルペアは，区別がやさしい /r/ と /h/ のペアよりも，単語内での知覚の発達はやや遅いのではないかと考えられる。5カ月のときには「ラマク」と「ダマク」の区別はむずかしいようである。そして初語発話前後の9カ月，15カ月のころになれば，3歳児にとってさえも発音の区別がむずかしい音についても，ミニマルペアの聞きわけは可能になっていくことが示唆された。

4) 親からの入力と子どもの知覚発達の関係

　子どもにはおそらく生得的に話しことばのプロソディーに注目したり，統計情報から学習したりするような学習メカニズムが備わっており，それによって効率的に母語を習得していくと考えられる。これに加えて，養育者など周囲からの発話の入力が子どもの初期の知覚表象に，大きな影響をおよぼしている。

　子どもによる母語の音韻体系の獲得は，周囲からの入力の音響的特徴の分布情報にしたがって，統計的学習により行われている。メイらは，音響特徴を操作した人工的話声を使って，有声と無声の対比である /da/ と /ta/ の学習に関する実験を行った。この実験では，子どもを2つのグループに分け，1つのグループに対しては，/da/ と /ta/ それぞれに近い特徴を持つ，音響的な差異の大きい2種類の音声を多く聞かせた。そしてもう1つのグループに対しては，/da/ と /ta/ の中間の特徴を持つ，音響的な差異の小さい2種類の音声を多く聞かせた。このトレーニングのあと，/da/ と /ta/ の弁別をテストしたところ，前者の条件すなわち2つの音の音響的差異が大きい双峰性の分布になっている場合のみ，子どもは /da/ と /ta/ を区別できたのである（Maye, et al., 2002）。この結果は，音響的特徴の分布が双峰性つまり二

極的である場合に，子どもが2つの音韻カテゴリーを区別することを学習し，分布が単峰性である場合には区別しないことを学習することを示唆している。

実際に，子どもに対して母親が話しかけている際の音声を分析すると，異なる母音カテゴリーについてその音響特徴には双峰性の分布が明らかに見られた（Werker, et al., 2007）。この研究は，英語と日本語で類似の母音の対比に関して言語間比較を行うことで，母語の獲得に必要な音響的特徴が，子どもへの話しかけの中に存在することを確かめたものである。日本語の母音は，/a/，/i/，/u/，/e/，/o/の5つであるが，それぞれに短母音と長母音がある。この母音の時間長によって，「おばさん（obasan）」と「おばあさん（obaːsan）」が区別される。日本人の成人が話す場合，長母音は短母音の1.7～2倍の長さを持っていて，この2つの母音は時間長によって聞き分けられている。一方，英語の「ship」と「sheep」は，/ɪ/と/i/という2つの母音によって区別されるミニマルペアである。/ɪ/と/i/は時間長も異なるが，英語話者には音色（vowel color）の違いが主な手がかりとして区別される。

日本語，英語それぞれの環境で，母親が1歳の子どもに絵本を読み聞かせたり，絵本を使って自由に話しかけたりする場面で，発話の録音を行った。この発話の中に，ミニマルペアとなる無意味語が含まれるように絵本が作成されていた。たとえば日本語話者に対しては，/i/と/iː/の対比である「ギダ」と「ギーダ」のような無意味語が使用された。そして英語話者に対しては，/ɪ/と/i/の対比である"Gidda"と"Geeda"のような無意味語が使用された。これらの母親による発話音声を分析したところ，日本語の場合には時間長において母音間に大きな違いが，英語の場合には音色において大きな違いがそれぞれ見出されたのである。

子どもに対する発話では,抑揚を大きくしたり発話速度を遅くしたりすることで,母音の音響的特徴に影響が現れる。だが,音韻カテゴリーを区別するための手がかりとなる特徴については,日本語と英語それぞれの言語において,発話の中でその対比が維持されていた。そして,母音の時間長を手がかりとして区別する日本語の発話は,時間長の分布が双峰性を示し,時間長を手がかりとしない英語の発話は単峰性に近い分布を示したのである。このように入力となる発話中での音響的特徴が,子どもの音韻獲得における統計的学習を支えていることは間違いない。

他にマザリーズ(motherese,母親語)を扱った研究では,母親が乳児に対して話しかけているときには,大人と会話をしているときよりも,母音どうしの違いを強調するような発音をしていることが報告されている(Kuhl, *et al*., 1992)。そしてこのように母音の特徴についてのはっきりとした二極的入力によって,乳児の音韻の獲得が促進されるということも明らかになった(Liu, *et al*., 2003;図3)。大人に対して話す場合よりも子どもに対して母音の /a/ と /i/ の違いを誇張した発音で母親が話している場合,子どもの /a/ と /i/ を聞きわける力がより早く発達していたのである。大人は無意識に,子どもに対してはっきりと発音しながら話しかけており,そのことが子どもの音韻獲得を促進しているのである。

日本人の母親を対象として行った実験でも,同様に母親の発音の特徴が子どもの単語音声知覚の発達に関係していることが示された。母親に /r/ と /d/ の無意味語のミニマルペア「ラマク」と「ダマク」を発声してもらったところ,その音響的特徴には大きな個人差が認められた。/r/ と /d/ は,それぞれ /ra/ と /da/ という1モーラ中に占める時間の割合が大きく異なるという特徴がある。単語全体の時間長に関しては「ラ」と「ダ」ではほとんど

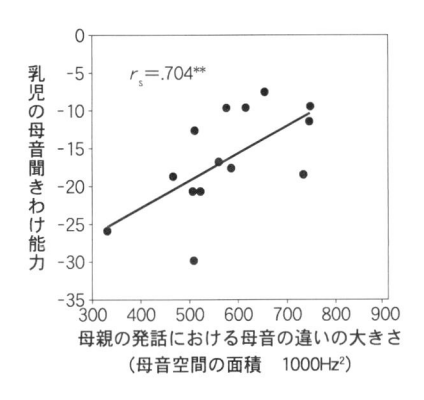

■図3 大人および乳児に対する母親の発話の母音空間と
乳児の聞きわけ能力 (Liu, et al., 2003)

$r_s = .704^{**}$

横軸：母親の発話における母音の違いの大きさ（母音空間の面積　1000Hz^2）
縦軸：乳児の母音聞きわけ能力

差がないが，子音の割合は /ra/ のほうが大きく /da/ のほうが小さいという，明確な違いが存在する。実際にはこの /ra/ と /da/ の時間割合は，母親によって大きな違いがあった（図4）。また /ra/ のほうが /da/ よりも分散が大きい，つまり個人差が大きく現れた。

そこで，母親の「ラマク」の発音と，子どもが実験刺激の「ラマク」を聞いてから次に「ダマク」を聞いたときに，どのくらい注意が復活したかという反応との関係を調べてみた。その結果，母親が /ra/ と /da/ の違いを誇張して発音している場合，その子どもは /r/ と /d/ の違いに対して敏感に反応していたことが示された。ただしこの傾向は，5カ月と9カ月の子どもにのみ見られ，15カ月の子どもには当てはまらなかった。したがって9カ月頃までの比較的発達の初期には，大人からの入力の特徴が子どもの言語発達に大きく影響している考えられる。

また，子どもが言語音声を獲得していくために重要な要素は，

■図4 母親が発音した/ra/と/da/中で
それぞれ/r/と/d/が占める時間割合 (Kajikawa *et al.*, 2005)

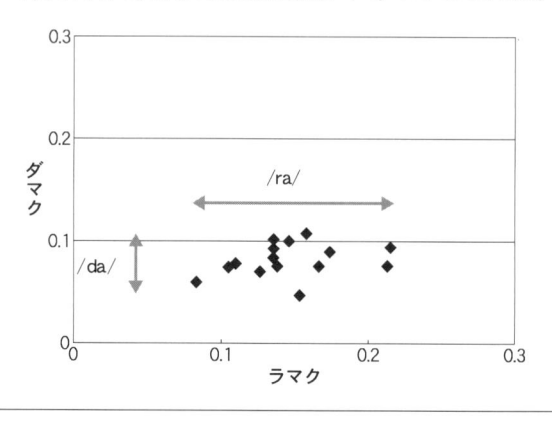

(縦軸: ダマク, 横軸: ラマク)

親の発話の中に音韻の明確な区別やその手がかりとなる特徴の分布が存在するということだけではない。前述したメイら（Maye, *et al.*, 2002）の音韻の統計的学習実験では，静かで薄暗い実験室内にて音声を聞かせたため，子どもは音に集中しやすく学習が成立したと考えられる。だが，子どもの置かれている日常の世界はさまざまな音や物に囲まれ，子どもの興味を引きつける刺激に満ちている。そのような環境での言語音声の獲得においては，養育者などとの社会的な相互作用や，子どもに合わせた特徴的な語りかけ（マザリーズ，motherese）が重要な役割を果たしている。

クールらは，英語を母語とする9カ月の子どもに研究室へ来てもらい，中国語話者の大人が絵本を読み聞かせたり一緒にオモチャで遊んだりするという「言語学習」に参加してもらった（Kuhl, *et al.*, 2003）。これを1カ月間に複数回行った後，中国語の音韻を区別する能力をテストしたところ，言語学習に参加した子どもは高い確率で区別ができ，この成績は中国語を母語とする

子どもに匹敵するものであった。これに対して、参加しなかった子どもは低い成績であったことから、9カ月ころに非母語に接していなければその音韻を聞きわける能力は低下するが、その言語に接していれば能力が発達していくことが示された。さらにクールらは、この言語学習において中国語話者から直接子どもに話しかけてもらうのではなく、あらかじめ録画しておいたビデオ（つまり動画＋音声）や録音音声（音声のみ）を使い、前回同様に中国語音韻を区別する能力をテストした。この結果、ビデオや録音音声からは中国語音韻を学習できていなかったことが明らかになった（図5）。

このように、子どもは話者と直接やりとりをすることで、相手の話すことばに注意を引きつけられ、それによって学習が進むのである。また、話者の視線や注意がどこに向いているかを見極め、自分もそこに注意を向けるという「共同注意」(joint attention) が成立することも、言語音声の学習をスムーズに進める助けとなると考えられている。

3 意味と結びついた単語音声の認知

前節で紹介してきたように、言語の音韻を聞きわける能力は生後数カ月からかなり発達しており、その後1年ほどで母語の音韻体系が獲得される。つまり子どもは1歳になる頃には、母語の単語を構成することになる個々の音を正しく聞きわけることができる。さらに音韻が組み合わせられて単語というまとまりになっても、似た音の単語どうしを1歳頃には区別できることが示されてきた。

一方で、単語音声と意味とを結びつける段階になったときに

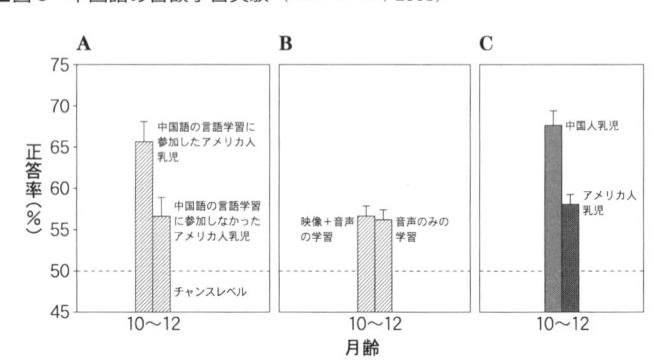

■図5 中国語の音韻学習実験 (Kuhl et al., 2003)

[図: A 中国語の言語学習に参加したアメリカ人乳児／中国語の言語学習に参加しなかったアメリカ人乳児／チャンスレベル；B 映像＋音声の学習／音声のみの学習；C 中国人乳児／アメリカ人乳児。縦軸：正答率(%)、横軸：月齢 10〜12]

は，その中の音の違いを聞きわけることはかなりむずかしいのではないか，と古くは論じられてきた。たとえば10カ月から24カ月の時期の子どもは，単語の中の子音の変化に気づかなかったという報告がある (Shvachkin, 1973)。また2歳から3歳の間には，既知の単語で /b/ と /p/ のミニマルペアである，"bear" と "pear" を区別することができる。だが未知の単語の場合には，同様の一音の違いは認識できないとされている (Barton, 1978)。

比較的新しい研究では，1歳以前でも，たとえば "dog" と "bog" のような，一方は子どもでもよく知っている単語で，もう一方は子どもがおそらく知らない単語という場合でも，8カ月で区別できることが示されている (Jusczyk & Aslin, 1995)。しかし，単語の中の音韻を，どのようにしてどの程度正確に聞きわけているかについては，まだ明らかにされていない。

ステイジャーとワーカー (Stager & Werker, 1997) は，未知の単語を子どもが学習したら，他の単語ときちんと区別することができるのか，すなわちはじめて聞く単語の音を正確に学習でき

るのかどうかを調べている。この実験では，まず馴化（学習）フェーズにおいて子どもに新しい単語を学習してもらう。新しいオモチャの絵を見せながら，"bih"という新しい単語を繰り返し聞かせると，子どもは新しいオモチャと"bih"を結びつけて学習する。同様に，もう一つ別の新しいオモチャと"dih"という単語の組み合わせも学習してもらう（図6）。

　次のテストフェーズでは，"bih"と名づけたオモチャの絵を見せながら，"dih"という単語を繰り返し聞かせる。これは，子どもに犬のぬいぐるみを見せて「ほら，くまだよ！」と言っているのと同様の状況である。子どもは，"bih"と"dih"をそれぞれのオモチャと対応づけることができていれば，この状況に対して「ヘンだ」と思うはずである。実際に20カ月の子どもは，この状況で驚いた反応を示し，"bih"と"dih"を正しく学習できていることが明らかになった。

　20カ月の子どもとは異なり，14カ月の子どもの場合は予測された反応を示さなかった。つまり，"bih"のオモチャを見せて"bih"と言っても，"bih"のオモチャを見せて"dih"と言っても反応が同じだったのである。すなわち，14カ月齢の子どもは正しい単語の音を学習できなかったと考えられる。/b/と/d/の2つの音の違い自体は14カ月で聞きわけることができるのに対して，単語として学習する際にはまだこれらの音の聞きわけが完全でない，移行段階にあるようだ。そしてこの能力は，20カ月頃までには発達してくるのである。

　スウィングリーとアスリンの研究（Swingley & Aslin, 2000）では，"baby"と"vaby"，つまり一方は知っている単語，もう一方は知らない単語で音がよく似ている場合に，1歳半から2歳の子どもがこれらの単語を混同するのかどうかが調べられている。この実験では，子どもの目の前にあるテレビ画面に，同時に

■図6 オモチャの名前（単語）を学習する実験 (Stager & Werkera, 1997)

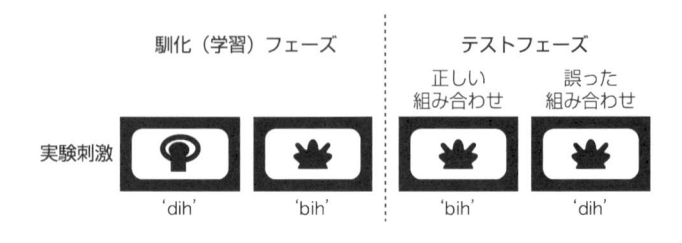

馴化（学習）フェーズ	テストフェーズ
	正しい組み合わせ　誤った組み合わせ

実験刺激　'dih'　'bih'　　'bih'　'dih'

4つの絵が呈示された。これらの4つの絵はすべて子どもが名前を知っているものであった。そして「babyはどこ？」と正しい単語で質問した場合と，「vabyはどこ？」と音を入れ替えた語で質問した場合に，子どもが4つの絵の中から赤ちゃんの絵（このタスクでのターゲット）のほうを見る反応に違いが見られるかどうかをテストした。この結果，子どもは正しく"baby"と言われたときのほうが"vaby"と言われたときよりも，赤ちゃんの絵を見る割合が高く，しかもよりすばやく赤ちゃんの絵のほうを見たのである。このことは，2歳頃までに子どもは単語の音を正しく学習できていることを示唆している。また，この実験では子どもの語彙数や月齢と正答率の間に相関が見られなかった。すなわち，語彙数が少ないうちは似たような音の単語が語彙に含まれることも少ないため，子どもは正確に単語を認知している必要がなく，大まかにしか認知していないというわけではない。むしろ子どもは区別する必要がない場合でも，初期から単語音声を正しく認知しているのである。

　さらにスウィングリーらは，先の実験よりも月齢の低い14〜15カ月の子どもでも，知っている単語であれば音が似ている単語との違いに気づくことを明らかにしている（Swingley &

Aslin, 2002)。このことは，ステイジャーらの研究で 14 カ月児が単語のわずかな音の違いに気づかなかったという結果と一見矛盾するようである。これに対して，スウィングリーらはすでに知っている単語を聞きわける場合と，はじめて聞く単語を学習する際に聞きわける場合とでは，子どもの反応が異なるとしている。また単語の区別には，子音のほうが母音よりも区別される必要性が高いという観点からの研究も行われており（Nazzi, 2005），子どもが単語を区別する必要性によって認知の仕方を変えているのか，単語の音の類似度は区別の精度に関連しているのか，自分の語彙知識をどのように学習に使用しているかなどの問題について，近年検討が進められてきている。

4 おわりに

　子どもは生まれて半年から1年も経つと，母語の理解に必要な単語音声の学習ができるようになるだけでなく，その表象は1歳頃の語彙が少ない時期であっても，かなり正確なものであることが明らかになってきた。単語音声の知覚・認知は，発音における混同のされやすさと関わりはあるものの，発音・発話に比べるとずっと早い時期に完成度の高いものになっているようである。そして子どもの単語音声の知覚・認知の発達は，とくに初期には大人からの入力の特徴の影響を大きく受けており，大人の発話が子どもの発達を促進するような特徴を持つこともわかってきた。

　今後の研究は，子どもがすでに獲得した単語音声の表象が，語彙数の急激な増加に際してどのように単語学習へ影響を及ぼすのか，新しい単語とどのように相互の影響を持つのかという問題に取り組んでいくことになりそうである。また0～1歳に獲得した

表象と1〜3歳頃の発音や発話とがどのように関連しているのかなど，知覚（理解）と運動（発話）の関係という古くからのテーマに対してもこの研究分野からの新しい知見が期待される。

● 読書案内

1 **スーザン・H・フォスター゠コーエン『子供は言語をどう獲得するのか』**今井邦彦訳，岩波書店，2001

　乳児期の表情，身振りといった発話の前段階の表出から思春期の読み書きの発達まで，広範囲にわたり言語獲得を扱っている入門書である。言語の生得説と学習説をバランスよく取り入れた議論を展開している。講義用の「課題」「討議題目」は，読者が個々に内容を熟考するためのヒントとしても有益である。

2 **Peter W. Juscyzk, "The Discovery of Spoken Language."** The MIT Press, 1997

　乳児の言語音声知覚について，数多くの実験結果をもとにその全体像をまとめている。とくに乳児におけるセグメンテーション問題の解決に焦点が当てられており，初期言語獲得を支える音声知覚の発達をよく知ることができる。

3 **正高信男『子どもはことばをからだで覚える：メロディから意味の世界へ』**中公新書，2001

　子どもはことばをまずそのメロディから認識し，分節化を経て語彙として獲得する。そして子どもの発話や意味の理解は，リズミックな手足の動き，指さし，身振りといった身体運動を通じて発達していく。このようなことばの獲得メカニズムを探究した研究について，ことばと音楽の起源という問題意識を背景に，分かりやすく解説されている。

第 3 章

●

身振りとことば

ことばによるコミュニケーションの場面で，しばしば自然と身振りが出てくる。たとえば，「目の前に急にトラックが出てきて」と言うと同時にからだの正面向こう側を指さし，「ハンドルを思いっきりきったんだけど」と言うと同時にあたかも車のハンドルをきるかのように手を動かし，「ばーんとぶつかっちゃった」と言うと同時に右手の手のひらで左手の手のひらをたたいて，車がトラックにぶつかる様子を表す，というような身振りは日常頻繁に使われる。このように「身振り」(gesture)は，空間的情報やからだの動きに関する情報をアナログ的に表現する。ことばと違って，形と意味の関係が社会規範によって完全には規定されていないので，ことばを十分に獲得していない子どもでもある程度自由にその身振りは使うことができる。

　本章では，身振りがことばの発達の中でどのような役割を果たすのか，さらには身振りの発達が認知発達とどういう関係にあるのかという問題点に関して考察する。

1 身振りとことばの関係

　身振りは，ことばの産出と理解の両方と密接に結び付いている。たとえば，電話での会話のように，相手の見えない場面でもジェスチャーは自発的に出てくる。また，身振りというものを視覚的に経験したことのない先天盲の人が盲人を相手にしゃべるときにも身振りが出てくることが知られている (Iverson & Goldin-Meadow, 1998)。また，コミュニーケションの相手がこ

とばと身振りの両方で何かを伝えようとしているとき，我々は，身振りとことばに表現されている情報を自然に統合することによって相手の伝えたいことを理解する（Kendon, 1994）。このように，コミュニケーションの場において，ことばと身振りは切っても切れない間柄にあることから，言語発達の過程においても，ことばと身振りの間には重要な関係があることが推察できる。本章では，その関係について考察していく。

身振りにはいろいろな種類があるが，本章では，以下の2種類の身振りにとくに注目する。一つは，からだの動きと対象となる事物や出来事の間に類似性がある「映像的身振り」（iconic gesture）である。もう一つは，身体の動きがある方向また場所を指し示す「直示的身振り」（deictic gesture，主に指さし）である。映像的身振りと直示的身振りの両方をまとめて「表象的身振り」（representational gesture）と呼ぶこともある（身振りの分類についてさらに詳しくは，喜多（1993, 2002ab），マクニール（1990），関根（2006a）を参照）。以下に，表象的身振りの具体例を挙げておこう。自分の部屋の家具の配置を思い出しながら説明するという場面を想定してみよう。「入ると正面に机があって，その右に本棚があって」というような説明をするときに，「右に」ということばと同時に右前方に人さし指を向け（直示的身振り），「本棚」と言うのと同時に，何段もある棚を上から順になぞるかのように，手が動いてしまう（映像的身振り）ことがある。次に，このような身振りを理論的にどのように捉えることができるのかという問題に，まず，簡単に触れる。

発話に伴う表象的身振りに関する理論で代表的なものとしては，マクニール（1990, 1992）の理論を挙げることができる。それは，発話とそれに伴う身振りが心的表象からどのような過程を経て産出されるのかということに関する理論である。マクニール

によれば，発話と身振りは，同一の心的表象から産み出される。その心的表象は，イメージと言語的意味カテゴリー（たとえば，イメージに対応する単語の意味）の両面性を持っている。イメージはある事物を主観的な立場から捉えたものであり，言語的意味カテゴリーは社会的に共有された言語の体系に基づいている。この2つが結び付くことによって，「私的な」思考の世界と「社会的な」言語の体系とがおたがいを裏打ちする形で相互補完をし，これが思考を他者に理解可能な形で表現することを可能にする。この思考表現の出発点となる心的表象から，イメージは身振りへ，意味カテゴリーは言語による表現へと変化していき，最終的には，意味的に関連のある身振りとことばが同時に産出されることになる。このとき身振りの表現形式は，社会的に規定されないその場その場に応じた個人的な創造であるので，心の中のイメージを比較的歪みなく映し出しているとされている（マクニールの理論についてより詳しくは，喜多（2002b），マクニール（2002），野邊（2007）なども参照）。

　個人的な表現ではありながらも，映像的身振りは類似性，直示的身振りは空間的方向性に基づく解釈が可能である。すなわち，表象的身振りを使えば，言語体系に完全にしばられずある程度自由に思考内容を表現し相手に伝えることができる。この自由度が，発達途上の言語を使ってコミュニケーションをしなければならない子どもにとって重要になってくる。また，表象的身振りは，イメージ的思考をありのままに表すという側面も持っているので，成人と子どものイメージ的思考が違うとき，その違いが身振りの違いとしても現れてくる。したがって，身振りの発達は，言語発達のみならず，認知発達とも関連しているのである。まず，ことばの発達と身振りの発達について詳しく見ていこう。

2 ことばの発達と身振りの発達

　3歳の誕生日を迎える前に，子どもの身振りは何度か質的な変化を遂げる。ここでは，その変化をことばの発達における重要な変化と対応づけながら考察する。

1) ことばの誕生と身振り

　まず，1歳半以前の子どもの身振りの発達は，ことばの出現にどう関連づけられるだろうか。この時期に見られる身振りは大きく2つに分けられる。一つはからだの一部を伸ばしてある方向を指し示す「直示的身振り」，そしてもう一つはからだの動きそのものが何か別のものを表現する「象徴的身振り」(symbolic gesture) である。

　このようなからだの動きの指示対象や目的がはじめから大人に明らかなわけではない。麻生 (1992) によれば，子どもがある機能を意図していると，大人がはっきりと解釈できる直示的身振りや象徴的身振りが現れるのに1カ月から2カ月先立って，形式は同じでも機能のはっきりしない「原身振り」(proto-gesture) が現れる。大人がそのようなからだの動きにも意味を付与してある一定の反応をすることが，子どもが形式と機能の安定した対応という記号のなりたちを理解するのを助けているのかもしれない。いずれにせよ，生後10カ月前後から，指示対象のはっきりした意図的な身振りが現れる。最も使用頻度の高い直示的身ぶりの指さしの発達について，まず論じる。

　「指さし」(pointing) の出現は，3つの発達の流れが1つにまとまり新たな機能を持った行動を生み出す劇的な瞬間である。ま

ず，その3つの流れをひとつずつ見ていこう。まず第一番目の流れは，手の動きと言語的音声の同期である。その現れは，腕を縮めたまま人差し指を伸ばす「指たて」(index finger extension)と呼ばれる行動である。指たては生後3カ月ごろ始まり，それは子どもが声帯を振動させる言語音の候補となりうるような音を発した前後に，より多く見られる（正高, 1993）。この段階では，伸ばされた指先は何かを指し示しているというわけではないし，言語的音声も特定の意味を表しているというわけではない。指たては生後9カ月から13カ月の間に急激に頻度が減り，それとともに腕を伸ばし視線も伴った指さしが急激に増える（正高, 1993; Lock, et al., 1990）。このことは指たてが指さしの起源になっていることを示唆するが，指さしには他にも起源がありそうである。

　指さしに合流する発達の第二の流れは，からだの一部をある方向に伸ばして，方向に関する意図を伝えるようになることである。麻生（1992）の日誌的観察記録によれば，「手さし」と呼ばれる手のひらを開いたまま腕を伸ばす行動が，指さしに先行して現れる。生後10カ月ころから，「あっちへ行きたい」「あれが欲しい」と，手さしで大人を操作するようになる。そのあと10カ月半ばころから「指さし」が現れる。しばらくは手さしと指さしは共存する。手さしは主に大人を自分の思うとおりに動かすのに使われ，指さしはものを指し示すのに使われる。

　指さしに合流する第三の流れは，他者との注意の共有の発達である。生後4カ月の乳児ですでに，大人の視線の方向に提示された視覚刺激に対する反応時間が短くなるという現象が報告されている（Hood, et al., 1998）。これは，相手の視線の方向に自分の視覚的注意を向ける行為が，すでに4カ月でできることを示唆する。さらに，6カ月以降，大人の顔の方向に自分も顔を向けて，

大人が何を見ているのかを知ろうとする行為が徐々にできるようになってくる (Butterwoth & Jarrett, 1991)。

およそ10カ月前後で，指たてに見られる言語音声との同期，手さしに見られるからだを使った方向についてのコミュニケーション，そして他者との注意の共有という3つの流れが合流する。そして，それらは，指で特定のものを指すことによって大人と注意を共有する行為として昇華する。これが，指さしの出現である。

指さしの発達と言語発達との間には強い関連がある。麻生の記録によると，最も初期の段階から，指さしは「わうわ（ん）」（ある種の四つ足動物を意味する）などの名称語的な「原言語発話」〔音声的にも意味的にも比較的安定した発話〕とともに産出される。すなわち，指示対象の位置に応じてさす方向が変わる指さしのような柔軟なコミュニケーション形式と常に特定の事物を指示する「わうわ（ん）」のような安定したコミュニケーション形式とが組み合わされるようになる。子どもは，この2つの質的に異なる注意の共有の仕方の間にあるつながりを見出していると考えられる。

しかし言語獲得の初期段階では，指さしと発話がいつも同期するわけではない。指さしだけ，または，発話だけを使ったコミュニケーションも頻繁に行われる。指さしだけのコミュニケーションは，単語の獲得への準備段階であることを示す研究結果がある。アイバーソンとゴールデン゠メドウ (Iverson & Goldin-Meadow, 2005) による10カ月から24カ月の間の縦断的研究では，指さしと一語発話を使ってさまざまな対象物についてコミュニケーションをする様子を観察した。子どもがまず指さしのみで指示しはじめた対象物が，その後，単語のみによって指示されるようになるケースは比較的頻繁に観察された。それに対して，子

どもがまず単語のみによって指示しはじめた対象物が，指さしのみで指示されるようになるという，逆のケースは，比較的まれであった。すなわち，対応する単語が分からない対象物はまず指さしで指示し，対応する単語を学んだあとは，単語が指さしにとって代わるわけである。また，ベイツら（Bates, et al., 1979）による9〜13カ月の子どもの縦断的研究では，指さしの頻度は，数カ月後の単語の理解や生成の指標と正の相関がある。すなわち，指さしの頻度が多い子どもほど，数カ月後により多くの単語を獲得している。このように，この年齢の指さしは，子どもが言語発達への第一歩を踏み出していることを示唆するものである。

次に，象徴的身振りの出現について見てみよう。象徴的身振りとはからだの動きそのものが，もの，しぐさ，起こって欲しい出来事などを表現するものである。両手を広げて飛行機を表現したり，ドアのノブをまわすような手の動きでドアから外に出ることを表現したりするのがその例である。これらは，身振りと対象の類似性に基づいているという意味では，成人の映像的身振りに似ているが，ことばとは独立に使われるところ，そして，同じからだの動きが繰り返し使われるところが違っている。アクレドロとグッドウイン（Acredolo & Goodwyn, 1988）は，このような「身振りの単語」とでもいうべきものの出現について研究した。象徴的身振りは，生後15カ月ごろ出現し，音声による単語の発達の初期（語彙が，推定25語以下のころ）に主に見られる。象徴的身振りの起源は，大人が子どもにある身振りをするように仕向ける儀式化したゲームか，子ども自身が学んだ物体操作のためのからだの動きの型であると考えられる。指さしと同様に，象徴的身振りはまだ獲得されていない単語の代わりとして使われ，ある身振りに対応する単語が獲得されたあとは，その身振りは使われなくなる。語彙のサイズと象徴的身振りの数（とくに，ものを

指示する身振り）の間に相関が見られることから，初期の語彙獲得と象徴的身振りの発達は，どちらも，親と共有可能な記号を蓄積していくという能力の現れと考えられる。

　この時期の身振りが大人の自発的身振りと根本的に違うのは，形式の安定化という，言語のように社会的に共有された記号の特徴を備えていることである。大人に見られるような，ことばと身振りの機能分化はまだはっきり見られないようである。そのような兆候は，子どもが単語と単語の組み合わせを自在にあやつるようになる2歳ころまで待たなくてはならない。次項で見るように，単語と単語の組み合わせを使いはじめる前に，子どもの指さしは単語と組み合わせて使われることが大変に多くなっていくが，象徴的身振りはそのようなことばとの組み合わせで使われることはまれである。

2) 記号を組み合わせることの発見

　20カ月齢前後に，単語と単語を組み合わせる二語発話がはじめて出現する。文法の獲得の最初の現れである。一語発話から二語発話へという大人のことばに向けての発達の重要な一歩は，唐突な変化でなく，いくつかの段階を経て起き，身振りがその過程で重要な役割を果たしている。

　前項で述べたように，指さしと原言語発話の組み合わせは指さしの出現した直後から見られ，2歳の誕生日を迎える前に，子どもは完全に安定した意味を同定できる単語同士を組み合わせることを覚える。そのような組み合わせが出現する前段階において，まず顕著なのが指さしの頻度の激増である。生後11カ月ごろから増えはじめた指さしは，生後15カ月ぐらいで頻度が4倍ほどになったあと，安定期に入り，21カ月ころに減少しはじめる（Lock, et al., 1990）。すなわち，指さしは子どもが一語発話を

使っていると思われる時期にだけ，高頻度で現れる。

　ゴールデン゠メドウとモーフォード（Goldin-Meadow & Morford, 1990）によると，まず現れる記号の組み合わせは，身振りと身振りの組み合わせである。これらは頻度も低く短期間で見られなくなる。13 カ月から 18 カ月ころ現れ，数カ月続いたあと単語と単語の組み合わせ，いわゆる二語発話が現れる 2〜5 カ月前に消えてしまう。ほとんどすべて指さしと指さしの組み合わせ（たとえば，パズルの一片を指しそれを置くべき板を指す）か，指さしと手のひらを上に向けて差し出す「ちょうだい」の身振りの組み合わせで，指さしと他の象徴的身振りの組み合わせや象徴的身振り同士の組み合わせはきわめてまれである。きわめて限られた数の使い慣れている記号の組み合わせによって，より複雑な概念を表現できることを，子どもは発見するわけである。しかし，周りの大人は発話なしの身振りの連鎖を使うことがほとんどないので，そのような組み合わせはやがては消えていくと考えられる。

　その次に現れるのが，身振りと安定した意味の同定できる単語との組み合わせである。身振りは主に指さしである。このような組み合わせは，16 カ月前後で現れたあと，比較的高い頻度で使われ，二語発話が現れたあとも引き続き見られる。身振りと単語の組み合わせには，その 2 つの記号の意味関係により 2 種類に分類できる。一つは犬のぬいぐるみを指して「犬」と言う「同一情報タイプ」。もう一つは，引き出しを指さして「開けて」と言う「異種情報タイプ」である。異種情報タイプは，指さしの対象物と単語が 1 つの命題（たとえば，「あなたが引き出しを開ける」）の一部をそれぞれ表現するものがほとんどで，命題の一部として関係づけることのできないような情報を組み合わせることはまれである。

ブッチャーとゴールデン゠メドウ（Butcher & Goldin-Meadow, 2003）によると，まず最初に15カ月ごろ現れるのが，同一情報タイプである。このタイプは，前項で述べた指さしと原言語発話との同期という現象から発展してきたもので，原言語発話が，大人に解釈可能な単語に置き換わったものである。指さしによる具体例への注意の共有のみならず，言語による世界の分節化も大人と共有できるようになったあと，その2つが1つに統合されたものである。また，同一情報タイプの出現を境に発話と身振りの同期が緊密になることが報告されている（Butcher & Goldin-Meadow, 2003）。その後同一情報タイプの出現に0〜4カ月ほど遅れて，異種情報タイプの組み合わせが出現し，動詞と目的語に相当するような概念の組み合わせができるようになる。ここまでくると，二語発話まではあと一歩である。どの単語とどの単語が組み合わせ可能かという知識さえ得られれば，異種情報タイプの組み合わせのうち，身振りを単語に置き換えて二語発話を作ることができる。異種情報タイプが出現したあと，2〜4カ月すると，二語発話が出現する。同一情報タイプの出現時期と，二語発話の出現時期には相関が見られないが，異種情報タイプの出現時期と二語発話の出現時期は，大変に高い相関を示す（Butcher & Goldin-Meadow, 2003；Iverson & Goldin-Meadow, 2005）。言い換えるならば，ある子どもがいつ異種情報タイプを使いはじめるのかが分かれば，二語発話をいつ使いはじめるのかを予測することができるのである。このことは，子どもは，異種情報タイプの指さしと単語の組み合わせを，二語発話へ到達するための「足場」として使っていることを示している。

3) 二語発話以降

　言語発達の初期においては，象徴的身振りと指さしは，社会的

に共有された記号として，子どもの言語能力の足りない部分を補うことによって言語発達の足場となってきた。その後，二語発話が出現し，そして単語の組み合わせがさらに複雑になるにつれ，身振りとことばの関係は最後の変化を遂げる。言語が独り立ちできるようになったこの段階では，からだはもう一度私的な心的表象を具現するものとして使われる余地が出てくる。すなわち，大人と同様の発話に伴う身振りが出てくるようになる。バイリンガルの幼児の研究を例にとり，言語と身振りがさらにどのように発達していくのかを見ていこう。

ニコラデス（Nicoladis, 2002）は，カナダで英語とフランス語のバイリンガルとして育っている幼児がどのように言語と身振りを使ってコミュニケーションしているのかを研究した。研究の対象となったのは，3歳児と4歳児である。これらの子どもが，英語で話しているところとフランス語で話しているところを両方ビデオに撮りそれを分析した。バイリンガルとはいえ，子どもたちの英語とフランス語の能力がまったく同等というわけではなかった。両言語における発話の長さ（平均発話長, Mean length of utterances: MLU）を一人ひとりの子どもについて調べ，平均発話長の長い言語をその子どもの優勢言語とした。それをもとに，優勢言語と非優勢言語の間で，身振りの頻度がどう違うのかを，対象物との類似性を持つ映像的身振りと指さしを中心とする直示的身振りに分けて比較した。その結果，映像的身振りは優勢言語を話しているときのほうが非優勢言語を話しているときより頻度がより高いが，直示的身振りの頻度は言語間で変わらないことが分かった。つまり，発達の過程で発話がより長くそして複雑になるにつれて，映像的身振りの頻度が増えると考えられる。このことは，より複雑な思考を言語化していく過程が映像的身振りの産出と関わっていることを示唆する。それと対照的に，指さしを代

表とする直示的身振りは、コミュニケーションの場で必要であれば使われるということから、言語発達の度合いにかかわらず同じような頻度で使われるものと見られる。

3 認知発達と身振りの発達

二語発話を皮切りに、言語と身振りの関係が大人に見られるようなものに向かって徐々に発達していく。しかし、映像的身振りにおいてはとくに、子どもと大人の顕著な差が見られる期間がしばらく続くことになる。その原因の一つが、子どもの認知が大人と同じレベルに達するのに時間がかかるということが挙げられる。認知発達が身振りにどのような影響を与えるのかを示すいくつかの研究について見てみよう。

1) 身振りと空間

子どもと大人の身振りには、空間の扱い方に違いがある。その一例をマクニール (1987/1990) の研究から見てみよう。子どもにアニメーションを見せてそれについてお話をさせるという課題において、子どもはあたかも物語の仮想空間の真っただ中に自分の身を置いてしまうかのように身振りをすることが多い。たとえば、アニメーションの登場人物が坂を転がり落ちてある建物に転げ込んでしまう場面を、2歳半児が語るときにでてきた身振りを一例にとってみよう。登場人物が転がっていって最後は視界から消えてしまうことを映像的身振りで表すときに、その子どもは、登場人物の動きを図1のようにからだの後ろがわまで腕をまわして表現をした。登場人物が転がり落ちてくるそのすぐ脇に立っているかのごとく、登場人物が建物に転げ込んで見えなくなるとい

■図1　からだの後ろにも広がる物語空間（マクニール，1990）

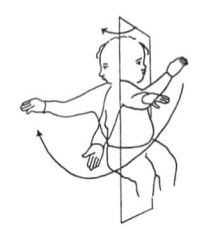

それで，それと一緒にいっちゃったんだ，あの中に

う様子を身振りで表現している。また，仮想空間の中に自分の身を置いてしまう身振りのもう一つの例としては，物語の登場人物になりきって，席から立って物語空間の中を歩き出してしまうこともある。（大人と子どもの違いを示すその他の例についてはマクニール（1987/1990）を参照。）このように，子どもは，物語が展開していく想像上の空間と，自分がいま物語をしている現実の空間の区別をはっきりとつけないような身振りをすることが多い。それとは対照的に，大人は，その2つの空間をはっきりと分けて映像的身振りでものごとを表現する。すなわち，大人の映像的身振りは，あたかも胴体の前にある想像上のステージの上で物語が展開するかのごとく，胴体の前の比較的狭い空間のみを使ってさまざまな出来事を表現するのが普通である。

　表現の対象になる空間と身振りを行う空間の関係が，4歳から6歳の間でさらに変化していくことを示す研究がある（関根，2006b）。この研究では，幼稚園児に幼稚園から家に帰る道順を説明させ，その際に産出された身振りを分析した。道順を説明するときに出る身振りは，経路上の道の実際の方向に手を動かして方向を表現する「方向一致タイプ」と，道が実際にある方向を無

視して胴体の前にあたかも地図を描くかのごとく手を動かして方向を表現する「方向不一致タイプ」の2種類がある（喜多, 2002a）。関根の研究によると，4歳児は，方向一致タイプの身振りのみを使って道中を説明する子どもが一番多かったが，5歳児では方向一致タイプの身振りと不一致タイプの身振りをまぜて使う子どもが一番多く，6歳児になると方向不一致タイプの身振りのみを使う子どもが一番多くなる。すなわち，4歳から6歳の間で，方向一致タイプから不一致タイプへの移行が見られる。この道順説明に見られる身振りの変化と上記のマクニールの子どもの身振りに関する観察との間には，共通点が見られる。仮想の物語空間の中に身を置くかのごとく身振りと，実際の経路にそった方向一致タイプの身振りは，どちらも対象となる空間と身振り表現を行う空間とをはっきりと区別していない。そのような身振りの仕方から，身振り空間を対象空間から独立したものとして捉えるような身振りの仕方へ，子どもの身振りは徐々に発達していくのである。

2) 身振りとことばの一致と不一致

認知発達は，身振りの仕方にとどまらず，身振りとことばの関係にも影響をあたえる。ゴールデン=メドウら（Goldin-Meadow, *et al.*, 1993）は，9〜10歳児に算数の問題（たとえば，$6+7+4=\_\_+4$）を解かせ，その理由を説明させる課題で，正しく解けなかった子どもの説明と表象的身振りを分析した。身振りとことばによる説明の関係に従い，解けなかった子どもを2群に分けた。第一群は，身振りがことばでの（間違った）説明と一致する子どもである。たとえば，「6と7と4をたすから17」と言いつつ6と7と17に指をさした子どもは，このグループに入る。第二群は，身振りとことばによる説明とが不一致の子ども

である。一致しない身振りはことばによる説明とは違う解法の可能性を示し，その中には正解に至る正しい道筋を示すものもあった。「6と7と4をたすから17」と言いながら，6と7に指をさすというのはその一例である。また，一致しない身振りの中には，必ずしも正解に至る道筋を示さないものもあった。「6と7と4をたすから17」と言いながら，6に指をさすというのはその一例である。いずれにせよ，不一致な身振りをした子どもは，自分のことばによる説明とは違う観点からも問題を考えていると見なすことができる。このような身振りとことばの不一致は子どもの問題理解がひとつの解法に収束せずに，ある種の不安定な状況にあると考えることができる。それを裏づける証拠として，ゴールデン＝メドウらは，次のような結果を報告している。問題が解けなかった子どもに同種の問題のトレーニングをした際に，トレーニング前に身振りとことばが不一致であった子どものほうが，一致していた子どもに比べて，トレーニング後の成績の向上の度合いがより大きく，つまり，トレーニング効果がよりはっきりと現れる。すなわち，身振りとことばの不安定な組み合わせは，子どもが認知発達の一歩手前にいることを示すのである。同様の現象は，ピアジェの保存課題を使った実験で5～8歳児でも観察されることから（Church & Goldin-Meadow, 1986；喜多，2002a，第五章参照），身振りとことばの意味的な不一致は子どもの年齢にかかわらず，認知発達のひとつの指標となるものと考えられる。

4 まとめ

　身振りは，ことばの発達と密接な関係がある。子どもは，こと

ばをしゃべりはじめる前からすでに指さしを使ってコミュニケーションをしはじめる。指さしは、手の動きと発声の同期、からだを使った方向の指示、相手との注意の共有といういくつかの発達の流れが合流したところに生まれる。指さしの頻度は、数カ月後の単語数などと正の相関がある。ことばが出現したのちも、子どもは、指さしまた象徴的身振りという映像的身振りに似た身振りを使って、語彙の不足を補う。

指さしは、その後単語と組み合わせて使われることが多くなる。まず、同一情報タイプの指さしと単語の組み合わせが出現し、それから、異種情報タイプの組み合わせが出現する。後者のタイプの組み合わせの出現時期から、数カ月後に二語発話が出現する。二語発話期以前では、身振りはまだ未熟なことばを補うかたちでコミュニケーションを支え、言語発達が一歩一歩段階を踏んで進んでいく礎になっていると考えられる。

二語発話期以降は、ことばが表現形態として独立したものになってくるため、子どもの身振りは成人の身振りに近いものに徐々になっていく。とくに、映像的身振りは、ことばの発達と並行するかたちで、頻度が増えてくる。しかし、子どもの身振りは成人の身振りとはいくつか違う点があり、その違いは、子どもの認知発達に起因する。第一に、子どもの身振りでは、身振りの対象物が位置する空間と身振りが実際に行なわれる空間の２つがはっきりと分化されていない。第二に、子どもがある問題についての理解の過渡期にあるときには、身振りとことばの内容が食い違うことが多くなる。このように、ことばの発達と認知発達の両方に影響を受けつつ、身振りは「私的な」思考の世界と「社会的な」言語の体系を結び付けるものとして発達していくのである。

●読書案内

1 齋藤洋典・喜多壮太郎編『ジェスチャー，行為，意味』共立出版，2002

　日本におけるジェスチャーに関する最新の研究の集大成。自閉症児の身振りに関する章，身振り研究の展望の章などがある。

2 喜多壮太郎『ジェスチャー：考えるからだ』金子書房，2002

　身振りをするということは，からだを使って考えることであるという仮説をさまざまな研究を通して実証的に考察している。

3 麻生武『身ぶりからことばへ：赤ちゃんにみる私たちの起源』新曜社，1992

　自分の息子の生後一年間の成長を克明に書き留めた日誌的育児観察記録。コミュニケーション能力の発達そして認知的発達に関する示唆に富む記述が多くある。

第4章

語彙の獲得
──ことばの意味をいかに知るのか──

近年，子どもは生まれつきことばの意味について「制約」(constraints)を持っており，それを使うことで迷わず素早くことばの数を増やしているのだ，とする説が登場し，語彙獲得の研究は活況を呈している。制約は，子どもがことばの意味を探るために立てる仮説の数をごく少数に限定するための原理である。子どもの心に生得的(innate)に備わっており，ことばが発せられたときの状況についての情報がなくても機能できる点で，ことばの意味の獲得における仮説の「デフォールト」(default，初期設定)であるともいわれている。子どもが素早く正しい可能性が高い意味に到達できるよう「デフォールト」をいくつも備えているという説は確かに魅力的だ。一方，この議論への反論が展開されている。ことばの意味を推測する場合，状況に応じてさまざまな情報のうちどれに注目すべきかについて鋭い感受性を持っていれば，そのような「デフォールト」は必要ないのかもしれない。幼児は大人の指示意図（どのような概念が示されて語が与えられたのか）を知る優れた能力を持っているという説が登場し，制約理論と鋭く対立している。人間は他の動物と異なり，他者の外的状態（視線，表情，行動）やコミュニケーションの場の状況から，他者の内的状態をかなり正しく推論する能力を進化させた。この能力が，他者の意図を読んで模倣したり，他者と同様の心的意味を心に生じさせる言語の獲得を促したと考える。後者の立場からは，語彙獲得の原理とされるルールは，他者の意図理解の過程で結果的に表出するものということになる。

　本章ではまず，子どもたちが第一言語を獲得するときの語彙獲得の過程をおおまかにたどり，その特徴を把握するとともに，語彙獲得はどのように説明できるのかを検討する。

1 語彙獲得の過程

1）初語の出現

　子どもがはじめてことばを発する前はことばを理解することもできないのかというと，けっしてそうではない。子どもの育ちを身近で見たことのある人なら誰でも，子どもはことばがまったく言えない幼いときから，理解はできていることを知っている。「お風呂よ」と言われるとお風呂場に行ったり，「この眼鏡をお父さんに持っていってね」と言われるとちゃんと眼鏡を持っていくという行動を示す。こうした行動は生後10カ月くらいから可能となる。ある語彙が理解はできるが産出はまだできない段階から，実際に産出（produce）できるようになる段階に至るまでに，平均6カ月を要したという研究もある。

　はじめてのことば（「初語」（first word））は，普通の子どもであれば，早くて10カ月から1歳ないし，遅くても1歳を数カ月過ぎたころまでには出現する。初語は，明らかにこれが初語だ，と分かるようにはなかなか現れてくれない。「マンマ」をご飯のとき言い出したので，ついにことばを獲得したと喜んでいると，次のご飯のときにはもう言わなくてがっかりし，さっき「マンマ」と言ったのは何かの間違いか，と思うほどである。このように，なかなか定着しなかったり，あるいは消失してしまったりする。「マンマ」が「ゴアン」（ご飯）というような，成人語に置き換わることによって消失することもあるが，なんとはなしに自然に消失してしまうことも多い。こんな状態で数カ月を過ごすうち，ようやくかなり定着した特定の語をよく使うようになる。綿巻徹（1985）による次女の観察によれば，初期には使用頻度が少

ない語が自然に消失してしまうことが多く，その女児が1歳3カ月のときは，消失語数が累積語数の半分以上にも達したという。

2) 初期の語の特徴

「初期の語」(first words) のカテゴリーは，どの言語であってもほぼ共通のようである。ヒト，動物，食べ物，乗り物，からだの一部，挨拶などのことばが多い。たとえばバナナのように，小さく，軽く，子どもでも動かしやすいもの，または子どもが強い関心を抱いているものの名称が多い。最初の50語を調べてみると，「靴」「犬」のような事物名称は語彙の中で最も多く，平均40%を占める。しかし，必ずしもどの子でも事物名称が多いわけではなく，事物名詞が多いタイプの子どもと，挨拶のようなヒトとの関わりについての語彙が多い子ども，さらにどちらの語も同じ程度に多いという子ども，というように個人差が見られる。こうした違いは，子どもと親の関わり方の違いを反映しているのかもしれない。初期の語は，非常に子どもの生活に密着した物の名前が中心であるといえよう。

さらに，初期の子どものことばの意味は，大人のことばの意味とは異なることもしばしば報告される。「ワンワン」を，犬のみならず，ウマ，ウシ，ネコなど，あらゆる四足動物に使うというのはよくある例である。このように，あることばを大人の語彙における適用範囲より広く使うことを，「過拡張的用法」(over-extension) と呼ぶ。筆者の長女は1歳5カ月ころ，「クック」(靴) という語を靴のみならず，靴下，スリッパにも使っていた。一方，次女は同じ年齢のころ，「ティッタ」(靴下) という語をやはり靴下のみならず，靴，スリッパにも使っていた。このように，過拡張する語に何を採用するかは子どもによって異なる場合も多い。一方，過拡張はしていても，子どもなりに「足に履く

物」というカテゴリーを作っている点が面白い。

　過拡張的用法はいくつかの意味領域にまたがって，もっと大規模に起こることもある。筆者の長女は1歳4カ月ころ，「ツイタ」という語を，はじめは電灯がついたときそれを指さして使っていたが，まもなく，ついていない電灯，小窓から漏れる光，車の中で見た夕日にも使った。過拡張は，あることばがどのカテゴリーに対応するのかについて，子どもはよく知らないために起こると普通は考えられている。しかし，子どもが本当に「夕日もツイタという名前で呼ぶのだ」と思っているとはかぎらないことに注意しておく必要がある。子どもは何しろ語彙が非常に限られている。その限られた語彙の中で，必要なコミュニケーションをしなければならない。やむをえず手持ちの語を何とか拡張して使っているとしても不思議はない。

　以上，子どものことばのはじまりの時期の様子を簡単にたどった。ここまでの時期，すなわち初語の出現以前の，理解を示す行動を示しはじめたころから，30語から50語ぐらいまでの語を産出するようになったころまでを，語彙獲得の第一段階と見なすことができる。これはだいたい生後10カ月から1歳半ぐらいまでにあたる。

　ここまでの語彙獲得の様子はどのように捉えたらよいだろうか。初期のことばの特徴をまとめてみると，獲得の速度がゆっくりであること，定着性が低く消失する割合が意外に高いこと，成人語の適用範囲よりも広く適用してしまう場合があることが挙げられる。こうした様子を見るかぎりでは，子どもといえどもそうやすやすとことばを獲得するようには見えない。むしろ，ことばと意味を関係づけ，それを使用することに苦労しているようすがうかがわれるのである。

3）語彙の爆発的増加期

　幼い子どもがことばを獲得するスピードには，誰でも驚かされる。こんな話がある。ある心理学者が，はじめて自分の子どもを育てることになったとき，一つの計画を思いついた。それは自分の子どもがことばを覚えるのと同じスピードで中国語を覚えようという計画である。はじめのうち，その学者の学習は実にらくらくと進んだ。何しろことばらしきものが出はじめても，長いこと1，2個のことばを覚えておくだけですんだからである。毎日毎日，「ワンワン」だけか，せいぜい「パパ」が加わる程度で過ぎていった。なんと楽なのであろう。数カ月すると，1週間に1，2個ぐらいのペースに上がってきた。でもまだまだ楽である。新しいことばを子どもが発するたびに辞書を引いて覚えた。こうしてさらに半年ほどが気楽に過ぎた。しかし，このころから子どものことばの数は毎日どんどん増えるようになった。1日に数語のペースで増え，たちまち子どものスピードに追いつくのがつらくなってきた。さらに，半年後には子どもは文を盛んにしゃべっており，もはや学者が新しいことばを記録するのさえ追いつかないほどになった。同じスピードで中国語を覚える計画は……，とっくの昔に破綻していた。

　この話は，私が以前読んだ話に手を加えたものである。子どもが語彙を増やしていくスピードが，はじめはゆっくりだが，急激に速くなっていく様子をよく伝えている。1歳半ぐらいに子どもは「語彙の爆発的増加」（word explosion）期に入るといわれている。この1歳半から小学校に入学する前ぐらいまでに，子どもは1日平均9語を獲得するという説があるほど，子どもがことばを増やしていく速度は速い。第一言語を子どもが獲得する能力には，大人になってから四苦八苦して第二言語を獲得するのとは異なる何かがあるようだ。

自発的に産出できることばが50語くらいを超えると，語彙は急激に増加するようになる。前項で述べたゆっくりした獲得の時期は語彙獲得の第一段階，この爆発的増加が起こる時期は語彙獲得の第二段階と呼ぶことができる。これはだいたい1歳半ぐらいとされており，遅くとも2歳ぐらいまでに起こる。この時期，まず子どもは物には名前があるということを洞察するようになる（「命名の洞察」(naming insight)）。これは物を指してしきりに「コレ？」「ナニ？」などと言って大人に対し命名を求めたり，みずから命名をすることが急激に増加することからも分かる。この時期，子どもは目の前にあるものを1つひとつ全部指さして，親に命名を求めるような行動も示す。筆者が観察したある子どもは，集合住宅の開放廊下を母親と一緒に歩きながら，それぞれの家の前に止めてある自転車を1台残らず「コレ？」と指さしていた。母親が「自転車」と答えてやると，満足そうな表情をし，少し歩いてまた次の自転車の所に来ると，またもや自転車を指して「コレ？」と聞く。母親は辛抱強く「自転車ね」と答えていた。命名行動はこのように親子の間でパターン化する。そのパターンの中で，子どもは命名そのものに加え，親との交流を楽しんでいるようにも見える。

　語彙の爆発的増加期に増えるのは「リンゴ」「コップ」のような「一般的な事物名称」(common object nouns) が最も多い。生後8カ月から2歳6カ月までの約1,800人の子どもの母親に対し，語彙チェックリストを使って大規模な調査をしたベイツら (Bates, *et al*., 1994) のデータも，このことを裏づけている。産出語数50語から100語では，産出語全体のうち，一般的な事物名称の割合が最も急激に上昇する。200語まではさらに上昇しつづけるが，しだいに頭打ちになる。200語を過ぎたころから一般的な事物名称の割合は下降へと転じるが，依然として産出語数

600以上でも40%を超える割合を占める。こうしたことから、語彙獲得の研究は事物名称の獲得の解明を目指すものが最も多い。ただし最近ではこの反動もあって、動詞の獲得についても関心が高まってきている（今井・針生, 2007）。

2 「制約」の果たす役割

1) 事物名称の獲得に必要な能力とは

事物名称の獲得とは、そもそもどういうことなのだろう。私たちはある種の動物を「犬」と呼び、ある種の人工物を「スプーン」と呼ぶ。私たちは「愛」「法則」「粋」などというような抽象的なものにまで「名前」をつけてしまう。こうした「名前」を使って自分の考えを組み立てたり、記憶をしておくこともできる。それに比べれば、目の前にある犬やスプーンのような、明らかに具体的な事物にそれを指示する名前がつくということは、ごく単純なことに思われる。しかし、実は物の名前を獲得することは驚くほど複雑だ。それは、事物名称と、それが指示する事物との関係を特定するのがむずかしいからである。物というのはたくさんの、実に無数の「特徴」（features）を持っている一方、物の名前の獲得に関係する特徴はそのうちのごくわずかにすぎなかったり、あるいは外見的な特徴では定義できなかったりする。

現代の私たちの生活を見回すと、実に人工物（モノ）があふれんばかりに存在している。電話、本、コップ、椅子、ボールペンなど、さまざまなものがさまざまの形、色、大きさ、材質で作られていることが分かる。では物のどの特徴に基づいて名称を学べばよいのか？　マークマン（Markman, 1989）によれば、もし経験だけに基づいて語彙獲得が行われるのだとしたら、子どもは

気の遠くなるような地道な努力をし，かつ複雑な論理に基づく仮説検証の能力を持っていなければならない。第一に，子どもはある物を，それを構成している数多くの属性（色，形，材質など）に分解する分析的能力を持っていなければならない。第二に，カテゴリーを形成するための基準となりそうな属性リストを抽出し，新しい事例に照らしてその属性リストを検証・修正し，あるいは廃棄したり保持しつづけるための，強力な仮説検証能力を持っていなければならない。第三に，新しい事例が，はたしてすでに形成しているカテゴリー・メンバーとなるための基準を満たしているかを検証する能力を持っていなければならない。著名な発達心理学者ピアジェの理論によれば，高度な仮説検証は小学生ぐらいになってはじめて可能になるという。とすれば，3歳ぐらいまでの子どもに高度な仮説検証能力を仮定するのは無理があることになる。

　さらに，実は仮説自体正しく立てることがきわめてむずかしい。たとえば，母親がある椅子を指さして「いす」と教えたとしよう。目の前にある特定の「椅子」の属性をすべて記述しようとすれば，色，材質などに加え，座面と背もたれの長さの割合はどのくらいか，その2面が作っている角度は何度なのか，というような細かいことまで属性リストに記述しておかなくてはならない。（こうした属性のうちの大部分は実は「椅子」ということばの定義には何の関係もない。しかし，確かに「関係ない」と知るまではきちんと仮説の一部として保持しつづけなければならないのだ。）こうなると属性リストは無限に存在してしまう。無限に存在する属性を分析しつくすのは不可能だ。さらには，母親が椅子を指さして，「いす」と言った場合に，そのことばが目の前の物体の属するカテゴリーのことを指しているという保証さえもない。椅子の色のことなのか，椅子と母親の位置関係のことなの

か，椅子の人間にとっての特性（座り心地など）のことなのか，椅子に対する動作のことなのか，たった1語と物体との関係の可能性もまた無数に存在してしまう。

無限に存在するような仮説をいちいち検証していたら，語彙獲得は遅々として進まないであろう。しかし，現実には語の急増期以降は驚くべき速さで語彙獲得が起こる。単に，語彙獲得は高度な仮説検証過程であるとするのは，非常に無理があるのだ。

2) 語の意味を推測する制約

語の爆発的増加期には，子どもは素早く正しい仮説に到達するための何らかの特別な原理を使っているのではないか，との発想がそこから出てきた。この特別な能力に注目したのが，ケアリとバートレットである。彼女らの実験によれば，「クロミウムのを持ってきてちょうだい，赤いのじゃなくってね」と指示されると，2歳児でも「クロミウム」という未知のことばは指示された事物（お盆）の属性であり，しかも色のことなのだ，と即座に判断し，「クロミウム」色のお盆（実際には子どもがまだ知らない「オリーブ色」のお盆だった）を持ってくることができたという。このように，新奇なことばがよく知っていることばに対比されると，子どもは素早く可能な仮説を絞り込み，新しいことばの意味を正しく推測できる。この能力をケアリらは「即時マッピング」(fast mapping) と呼んだ。

しかし，即時マッピングはかなり語彙獲得が進んできてからでないと使えない。なぜなら，獲得の初期には語彙が非常に限られているために，新奇な語と対比できるような語をまだ獲得していない可能性が高いからだ。そこで，語彙獲得の初期からでも使える何らかの原理を主張する研究者が1980年代からぞくぞくと登場した。代表的な研究者マークマン (Markman, 1989) は，語

彙獲得の初期でも使え，かつ仮説の数を強力に制限できる3つの「制約」を考え出した。「事物全体制約」(whole object constraint)，「カテゴリー制約」(taxonomic constraint)，「相互排他性」(mutual exclusivity) である。

「事物全体制約」は，ある事物が示され，ことばが与えられたら，そのことばはその事物の「全体」に関するラベルである，という仮定である。これにより，子どもは与えられたことばが事物の何らかの「部分」に関するラベルである，という可能な仮説の数々をとりあえず排除できる。こうして，たとえば母親が「コップ」と命名した際にたまたま指さしていた，コップの取っ手の部分が「コップ」なのかという仮説は排除され，コップ全体像こそが「コップ」なのだという仮説が保持される。

さらに，「カテゴリー制約」により，この「コップ」ということばは，その事物が属するカテゴリーの名称であるという仮説を立てることができる。これにより，子どもは与えられたことばは，指示された特定の事物1個のみに適用される特定的なラベルである（たとえば，あやちゃんのコップ）という仮説は排除し，類似した事物すべてに適用されるラベルであるという仮説を保持する。こうしてかなり確実性の高い仮説「お母さんがこの物を指して「コップ」と言ったけれど，このことばはこの物の全体が属するカテゴリーのラベルなのだ。この物の全体像が似ている物は，すべてこの「コップ」というラベルで呼ぶことができるのだ」という仮説のみを，子どもは検証すればよいことになる。

「相互排他性」とは，それぞれのカテゴリーの外延は相互に排他的であって重なることはない，という制約である。1つのカテゴリーの事物には1つだけのラベルがつく，ということもできる。これにより，語彙獲得がある程度進んできて，子どもがすでに「コップ」という名称を知っている物について，母親が新たに

「赤い」と言ったとすると,「赤い」はコップのカテゴリーのもう一つのラベルであるという解釈は,相互排他性に違反するので排除される。こうして,「赤い」はラベルではなく,他の属性などを示すことばである,という仮説を考慮するように仕向けられるという。

マークマンとワチテル（Markman & Wachtel, 1988）は,こうした制約を子どもが使っていることを巧妙な実験により示した。子どもに,人間の臓器の一つである「肺」の絵を見せ,その一部である「気管支」の部分を指して,「気管支」と命名する。すると,子どもは「気管支」ということばは,見慣れない物の一部（気管支のところ）ではなく,見慣れない物全体（肺）を指すことばだと解釈してしまった。子どもは「事物全体制約」を使っているために,ことばは事物全体を指すラベルであると解釈したのだという。一方,見慣れた物の場合は子どもの解釈は異なっていた。子どもに,名称をよく知っており見慣れた「魚」の絵を見せ,その一部である「背びれ」の部分を指して「背びれ」と命名する。すると今度は,子どもは「背びれ」を見慣れた物全体のラベルだと解釈せず,正しく背びれの部分のラベルだと解釈できた。これは,「魚」というラベルを持ったものについて「背びれ」というラベルをもう一つ付加することは,相互排他性に違反するために排除され,「背びれ」を正しく部分の名称として解釈できるという。

3) 形バイアスと事物名称

しかし,3つの制約を使っていても,まだまだ事物名称の獲得には不十分だ。なぜなら,「カテゴリー制約」はあまりに曖昧でさほど役に立たないからである。カテゴリー制約は,「物を示されことばが与えられたら,リンゴに対するナイフのような,「主

題的関係」(thematic relation) にある事物に注目してはいけない。指示された物1個だけに注目するのでもいけない。その物が属する〈「カテゴリー関係」(taxonomic relation)〉に注目せよ，という。そして「同じような物」すべてを与えられたラベルで呼びなさい，という。しかし，「同じような物」が何かについて，カテゴリー制約は何も教えないし，他のどの制約も何一つ教えてくれない。何をもって同じカテゴリーの物と判定するのかの基準がなければならない。

　そこで何人かの研究者が，子どもはカテゴリーを形成し，新しい語の適用範囲を決めるための原理を持っていると主張している。ソジャら (Soja, et al., 1991) は，「存在論的カテゴリー」(ontological categories) を子どもはごく初期（おそらく生得的とされる）からすでに持っていると考える。ソジャらは，コップのような「決まった形のある物体」(solid objects,「個物」とも呼ばれる) と，ジャムのような「決まった形のない物質」(non-solid substances) について，子どもはそれぞれ別々の存在論的カテゴリーの物として区別しており，事物名称の獲得に際してもこの区別を制約として使っていると主張している。「コップ」を決定づけるのは材質のありかたではなく，形のありかただ。コップは，プラスチックでもガラスでも「コップ」らしい形をしていれば，「コップ」と呼ぶ。一方，「ジャム」を決定づけるのは，形のありかたではなく，材質のありかただ。ジャムはべったり塗り付けられ薄く広がった「形」でいようが，子どものほっぺたにちょんと固まりという「形」でついていようが，「ジャム」と呼ぶ。ソジャらは，決まった形のある物体では，形は手がかりとなるが，形のみが絶対に重要というわけではなく，要するに存在論的に同じ種類とされる物にのみ，同一の事物名称の「投射」(projection)〔何を同じ名前で呼ぶかということ〕が働くと述べてい

る。子どもは，心の中にごくおおまかに事物名称の獲得を導くような生得的なカテゴリーを持っており，それをもとに「同じような物」とは何かを決め，名称に結び付けていると解釈できよう。

ランドウら（Landau, et al., 1988）になると，「同じような物」を決めるための原理はもっと詳細である。ソジャらでは，存在論的カテゴリーの重要性を指摘したにとどまり，決まった形のある物体では形は手がかりとして重要だが，それだけとはいえないとした。それはよいとして，まだまだこれだけでは，「同じような物」を決める原理として曖昧なのではないか？ここで登場するランドウらの原理は強力である。

ランドウらは，子どもは「可算名詞」（count nouns）を聞くと事物の「形」に注目し，名詞を同じ形を持つ物に結び付ける，というバイアス（「形バイアス」（shape bias））を持っているという。ランドウらの実験（図1）では，木製のU字形の物体を2歳，3歳，成人に見せ，それを「ダックス」（"a dax"）という可算名詞で呼ぶ。テスト場面では，さまざまな大きさや，肌理(きめ)（texture）や，形の物体を被験者に見せて，どれが「ダックス」であるか聞く。すると，子どもも成人もともに，大きさや肌理の同じものよりは形の同じものを「ダックス」として選んだ。形バイアスはすでに2歳児で現れ，加齢とともにより強くなっていったという。形バイアスは可算名詞が与えられたとき強く現れたことから，ランドウらは，文法的知識に形バイアスが強く結び付いていると主張している。

「同じ形の物を同じ名前で呼ぶ」というバイアスは，シンプルで強力に見える。確かに，コップやスプーンといった事物を考えてみると，ある一定の形になっていればそうした名称で呼べるように思える。しかし，形が本当に可算名詞に結び付いているかというとおおいに疑問だ。ソジャらは，形と可算名詞の間にはっき

■図1　ランドウによる形バイアスを確かめる実験
　　　（Landau, *et al.,* 1988）

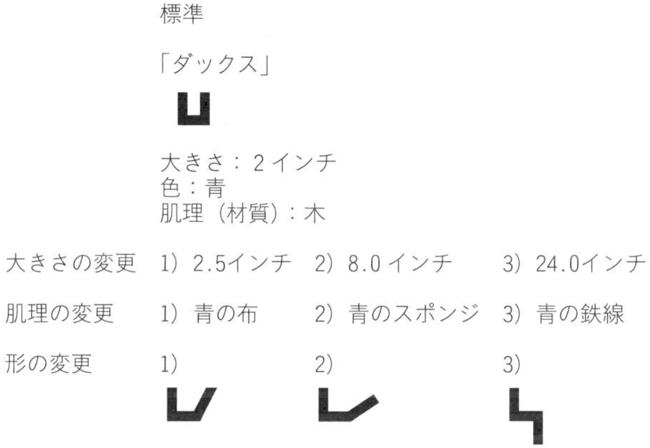

標準

「ダックス」

大きさ：2インチ
色：青
肌理（材質）：木

大きさの変更　1) 2.5インチ　2) 8.0インチ　3) 24.0インチ

肌理の変更　　1) 青の布　　2) 青のスポンジ　3) 青の鉄線

形の変更　　　1)　　　　　2)　　　　　　　3)

りした関係は見出せないと反論している。例として，1つの形（丸）に，オレンジ，メロン，ボール，石ころなどあまりにも多くの違った名称が対応してしまう一方，電話，時計などのように，あまりにもさまざまな形の事物が同一の名称で呼ばれてしまうことを挙げている。

4)「デフォールト」としての制約

「形バイアス」というのは確かに，「同じような物」を決めるのに簡単に使えそうな原理であるが，形が同じでも本当は別の名前で呼ぶべき事物については，子どもを誤った方向に導く可能性があることも確かだ。子どもが誤った方向へ導かれることなく形バイアスをうまく使うための，何か別の原理が必要になってくるのではないか？　こうしてより詳細な原理をどんどんつけ加えていけば，子どもが事物名称を獲得する過程は解明できるのだろう

か？

　ここで研究者たちが，制約，原理，またはバイアスとして主張しているもの（制約と呼んでおく）は，成人の語彙体系の中ではどれ一つとして「正しくない」ことに注意しておかねばならない。「相互排他性」の「誤謬」は，その中でも際立っているように思われる。成人の語彙においては，1つのカテゴリーの事物（たとえば「椅子」）は，「基本カテゴリー」(basic categories) といわれる，日常生活の中で最もよく使われる名称（「椅子」）に加えて，「上位カテゴリー」(superordinate categories) 名（「家具」）や，「下位カテゴリー」(subordinate categories) 名（「食卓椅子」）を持つことはよく知られている。このように，あらゆる事物において，1つの事物が2つ以上の名称を持つことが可能であるが，これは「1つの種類の事物には1つの名称だけがある」という相互排他性に違反する。もともと，成人の語彙においては，相互排他性は存在しないのだ。だから，子どもはもし語彙獲得の初期に本当にそれを使うのなら，いつかはそれを廃棄しなければならない。実際，マークマン (Markman, 1994) もこのことを意識しており，確かに違反するという証拠に直面すれば相互排他性を「廃棄する」（あるいは「克服する」，override）ようになり，それはたぶん3，4歳ぐらいの時点で起こるのだろうと考えている。（実はそれどころか，語彙獲得の初期にある子どもでも，マークマンの主張に反して，相互排他性に違反した獲得の様子を見せる。それは幼児語の成人語化，すなわち，「ワンワン」から「犬」への変化であるが，ここではその問題には立ち入らない。）針生 (1991) は，3歳から5歳にかけて文脈への感受性が強まり，相互排他性を廃棄できるようになる過程を示しており，興味深い。

　ではこのように，いずれは廃棄されなければならない制約の価

値とは何だろうか。マークマンは，日常生活における「コンテクスト」(context)〔ことばが使われるときの状況〕や，養育者の入力がないような場合でも，制約は子どもの語彙獲得を保証できる「デフォールト」としての価値があると主張している。コンピュータにおけるデフォールトは，いずれはユーザの持っている他の機器や要求に合わせて，値を変えられるかもしれない。しかし，ユーザからの入力が何もない場合，自動的に最もありそうな値として機能し，実際多くの場合ユーザの役に立っている。子どもも語彙獲得において制約という「デフォールト」を，それもなるべく細かくたくさん備えていれば，何も手がかりがない場合でも語の意味についてかなり限定した仮説を立てることができ，したがって語彙獲得が可能になる。さらに，この「デフォールト」は，コンピュータのそれが初心者にとって有効なように，語彙獲得の初心者であろう幼い子どもにとっても有効なのである。なぜなら最もわずかの能力しか初心者に期待しないし，そのため誰でも最低限必要な能力さえあればそれで十分だからだ。

　これに対して，人間は本来的に言語に特殊化した推論パターンを持つという今井・針生（2007）の考え方は興味深い。「形バイアス」は，一般的認知能力から導き出される原初的な原理であり，それをもとに語彙獲得をするうち，「事物カテゴリー原理」など他の言語獲得に役立つ原理が作られていく，という立場をとる。英語ではa/anのような冠詞が単語の前にあることを聞くと，その単語は普通名詞であるという標識として作用し，固有名詞（John, Mary）や物質を表す名詞（water, paper）とは区別される。こうした文法的情報が語彙獲得を促すとの説が英語圏では一般的だが，日本語ではそのような文法的標識は存在しない。「これはジョンです」「これは鉛筆です」「これは紙です」のようにいずれも同じ文法フレームで文を作ることができる。今井・針

生（Imai & Haryu, 2001）はペンギンのような，子どもが名称を知っている動物と，コップのような，やはり子どもが名称を知っている事物とでは，はじめて聞く名詞「フェップ」が同一の文法フレームで導入されていても，その語を適用できる範囲の判断が異なることを示した。動物の場合は一般的事物よりも固有名詞という判断が多かった。動物では固有名がつくが一般的な事物にはつかないという，言語に特殊化した推論が，新たな語彙の獲得をもたらすと述べている。制約・バイアスと一般的な認知能力の関係を言語普遍的な立場から考察し，より妥当性の高い方向を示している。

3 指示意図の理解とことばの意味の獲得

1) 大人の指示意図を推測する能力

制約理論に対してトマセロ（2001）が社会的相互作用を重視する立場から興味深い議論を展開している。まずトマセロは，制約理論で前提とされまたよく実験パラダイムに組み込まれている名づけ（naming）に異を唱えた。名づけは，何かを指示して「これは○○です」と事物の名称を言う行為のことであり，こうして与えられる定義を，「明示的指示定義」（ostensive definition）とも呼ぶ。事物とラベルが時間・空間的に同時提示されるので，事物とラベルが連合しやすく子どもは学びやすいと従来考えられていた。しかしトマセロは，欧米の中流家庭では一般的なこのような名づけゲーム（naming game）は，他の多くの文化圏ではほとんど行われない，と指摘する。さらに，「欧米の中流家庭でも必ずしもしばしばこうしたゲームを行っているわけではない」と述べる。名詞，あるいは動詞は，片づけるべきオモチャを大人が

■図2 不一致ラベルづけ実験:ボールドウィンの
　　　パラダイムを一部変更 (Kobayashi & Yasuda, 2007b)

指さしして"Put your toys away"「オモチャを片づけなさい！」と発話するというような，必ずしも明示的指示場面ではない，入り組んだ文脈の中で発せられる。日本語なら，さしずめ事物を指さして名詞はまったく言わず（日本語の文法はそれを許すので）「お片づけしなさい！」と言うところだろう。このように事物は指さされたとしても，指示定義が必ずしも与えられるとはかぎらないのである。

　トマセロは明示的指示定義ではなく，さまざまの大人の行動を統制している大人の「意図」を読みとることこそが，ことばの意味獲得のために重要であると考えている。この点をトマセロに先駆けて明確に実験的証拠を示したのが，ボールドウィンによる「不一致ラベルづけ」(discrepant labeling) の研究であった (Baldwin, 1991, 1993；図2)。不一致レベルづけとは，子どもが何かを注視しているときに，注視している対象の名称ではなく，たまたままったく別の事物の名称を大人が発することを指す。大人は，必ずしもいつも子どもの注視の方向を把握していてそこにある事物の名称を教えている，というわけではない。たとえば子どもがトラックのオモチャをつかんでガンガンと積み木の箱にたたきつけ，むしろトラックのオモチャに注目し遊んでいたとき

に，母親はこのやや乱暴な行動に変化を持たせようとし，別の事物を注視して，「あ，電話がある。もしもーし。」と発話するかもしれない。この場合，与えられたラベル（電話）は，子どもが注意している事物（トラック）の名称とは異なっており，ラベルづけは不一致の状態にある。先行研究を調べたボールドウィンによれば，子どもが何に注意しているかフォローするのに非常に熱心な欧米の中流階級の養育者の場合でも，不一致ラベルづけはラベルづけ全体のおよそ30～50％もの高率で起こるという。上の例を考えれば，その高率は容易に予測できよう。

　トマセロによれば，実は不一致ラベルづけは子どもが間違ったラベルを学んでしまう危険性をはらんでいる。上の例でいえば，子どもはたまたま注視していた〈トラック〉に「電話」というラベルを付して覚えてしまうかもしれない。これを防ぐにはどうしたらいいのだろうか。それは，子どもがラベルづけをしたときの大人の様子に注意し，大人が何を指示して名称を言っているのか，という大人の意図，すなわち「指示の意図」(referential intentions) を確認することであろう。トマセロによれば，子どもはラベルづけにおける誤りを回避するために，次の2つのことを知っていなければならない。

　① 発話において何が指示されているか特定できるのは，話し手に他ならないということ。
　② 指示されている対象について，話し手は，発話以外に動作など非言語的手がかりを示すということ。

　ボールドウィン（Baldwin, 1991, 1993）は子どもが大人の指示の意図をみずから能動的に抽出できるかについて調べるために，まず子どもに2つの目新しいオモチャを見せた。そしてそのうちの1つを子どもに与え，もう1つは実験者のそばに置いた。子どもが与えられたほうのオモチャに注意を集中させて遊んでいると

きを見計らって，実験者は，もう一方のオモチャを注視しながら"A toma!"（トーマだ！）と叫んだのである。心理学実験の例にもれず，もちろん「トーマ」とは，新奇語として提示するための無意味シラブルである。すると，生後18カ月以上の子どもであれば，なんと90％以上の子どもが等しくほぼ同じ行動をした。それは，新しいラベルを聞くやいなや即座に実験者の顔を見，何を見ているかチェックしたのである。しかもあとで実験者が先ほど見せた2つのオモチャを再び見せて，トーマを探すように教示すると，子どもは自分が集中して遊んでいたオモチャではなく，「トーマ」と聞いたときに実験者が見ていたほうのオモチャを正しく選ぶことができた。不一致ラベルづけに惑わされて誤った選択を行うようなことは皆無に近かったという。

　ボールドウィンの研究は，語意の獲得において，他者の視線やからだの向きなどの非言語的手がかりを子どもが使うことが重要であることを示している。ことばを使うときからだが表している情報や，発話者の意図を一連の文や行動から読みとるような，単語や文のレベルを超えた会話や談話における人間の能力は，「語用論的能力」と呼ばれる。ボールドウィンの研究は，この語用論的能力が，実は単語の意味を知るという言語獲得の基本的な課題においても必須のものであることを，明確に示している。

2）会話の流れから知る

　すでに紹介した不一致ラベルづけに子どもが惑わされることなく正しいラベルを学ぶために，子どもはラベルが発せられたときの大人の視線の方向と，自分の視線の方向とを検討したのだった。ここでは視線の方向を調べることが大人の指示意図の特定に直接つながっていた。しかし実はラベルづけに伴う視線は決定的な手がかりではないことが，トマセロらの他の実験により次々に

■図3 トマセロとバートンの実験：探索あり条件で，
　　　実験者は事物を取り出して拒否の表情

■図4 トマセロとバートンの実験：探索あり条件で，
　　　実験者は事物を取り出して興奮と喜びの表情

明らかとなっていった。さまざまの状況の中でさまざまな形で与えられる手がかりを使うことにより，そうした手がかりの背後にある話し手の指示の意図を推測することの重要性をトマセロらは主張するのである。

　トマセロとバートン（Tomasello & Barton, 1994）の実験（図3，図4）では，ラベルづけのとき実験者はけっして目標となる（ラベルづけがされるべき）事物を見ることはない。実験者は子ども（24カ月児）の目をじっと見ながら「トーマを探そう」と言うだけである。実験者はその後いくつかのバケツの蓋を開けてみる。たとえば最初の2つのバケツでは，開けて中を見た実験

者は不満そうな声を出す。3つ目では興奮した様子をし，中にあった事物（ターゲット）を取り出して子どもにわたす。このときもラベルづけは行わない。この一連の出来事のあとで，子どもに5個の事物を見せて「トーマを持ってきて」と尋ねると，ちゃんと子どもは3つ目のバケツの中にあったターゲットを持ってくることができた。名称を聞かれれば，新たに学んだ名称「トーマ」を言うこともできた。この実験では，ラベルづけをしたときの視線は手がかりとなっていない。一連の出来事の中で，実験者が何を「トーマ」として指示していたのか，という意図の推測をすることが，子どもを正しい語意の獲得に導いていたのである。

アクターとトマセロ（Akhtar & Tomasello, 1996）の他の実験では，ラベルづけがターゲットを見ながら行われないばかりでない。ラベルが言われたときもその後も，子どもは一度もターゲットを見ることがない。まず実験者は1つずつ新奇な事物が入ったバケツと，ターゲットの事物が入ったオモチャの納屋を開けて中を見，子どもと一緒に確認する。この時点ではラベルは与えられない。そのあとで，実験者は「さあ，トーマを探そう」と言ってバケツを開けて中の事物を取り出す。納屋も開けようとするが，開かない。実験者は「鍵がかかってる。開かないよ。」と言って，明らかにがっかりした様子をする。これで事物提示はすべて終わりである。あとでテストすると，子どもは納屋に入っていて二度目に見ることができなかった事物に，正しく「トーマ」という語を結び付けた。

2つの実験から分かるのは，ラベルづけのときの大人の視線を判断することは，実は子どもが語意を学ぶ際に決定的に重要なことではない，ということである。なくても子どもは大人がいったい何を指示してことばを言っているのか，その指示の意図を常に探っている。わずか2歳になったばかりの子どもでも，指示の意

図を探るために，きわめてバラエティに富んだ手がかりを使いこなす。それは，大人が嬉しげに興奮した様子だったり，反対に悲しげでがっかりした様子だったりという表情も含まれる。

こうしたトマセロらの研究に対して，環境から1個の事物を特定し語と結び付けるだけでは語彙獲得の一部しか証明していないとし，語が名詞ではなく動詞の場合や，事物全体名称ではなく部分名称の場合は説明できないとの批判がある。これに対しトマセロらは状況によって子どもが与えられた新奇語を適切に名詞または動詞として解釈できたという研究（Akhtar & Tomasello, 1996）や，部分名称を正しく事物の部分に結び付けて解釈できたという研究（Moll, et al., 2006）を示している。モルらは，オモチャにステッカーを貼り，オモチャを事物全体，ステッカーを部分としたとき，大人が事物全体・部分のどちらを指示して語を言ったか幼児に推測してもらった。これらの研究はいずれも会話の流れ（flow-of-conversation）の中で子どもはいかに巧みに語用論的情報を使いこなし大人の指示意図を知るかを実証的に示している。

しかし，トマセロらのアプローチではまだ十分解明されていない問題もある。今井・針生（2007）は，ことばの獲得においては，ある語を概念に対し「いかに適用するか」と「他の語にいかに般用するか」が分からなければならないとしている。これは重要な問題であり，他者の意図理解を基盤としてそれが可能であるかについて，社会的相互作用アプローチはまだ十分な回答を与えていないと思われる。この問題に対しても解決を与えるよう発展していく必要があるだろう。

3）大人の動作から知る

手は人に何かを伝えようとするとき，何らかの動きをすること

が多い。指示意図を伝えるときにも，指さし，事物を相手に見せる動作に加え，事物を使った動作などの動きを示す。筆者らの研究室では，事物を使った動作（ころがす，覗き込む，など）を示すことが，事物の概念と事物名称の獲得に結び付くことを実験により示している（Kobayashi, 1997；小林，1999）。透明なガラス製の卵形オブジェクトを「ムタ」と教示するとき，ころがして示す形条件と，覗き込んで示す材質条件の2つで行った。テスト場面では，2歳児と4歳児のいずれもが，形条件では，同じ卵形だが不透明な材質である発砲スチロールのオブジェクトを「ムタ」として選び，材質条件では，同じガラスの材質だがピラミッド型でころがらないオブジェクトを「ムタ」として選んだ。子どもたちは同じ動作をすることができる事物に新たに学んだ名称を結び付けたのである。事物を使った動作を示すことは，事物のアフォーダンス〔生態心理学者ジェームス・ギブソンの造語で，人間のある行為を可能とするような，事物や環境が持つ性質〕のうち特定のアフォーダンスに注目させることともいえる。この事物はこのように扱える，このような機能を持つ，と示すことは，同じように扱えるものを同じ名称で呼ぶという指示意図を暗黙のうちに含んでいるのかもしれない。ネルソンら（Nelson, *et al*., 2000）は，2歳児が（ランドーらの説のように）形ではなく，機能を重視して事物名称を学ぶことを実験により示した。この結果は，幼児が動作と指示意図の関係について感受性を持っていることを示すと解釈することも可能である。養育者もまた人間の動作・事物の機能と語意の問題には敏感であり，私たちの研究室では，見慣れない人工物（レタースケールなど）の名称を子どもに教えるとき，養育者は熱心にその機能を動作で示すことを確認している。

　最近の筆者らの研究室では会話の流れに注目したモルらとは異なった観点から，部分名称の獲得に関し部分名称を指示する大人

の動作に注目する研究を行っている。幼児は事物が指示され名称が提示されたとき，確かに事物の全体と名称を結び付けるのか，そのとき，事物の部分に対し明確に指さしが行われた場合には，事物の部分に注目する傾向があるのかを調べた。

前述のマークマンとワチテルの研究（Markman & Wachtel, 1988）では「気管支の絵を見せます」と言って気管支を含む肺全体の絵を見せ，「どれが気管支かな，これかな？（気管支の部分を人差し指をぐるぐる回して提示する）これかな？（肺全体を同様に人差し指で提示する）」というように子どもに尋ねる。新たな部分名称を教えることをせずにいきなり子どもに尋ね，子どもがどのように与えられた情報と制約（ここでは事物全体制約）を使って部分名称を学ぶかを調べる。

しかし日常生活の中では子どもは大人が部分名称を使うときに繰り出す何らかの非言語的・言語的手がかりを使っているのではないか。また，大人もまた子どもがいろいろな事物が多く存在する中でどの事物を指示の対象とするかのみならず，その一部のみが指示対象である場合，その特定が子どもにとって困難であることを知っており，特別な非言語行動，たとえば指さしを行っているのではないだろうか。部分名称の中で「鼻」「口」など身体部位の名称は，早期に獲得される名称である（前田・前田, 1983）。これらは入浴時などに親が自分の，また子ども自身の身体部位を人差し指で触れて教えることが多いようである。スイッチなどの部分名称では，触れるのみならず軽く操作してみせることもある。実際，筆者らの研究室では4歳児の母親が部分名称を教えるときに部分に対し指さしをしたり，部分を動かすなどの行動を多くとることを確認している（Kobayashi & Yasuda, 2007a）。

筆者ら（Kobayashi, 1998）は新奇な事物として，U字型ボルトにナットがはまった事物とバネがついており飾り皿を飾るため

の道具であるプレート・ハンガーの2つを用意し，それぞれ「ナット」「スプリング」という部分名称を2歳児に教えてみた。1つの条件では「これはナットです」と言いながらナットの部分を人差し指で軽く触れた。もう1つの条件では名称を言いながらナットを3秒間指でぐるぐる回してみせた。あとでテストすると，2歳児は単に指さしをしただけでは，ボルト全体に「ナット」を誤って結び付けたが，わずか3秒間回して見せただけで正しくナットの部分と「ナット」を結び付けた。ただ2歳児はナットの部分が動いたことを目撃したために「独立して動いた事物はボルトとは別のもう一つの事物」と考え，事物全体制約を適用して「ナット」を学んだ可能性を排除できない。そこで，別の2歳児にナットを実際には回さずに，回すジェスチャーだけをして見せ，「ナット」を教えてみた（Kobayashi, 2002）。この条件では，ナットは終始U字型ボルトの動かない一部であった。2歳児はこのジェスチャーだけの条件でもなんなく「ナット」を学ぶことができ，ジェスチャーだけでも事物の一部を提示できることが分かった。

　その後の研究で，2歳児は事物の部分に触れた指さしでも動きがない場合は事物の全体に注目する一方，4歳になると部分に触れた指さしのみでも触れられた部分に注目でき，与えられた名称を触れられた部分だけに限定するようになることが分かった（Kobayashi, 2007）。確かに私たち大人も機器の一部，たとえば電源スイッチを他の人に提示するとき，可能であればその部分に触れて指さしを行うことが多いようである。接触指さしのような特別な指の動きは幼児により指示範囲を限定する動きとして解釈されており，この解釈はより精緻化していくのではないか。子どもは，さまざまな非言語行動から指示意図を正しく探り，言語獲得に結び付けているのか，しているとすれば，それをどのように

行っているのか，さらに研究が必要である。

●読書案内

1　やまだようこ『ことばの前のことば』新曜社，1987

　　長男の日誌記録に基づき，生後1年までの子どものコミュニケーション能力の発達を丹念に分析。子どものことばの確立のためには，人との関わりと物との関わりを同時に行える「三項関係」の成立が必要だと論ずる。

2　麻生武『身ぶりからことばへ：赤ちゃんにみる私たちの起源』新曜社，1992

　　これも長男の日誌記録に基づき，生後1年までの認識と言語の獲得を詳細に追う。子どもが大人と同型の身体を持ち，かつ世界を共有していると認識することが重要であると主張する。

3　岩立志津夫・小椋たみ子編著『言語発達とその支援』ミネルヴァ書房，2002

　　日本発達心理学会が臨床発達心理士養成のために編んだ本だが，関心ある人なら一般の人でも読める。第1部では基礎的で重要な知見をまとめ，第2部では言語能力の評価と発達支援の具体的方法を述べる。支援の現場から見た言語発達がよく理解できる。

4　M. トマセロ『心とことばの起源を探る』大堀壽夫・中澤恒子・西村義樹・本田啓訳，勁草書房，2006

　　人間は他の動物と異なり，他者の意図を正しく推測する能力を進化させた。この能力が意図を理解しての高度な模倣能力や他者が持つことばの意味と同等の意味を心的に生じさせることを可能にしたと述べる。心理学的な立場からの言語獲

得について理解するための重要な一冊。

5　今井むつみ・針生悦子『レキシコンの構築：子どもはどのように語と概念を学んでいくのか』岩波書店，2007

　語彙の学習について制約・原理の立場に立ちながら，子どもがどのような推論を行いメンタル・レキシコンを構築するかについて，著者らの実験研究を中心にまとめている。人間が言語という領域に特化して持つ本来的な推論パターンを明らかにしようとした意欲的な研究書。

第5章

●

文法の獲得〈1〉
——動詞を中心に——

この章では，文法の獲得について動詞の視点から眺めてみたい。この領域は言語獲得研究の中で「動詞の獲得」あるいは「動詞の発達」と呼ばれている。では，動詞の獲得とはどんな内容を指しているのだろうか？　大雑把に言えば3つの側面があるといえる。第一の側面は動詞そのものの研究である。第二の側面は動詞とそれを修飾する要素との関係についての研究である。最後の側面は障害児の動詞の発達である。

　この章の前半では，第一の側面から研究を2つ（「初出動詞形に関する研究」「否定語の研究」），第二の側面から研究を4つ（「他動詞の修飾語枠に関する研究1〈J児の場合〉」「他動詞の修飾語枠に関する研究2〈5人の子どもの場合〉」「トマセロによるTravisの研究」「新規動詞を教える実験」），第三の側面から研究を1つ（「自閉症児の言語〈アダムとT児の発話〉」）を紹介する。筆者自身は今後もっと第一と第三の側面の研究が増える必要があると考えている。しかし，若干改善されてきたとはいえ，いまのところ研究の量・質で3つの側面にはかたよりがある。

　この章の後半では，紹介した7つの研究をもとにして，筆者の「ローカル・ルールからグローバル・ルール」「質的発達に基づく規則の回路」という2つの仮説について解説する。これらの仮説を理解することから，読者は動詞獲得をめぐる理論研究の面白さを多少なりとも理解することになるだろう。

言語が無秩序なものではなく，秩序，あるいは規則（ルール）に支配されているという考えは，言語を研究する多くの人たちの基本認識だろう。同じことは，言語獲得を研究する人たちにもいえる。筆者を含めて多くの言語獲得研究者は，言語獲得は何らかのルールに従っている，との基本認識から研究を進めてきた。たとえば，幼児言語に独特の文法が存在するとする考え（岩立，1994）や言語獲得の道筋を一定の規則で説明することができるとするスロービン（D. I. Slobin）の古典的な操作原理の考え（岩立，1992a）などがその典型であろう。スロービンによれば，言語獲得は「言語作成能力」によって可能になる。言語作成能力とは，「操作原理」（Operating Principles : OPs）の集まったもので，獲得する言語に触れていない段階では，言語作成能力だけが存在する。そこに外から言語刺激と環境情報が与えられると操作原理が働いて「幼児の基本文法」が作られる。この章ではこのルール追求という言語獲得研究の動向を踏まえて，動詞の獲得がどのように研究され，そこではどんなルールが提示されているかを述べてみたい。そして，最後にこのルールがどうしてヒトの言語に存在するかについての進化論にそった筆者の考えを述べる。

1　7つの研究

1）研究1：初出動詞形に関する研究

まず，「初出動詞形の発達」について紹介する（岩立，1981）。ここでいう動詞形とは，動詞の表面的な語形のことで，動詞「たべる」を例にとれば，「タベル」「タベチャッタ」「タベナイデヨ」などを指す。岩立は，これらの動詞形がどのような順序で現れるかを調べるために，J児の2歳1カ月から2歳8カ月の発話を

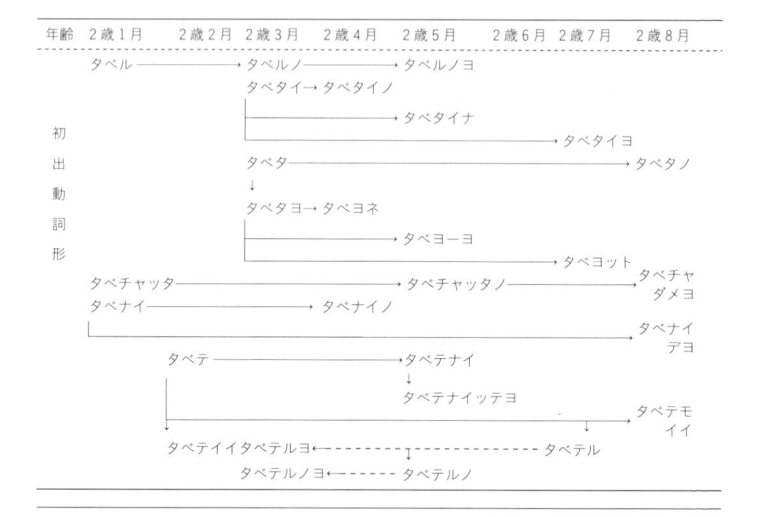

■図1　J児の動詞「たべる」での初出動詞形の変化（岩立，1981）

| 年齢 | 2歳1月 | 2歳2月 | 2歳3月 | 2歳4月 | 2歳5月 | 2歳6月 | 2歳7月 | 2歳8月 |

初出動詞形

```
        タベル ──────→ タベルノ ──────→ タベルノヨ
                    タベタイ→タベタイノ
                    │
                    └─────→ タベタイナ
                                            ──────→ タベタイヨ
                    タベタ ─────────────────────────→ タベタノ
                      ↓
                    タベタヨ→タベヨネ
                    │
                    └─────→ タベヨーヨ
                                            ──────→ タベヨット
  タベチャッタ ──────────────→ タベチャッタノ                   タベチャ
                                                             ダメヨ
  タベナイ ──────────→ タベナイノ
  │                                                          タベナイ
  └──────────────────────────────────────────              デヨ
          タベテ ─────────→ タベテナイ
                              ↓
                           タベテナイッテヨ
          │                                                  タベテモ
          └──────────────────────────                      イイ
  タベテイタベテルヨ←── ─ ─ ─ ─ ─ ─ ─ ─ タベテル
          タベテルノヨ←─ ─ ─ ─ タベテルノ
```

テープ・レコーダで収集し，その発話での動詞形を分析した。その結果，次のことが分かった。

(1) 初出動詞形のいくつかは，「新動詞形＝古動詞形＋形態（素）」というルールで説明できる。

(2) 動詞による違いがある。

(1)は，新しい動詞形はその一部となる動詞形が現れてから生じるというルールで，このルールを岩立は「くっつき説」と呼んでいる。この説に従えば，「タベル」「タベルノ」「タベルノヨ」の3つの動詞形があった場合，それらは「タベル→タベルノ→タベルノヨ」の順序で初出する。図1はJ児の動詞「たべる」の場合で，実際にそうなっていたことを示している。図1での実線の右矢印は説を支持し，実線の下矢印は説に対して中立で，破線の矢印は説に矛盾する。

くっつき説の一般的な傾向を調べるために,「かく」「たべる」「つくる」「こぼす」「かう」の5つの他動詞の資料を数量的に検討した。すなわち,「タベル」と「タベルノ」が「タベル→タベルノ」の順で現れた場合は説支持1回と数え,「タベルノ→タベル」の順で現れた場合は説不支持1回と数えてみた。すると5つの動詞全体で説支持の数が25回,説不支持の回数が6だった。このことからくっつき説は有望だといえる。5つの動詞は研究2に示した基準で選んだ。

　くっつき説は言語獲得の順序を予測する点で興味深いが,問題がないわけではない。ここでは2つの問題を指摘しておきたい。第一は,この説では線での結び付きがない動詞形間の順序を予測できない点である。たとえば,2歳2カ月に「タベテ」という語形が出たが,これを導く動詞形がそれ以前には見られなかった。2歳1カ月以前に語根「タベ」にあたるようなものが存在すればいいが,そのようなものは生じていなかった。第二は,動詞間での関連を説明できない点である。たとえば,動詞「たべる」では2歳1カ月に否定形の「タベナイ」が生じているのに,動詞「つくる」では2歳8カ月になっても否定形は生じていない。なぜだろうか？　ここで,(2)の指摘が重要になる。

2) 研究2：否定語の研究

　次に動詞の活用に関する研究を示す。

　必ずしも否定語の発達だけをテーマにしているわけではないが,佐野は否定語の発達について興味深い資料を提示した(Sano, 1995)。この研究では,日本で生まれて米国に滞在中の4人の子ども (Toshi：2歳2カ月〜2歳11カ月, Ken：1歳8カ月〜2歳11カ月, Masanori：2歳4カ月〜2歳9カ月, Manabu：2歳5カ月〜3歳1カ月) の縦断的な発話データを分

析している。両親とも日本語母語話者で，家庭では日本語を話していた。ただし，1人は週に2,3回日本語の保育園に通い，1人は週に2,3回英語の保育園に通っていたようである。日本語で否定文を作る場合，一般的には(3)の活用否定が使われる。

(3) 活用否定（佐野は"Internal Negation"と呼んでいる）

たとえば，「よまない」「たべない」である。

ところが佐野の観察した子どもたちは(3)とは違う(4)のナイ付加否定文を使っていた。

(4) ナイ付加否定文（佐野は"External Negation"と呼んでいる）

たとえば，「よむない」「たべるない」である。

(4)の否定形は，終止形に「ナイ」をつける方法である。今後観察例が増えることで違ってくるかもしれないが，ナイ付加否定文は日本国内で日本語を獲得する子どもたちでは若干の例を除いてほとんど観察されていない。筆者が観察した事例では生じたことがない。なぜ，佐野の症例では多く出現したのだろうか？

佐野の研究からは他にも(5)と(6)のような興味深い結果が出ている。

(5) 全員ではなく，4人のうち3人で高い頻度（30〜55％）でナイ付加否定文が現れた。

(6) 子音動詞（五段活用）では60％前後ナイ付加否定文が現れたのに対して，母音動詞（上一段活用，下一段活用）では5％程度しか現れなかった。

(6)の結果に対して，佐野は子音動詞の未然形は母音動詞の未然形より複雑なので未然形の形成が不十分のためと主張している。この解釈は興味深いが，大人が外国語として日本語を学習する場合と違って，研究1から分かるように，子どもは最初からすべての活用形を使えるわけではなく，順に身につけていく。このこと

を考えると別の説明も必要な気がする。

3）研究3：他動詞の修飾語枠に関する研究1 〈J児の場合〉

次に他動詞の「修飾語枠」(modifiers frame) に関する研究を紹介する（岩立, 1994）。修飾語枠とは「各々の動詞がその修飾語と持つ一定の関係」を意味している。たとえば, 他動詞「たべる」は「〜が」と「〜を」の2つの修飾語を中心に枠を作り, 自動詞「いく」は「〜が」と「〜へ（or に）」の2つの修飾語を中心に枠を作っている。これらの枠の語順は成人日本語では自由だが, 特別な条件がつかない場合には「〜が〜をたべる」「〜が〜へいく」の語順をとる傾向がある。修飾語枠の獲得には次の2つの側面がある。

(7) 修飾語の数の増加
(8) 修飾語の質の変化

(7)の点は具体的には, 「タベタ」しか言えなかった子どもが「〜を」の修飾要素を言えるようになって「リンゴ　タベタ」と発話するようになり, さらに「〜が」の修飾要素を言えるようになって「オウマ　リンゴ　タベタ」と発話するようになることを指す。(8)の点は, 修飾語が「どのような文法範疇で使われているか」という点を指す。具体的には, 「リンゴ　タベル」の「リンゴ」が「名詞」として意識されているか, 「対象」として意識されているか, それとも「特別な範疇」として意識されているか, などの点を指す。「主語」も特別な範疇の一つである。

修飾語枠に似た用語に「格枠」(case frame) や「動詞-項構造」(verb-arguments structure) がある。とくに後者の動詞-項構造という用語は最近の言語獲得研究でよく使われる。したがって, 現在の流行に従えば動詞-項構造を使ったほうがいいかもしれない。しかし, それを承知でここではあえて修飾語枠という語

■表1 動詞「たべる」に関する各月の文型頻度（岩立，1994，一部改変）

文型			2歳1月	2歳2月	2歳3月	2歳4月	2歳5月	2歳6月	2歳7月	2歳8月	例文
		動詞	2	1	4	8	4	1	3	6	ターチャッタ
	ヲ格	動詞	1	1	9	7	4	1	4	6	オニクモ タベチャッタ
開放語*		動詞	2	2	3	2	4			4	モッカイ タベテ
ガ格		動詞	1		1	2		1	2		オジチャン タベテ
	開放語 ヲ格	動詞				1	4			1	ジャー オヤツ タベヨーヨ
ガ格	ヲ格	動詞					5	1	3	2	ジーチャンモ コノ タベタイ
ガ格	開放語	動詞					3	1			アキチャン マダ タベテナイッテヨ

* 幼児言語で提唱された「軸文法」（pivot grammar）で使われる「開放語」（open words）にあたり，ガ格・ヲ格・二格・動詞に含まれない語を意味する。軸文法では，語を「軸語」（pivot words）と開放語に2分し，両者の結合で連語の成立を説明する。

を使いたい。

それでは，他動詞の修飾語枠は実際にどのように発達するのだろうか？ この点を解明するために，J児で，研究1と同じ5つの他動詞を選んで分析した。調査年齢は2歳1カ月から2歳8カ月である。5つの動詞は「分析資料の最後の2月にガ格とヲ格が同時に一文中に現れたもの」という基準で選んだ。ガ格とは「助詞ガがあるか，それを補える語」を意味し，ヲ格とは「助詞ヲがあるか，それを補える語」を意味する。表1は動詞「たべる」で，各月ごとにいろいろな文型がどのくらいの頻度で生じたかを示している。表2は動詞「かく」でのいろいろな文型の頻度を示している。「こぼす」と「かう」は資料が少ないので省略して，残り3つの動詞の修飾語の語順を示すと次のとおりだった。

(9) 動詞「たべる」の語順

　～が～を動詞

　（例：「あきちゃん　これ　食べないってよ」）

■表2　動詞「かく」に関する各月の文型頻度（岩立，1994，一部改変）

文型				2歳1月	2歳2月	2歳3月	2歳4月	2歳5月	2歳6月	2歳7月	2歳8月	発話例
			動詞			14	1					カイタ
		ガ格	動詞		4	6	2					オカーチャン カイタ
	ヲ格		動詞			37	9				3	ボール カイテ
開放語			動詞		5	5			3		3	モッカイ カイテ
二格			動詞				3					ジーチャンモ カクー
	ヲ格	ガ格	動詞	1			4				1	コレ ホネ ニーチャン カイタノ
開放語	ヲ格		動詞			1	1					ハーク ハトポッポ カイテ
二格	ヲ格		動詞				1				1	ジーチャンモ マル カケテチョーダイ
開放語		ガ格	動詞			1						ネ オジチャン カイテ
			動詞 開放語			1						カイタ イッパイ

(10)　動詞「つくる」の語順

　　〜に〜が〜を動詞

　　（例：「じーちゃんも　おじちゃん　ふーせん　つくんの」）

(11)　動詞「かく」の語順

　　〜に〜を〜が動詞

　　（例：「じーちゃん　ボール　おかーちゃん　かいたの」）

(9)〜(11)の語順から次の点が指摘できる。

(12)　語順というものがある点で3つの動詞は共通している。

(13)　動詞が最後にくる点で3つの動詞は共通している。

(14)　「〜が」と「〜を」の語順は，「たべる」と「つくる」で共通しているが，両者は「かく」と相違している。

(12)〜(14)でいえることは，成人の言語では共通の修飾語枠を持つと予想される3つの動詞が，3歳以前のJ児では共通ではない，という点である。すなわち，「主語」や「動作主」にあたるガ格が常に最初にこないのは，これらの文法範疇の存在を疑問視させ

る。「動作主」（agent）とは，行為を表現する動詞文で，その動作を起こす主体を意味する文法用語である。

4) 研究 4：他動詞の修飾語枠に関する研究 2 〈5人の子どもの場合〉

次に，研究3より年齢が高い5人の子どもの発話を分析することにしよう（岩立，1994）。5人の子どもの年齢は表3のとおりで，年齢が一番低いのはY児とJ児の2歳5カ月，一番年齢が高いのはT児の3歳9カ月である。J児は研究1・研究2の対象児と同じで，今回の分析では2つの月（2歳5カ月と3歳6カ月）が分析対象になっている。分析対象となる動詞は「資料の最後の月にガ格とヲ格が同時に一発話中に現れた動詞」という基準で選んだ。抽出された動詞の数が一番少なかったのはY児の6種，一番多かったのはF児の12種だった。

選ばれた動詞全体での，ガ格・ヲ格・動詞の語順関係を示すと表3のとおりになった。表3にはガ格・ヲ格・動詞の3者が同一文中に現れた文だけでの結果を示している。したがって，この他の「ガ格＋動詞」「ヲ格＋動詞」「動詞」という多数の発話は分析から除外されている。なお，「やる」「する」に関する資料は表3には含まれていない。その理由は，この2つの動詞が文構造を解釈する上で，多くの問題を持っているからである。たとえば，「オウマ　ヒンヒン　ヤッテ」を「オウマ」（ヲ格）＋「ヒンヒン　ヤッテ」（動詞句）とするか，「オウマ　ヒンヒン」（ヲ格）＋「ヤッテ」（動詞句）とするか，簡単に決定できないからである。

表3の細かな分析から，次のことが分かった。

(15) 5人の子ども全体では，「〜が〜を動詞」のかなり固定した語順傾向が見られる。

(16) しかし，各幼児の発話特徴に目を移すと，語順の実態がそ

■表3　5人の子どもでの，ガ格・ヲ格・動詞での語順
（岩立，1994，一部改変）

子ども 性 文型　　　　年齢	Y児 女 2歳5月	A児 女 2歳7月	F児 女 3歳7月	J児 男 2歳5月	J児 男 3歳6月	T児 男 3歳9月	計
ガ格+ヲ格+動詞	24	11	12	6	11	15	79
ヲ格+ガ格+動詞	2	1	2	4		1	10
ガ格+動詞+ヲ格	1	3	3				7
ヲ格+動詞+ガ格	2		1	1			4
動詞+ガ格+ヲ格							0
動詞+ヲ格+ガ格			1				1

う単純ではない。

a　ある子ども（Y児，J児の3歳6カ月，T児，A児）では「〜が〜を動詞」の語順が認められる。

b　ある子ども（F児）では，動詞の位置は一定ではないが，「〜が〜を」の語順は認められる。

c　ある子ども（J児の2歳5カ月）では「〜が」と「〜を」の語順は一定ではないが，動詞を文の最後に置くことは習得している。

5）研究5：トマセロによるTravisの研究

次に，英語児でのトマセロの研究を紹介する。これは彼の娘Travisの日誌的な追跡研究で，研究成果は一冊の著書として公刊された（Tomasello, 1992）。この研究は当初は欧米の研究者にあまり注目されなかったが，現在は言語発達研究者の必読書になっている。とくに，トマセロの仮説「動詞-島仮説」（verb Island hypothesis，最初は離島のようにつながりがない，と考える）は有名である。

トマセロによれば，Travisは動詞獲得の初期段階で注目すべ

き特徴を示した。それは，それぞれの動詞が「個性的な発達を示した」ことである。トマセロはそのことを「英語児の場合，最初は「シンタグマティックな範疇」(syntagmatic categories) を持たずに個々の動詞独特の (verb-specific) カテゴリーを持っている」と表現している。ここでいうシンタグマティックな範疇とは，「動作主」(agent)・「被動作主」(patient)・「道具」(instrument) などの分類を指している。被動作主とは，行為を表現する動詞でその動作で影響を受ける対象を意味する文法用語である。シンタグマティックな範疇は格文法での格の分類に近いので，近似的に「初期の段階では幼児には格概念は存在しない」ということも可能だろう。さらにトマセロは，「シンタグマティックな範疇ができるのは，動詞間で形態的なマーカー（たとえば，動詞の -ed）を積極的に使用するようになったり，動詞という「パラディグマティックな範疇」(paradigmatic categories) を限定的にでも理解するようになってからである」と述べている。パラディグマティックな範疇とは，「動詞」(verb)・「名詞句」(noun phrase)・「形容詞」(adjective) などの分類を指している。

具体的に Travis の動詞の使用を見ていこう。ここでは1歳4カ月から2歳0カ月時点での動作動詞〔動作を伴う動詞のこと〕を取り上げる。動作動詞はトマセロによって次の4つに分類された。

⒄ 13の動詞 (sweep, brush, paint など) では，対象となる修飾語を動詞のあとに置いて表現していた。
　［例］"Brush my teeth."（1歳8カ月〜1歳10カ月の発話）
⒅ 3つの動詞 (bite, cook, pick) では，対象となる修飾語の位置が一定しなかった。
　［例］"Cookie bite."（1歳4カ月〜1歳6カ月の発話）
　　　 "Bite apple."（1歳6カ月〜1歳8カ月の発話）

⒆ 2つの動詞（write, roll-it）では，場所の修飾語だけが表現され，他の修飾語は表現されなかった。
　［例］"Write on D's chair."（1歳8カ月〜1歳10カ月の発話）
⒇ 2つの動詞（kill, pour）では動作者と対象の両方が表現された。
　［例］"A man kill a roaches."（1歳8カ月〜1歳10カ月の発話）

⒄〜⒇を見ると，確かに⒄に含まれる動詞の数が多いので若干の疑問も残るが，使われる修飾要素の数や語順に一般的な傾向を見つけることは困難といえそうだ。そうとすれば，「動詞」「名詞」などの文法範疇や，「動作主」「被動作主」などの文法範疇がこの段階のTravisの言語行動には存在しないことになる。なぜなら，これらの文法範疇が存在するとすれば，それに従った何らかの傾向が見られるはずだが，そうなっていないからだ。そこでトマセロは，「動詞-島仮説」でこの現象を説明しようとしている。この説によれば，初期の子どもの文法装置は「辞書的に限定されたもの」（lexically specific）で，多数の動詞に広く共通する文法的範疇がはじめから存在するわけではない，最初は限られた範囲の要素にだけ通用する装置が存在するにすぎず，あとの時期になってその限定が取り除かれて，汎用的な文法範疇が形成される。

6) 研究6：新規動詞を教える実験

トマセロは，研究4のような現象を説明するために，人工的な動詞を複数作成し，それを一定の動詞一項構造で子どもたちに提示する実験を実施した。一項構造とは，名詞句と動詞が持つ枠組みを指す。一項構造として，㉑と㉒が使われた。

(21) 動作主の項がある文型（動作主＋動詞，動作主＋動詞＋被動作主）

たとえば，Cham という動詞の場合，"See that? Earnie's chamming!"

(22) 動作主の提示がない文型（動詞，動詞＋被動作主）

たとえば，Gof という動詞の場合，"Oh look! Goffing."

たとえば，Mib という動詞の場合，"Look! Mibbing Cookie Monster."

すると(21)の場合には，自発発話では「動作主＋動詞」の語順にそった表現が多く出現した。それに対して，(22)の場合には，「動作主＋動詞」や「動作主＋動詞＋被動作者」の正しい語順で使うことが少なくなった。トマセロはこの結果を，個々の動詞の使用は，その動詞がどのような形で提示されるかに依存する，と解釈する。この考えが正しければ，子どもの言語はすべて，子どもへの言語入力だけで説明可能になる。

7）研究7：自閉症児の言語〈アダムとT児の発話〉

最後に障害児の言語発達を取り上げたい。ただ残念なことに，動詞の発達を分析するための詳細なデータがほとんどないので確証的なことはいえない。そこでここでは，文献に載っていた自閉症児アダムの発話と日本語を話すT児の発話例を示す。

健常児同様，自閉症児の言語でも個人差が大きいので，これが典型例といえないが，(23)のアダムの発話例は興味深い言語特徴を持っている（Bernstein & Tiegerman-Farber, 1997）。

(23) "Adam eat three cookie."（アダムはクッキーを3つ食べます。）」（"What did you do?" に対して）

自閉症児の発話では，人称の変換がうまくいかないことがよく起こる。たとえば，you と言われて I ではなくて you で答える。

■表4 T児の名詞と「名詞＋だ」の発達（岩立ら，2004）

発 話	3;4	3;5	3;6	3;7	3;8	3;9	3;10	3;11	4;0	4;11
でんわ	0	<u>2</u>	1	2	0	0	0	0	1	2
でんわだ	0	<u>2</u>	1	0	0	0	0	0	0	0
たまご	0	<u>28</u>	0	9	0	3	0	2	1	1
たまごだ	0	0	<u>1</u>	0	0	0	0	0	0	0
とんねる	<u>2</u>	4	14	7	9	1	6	10	5	0
とんねるだ	0	0	<u>5</u>	0	15	0	5	2	3	0
すいか	0	<u>1</u>	3	0	0	2	0	0	2	0
すいかだ	0	0	0	<u>3</u>	2	1	0	1	2	0
あめ	0	0	0	0	0	<u>1</u>	2	0	1	0
あめだ	0	0	0	<u>3</u>	0	2	0	0	0	0
こまち	0	<u>3</u>	0	1	6	0	3	3	4	1
こまちだ	0	0	0	0	0	0	<u>2</u>	0	1	0
こだま	0	0	0	0	0	0	0	<u>8</u>	3	0
こだまだ	0	0	0	0	<u>2</u>	0	0	5	2	0

⑳ではそのような間違いはないが，人称代名詞は使用されていない。また過去形が使われないなど不備が見られる。発達的に見た場合，これを不備とするかどうかは議論の分かれるところだろう。しかし，アダムの発話は大人とは違っているが，何らかの規則に従って発話されているといえそうだ。

次に，筆者たちのグループが発達支援をした自閉症児T児のプレイルームでの発話分析の結果を表4に示す（岩立ら，2004）。名詞だけの発話と「名詞＋だ」の発話の各月での出現頻度を示している。初出のものに下線を引いた。表4から，4つの名詞（た

まご，とんねる，すいか，こまち）では研究1のくっつき説が支持され，2つの名詞（あめ，こだま）は支持されず，1つの名詞（でんわ）は支持か不支持が判定できないことが分かる。数が少ないので断定的なことはいえないが，3歳6カ月まではくっつき説の形で「〜だ」構文を獲得していたが，3歳7カ月前後から「〜だ」の汎用的な使用を覚えたのかもしれない。その結果，名詞発話が先行する必要がなくなった。

2 理論的検討

1) ローカル・ルールからグローバル・ルールへ

7つの研究の紹介が終わったところで，これらの研究をつなぐ仮説を提示することにしよう。最初は，筆者の古典的な「ローカル・ルールからグローバル・ルール」の提案である。この提案は(24)〜(27)の4つの仮定から成り立っている。

(24) 仮定1（強いローカル・ルール）：動詞の獲得は各動詞が独立した形で始まる。

(25) 仮定2（弱いローカル・ルール）：次の段階になると複数の動詞がまとまって部分的な共通性を持ちはじめる。

(26) 仮定3（グローバル・ルール）：部分的な共通性が，ある時点で統合されて，最終的に一般的なルールが獲得される。

(27) 仮定4（制約）：初期の段階からグローバル・ルールが例外的に存在する。これは制約といえる。

(27)の文章中の「制約」(constraints) とは「人間が持つ生得的な行動傾向」を指している。(27)の仮定を設けることは，他の3つの仮定と矛盾することかもしれない。しかし(27)を認めないかぎり，いまのところ動詞の獲得をうまく説明することができない。

2) 7つの研究結果の解釈

　次に，7つの研究結果を，(24)から(27)の仮定でどのように説明できるか検討することにしよう。

　研究1の「初出動詞形の発達」では，(1)の「くっつき説」は一種のグローバル・ルールで，動詞獲得の初期から(1)が成り立つとすれば(27)の制約の適用例となる。(2)で述べた，動詞によって否定形の有無などでばらつきがある事実はローカル・ルールの存在を暗示している。すなわち，動詞の語形の発達は，まず個々の動詞ごとに独立してローカル・ルールとして進み，ある段階で統合されてグローバル・ルールになるのである。ただ，研究1の分析では，(24)の強いローカル・ルールは理解できても，(25)の弱いローカル・ルールの発見には至っていない。

　研究2は(25)の仮定2（弱いローカル・ルール）で説明可能だろう。大人が使用しないナイ付加否定文が使われる事実や，子音動詞（五段活用）と母音動詞（上一段活用，下一段活用）でナイ付加否定文の出現頻度が違う事実は，部分的に共通したルールが存在することを示している。そしてこの部分的な共通ルールの背景には，英語という言語環境の影響があると予想される。では，どうして4名の内1名はナイ付加否定文を使わなかったのだろうか？　今後，子どもに与えられる言語モデルや子どもの個性の詳細な分析がこの問いへの回答をもたらすかもしれない。

　研究3の「他動詞の修飾語枠に関する研究1」は，明らかに強いローカル・ルールの存在を示している。2歳代でJ児はそれぞれの他動詞を独特の修飾語枠で使用していると予想されるからだ。たとえば，(9)の動詞「たべる」の語順は「〜が〜を動詞」，(11)の動詞「かく」の語順は「〜を〜が動詞」である。しかし，研究4の「他動詞の修飾語枠に関する研究2」のJ児（3歳6カ月）の結果を見ると，語順は「〜が〜を動詞」に統一されてい

る。すなわち，この年齢段階になると他動詞に共通したグローバル・ルールが生じているのだ。中間段階の弱いローカル・ルールは発見されていない。言語発達の初期から強いローカル・ルールにしろ一定の語順が見られることから，語順自体は制約といえるだろう。

研究4での5人の結果を比較した場合，とくに興味深いのは，(16)-b・(16)-cの特徴を示す子どもがいることである。すなわち，(16)-bから「ガ格とヲ格の位置」を決める文法範疇の存在が予測され，(16)-cから「動詞の位置」を決める文法範疇の存在が予測される。両方の文法範疇は別物らしい。ネルソン（Nelson, 1982）は2種類をトマセロ同様に，「シンタグマティックな範疇」と「パラディグマティックな範疇」という名称で区別している。研究5でも述べたように，シンタグマティックな範疇とは「動作主」「被動作主」「道具」などの語分類に関係する。それに対して，パラディグマティックな範疇は，「動詞」「名詞句」「形容詞」などの分類に関係する。

これらの2種類の文法範疇は，個々の動詞が独立している強いローカル・ルールの段階では幼児言語には存在しないといえる。これらの文法範疇は発達の過程で段階的に獲得されるのだ。しかも，2つの文法範疇は独立しているので，片方だけが獲得されている段階が存在する。(16)-bのF児はシンタグマティックな範疇は習得されているが，パラディグマティックな範疇はまだらしい。それに対して(16)-cのJ児（2歳5カ月）はパラディグマティックな範疇は習得されているが，シンタグマティックな範疇はまだらしい。しかし，(16)-aの子どもたちの段階になると両方の文法範疇が習得されて，グローバル・ルールによる言語行動が見られるようになっている。2種類の文法範疇での弱いローカル・ルールはまだ発見されていない。

研究5で述べたトマセロの「動詞-島仮説」は，強いローカル・ルールの説とかなり似た考えである。違いをいえば，トマセロは動詞の獲得過程に限定して説を出しているのに対して，岩立（1992b）は言語獲得一般に適応しようと説を出している点にある。実際，岩立（1992b）は，「助詞ノの誤用」（たとえば，「オーキイノ　サカナ」）でも「ローカルからグローバル」は見られると主張している。(17)のように多くの動詞が似たような傾向を示しているのは弱いローカル・ルールの存在を暗示させる。

　研究6はトマセロが「動詞-島仮説」の根拠となる(24)の（強いローカル・ルール）の獲得過程を実験的に解明するために実施した研究で，画期的な研究ではある。しかし注意が必要で，結果を拡大解釈すれば，子どもに与えられる入力情報を分析することで，子どもの獲得をすべて説明できることになる。しかしながら，実際にはそううまくはいかない。たとえば，障害児の言語発達を支援する場合，与える言語入力（言語モデル）だけ工夫してもうまくいかないことが多い。言語入力に対してと同様，子どもの発達的，生物的条件などに対する細かな配慮が必要になる。また健常児でも一見すると十分な言語環境があるのに，言語発達（とくに，表出面で）に遅れがでることがある。これらの現象はどのように説明されるのだろうか？

　最後に研究7について考えてみよう。2つの事例とも何らかのルールを獲得していることは明らかである。アダムはある文法規則は使用可能なのに，ある規則は使うことができない。またT児は最初は個々の名詞ごとに，(24)の仮定1（強いローカル・ルール）に従って「〜だ」と構文を獲得していったが，途中から「対象＋だ」という(25)の仮定2（弱いローカル・ルール）に移行していったと予想できる。

　ではどうして，強いローカル・ルールが弱いローカル・ルール

へ，そして弱いローカル・ルールが最終的に大人のグローバル・ルールへ変容するのだろうか。この問いに対してトマセロは，子どもの持つ強力な学習メカニズムの役割を主張している (Tomasello, 2003)。学習メカニズムで主となるものは「意図解読」(intention-reading) と「認知的・社会的学習スキル」(cognitive and social learning skill) で，子どもには単純な連合学習を超えた強力な学習メカニズム (learning mechanisms) が素質として備わっているとされた。

3) 質に過敏な能力に基づく規則の回路とそれに影響するもの

1)で述べた「ローカル・ルールからグローバル・ルールへ」という仮説によって，動詞を含めた言語発達の現象をある程度説明できる。しかしこの仮説では，言語発達の複雑なメカニズムを説明することができない。そこで筆者は最近，「社会的・生物的認知 (social bio-cognition) アプローチ」を提案している（岩立，2006）。

このアプローチでは，言語発達とは時間的経過の中で「規則の回路」（これを「認知」あるいは「認知システム」と呼ぶ）が形成されることと考える。そして，言語に関する規則の回路の発生には，「教育的働きかけ」（これを「社会的」と呼ぶ）と「内的能力（働きかけ）」が影響する。教育的働きかけの指摘は，トマセロ (Tomasello, 2003) の言語使用準拠理論の主張と似ている。内的働きかけは，成熟や遺伝を指す。

動詞の発達はローカル・ルールからグローバル・ルールへの規則の回路の発達であり，このような発達を可能にしたのは，規則の回路を変化させる社会的な働きかけと，規則の回路の発達を可能にする「質に過敏な能力」の働きである。さらに質に過敏な能力はヒトが進化の過程で獲得したものである（岩立，2007）。し

かし，残念ながら，規則の回路が細かなレベルでどのような変化をするのか，この細かな変化に社会的な働きかけや生物的な影響がどのように関わるのかについては分からないことが多い。詳細で綿密な今後の研究に期待したい。

●読書案内

1 Clancy, P. M., "The acquisition of Japanese." In D. I. Slobin (ed.), *The crosslinguistic study of language acquisition*, Vol. 1, pp. 373-524, Lawrence Erlbaum Associates, 1985

 動詞を含めて言語発達の実態を多くの文献から丹念に明らかにしている。文献リストも貴重である。ただ，日本の心理学者の重要な研究が抜けているのは残念である。

2 **大津由紀雄「心理言語学」『英語学体系 6 英語学の関連分野』**所収，pp. 183-361，大修館書店，1989

 生成文法理論の立場からの言語獲得研究について要点を押さえた紹介がなされている。生成理論になじめない人には抵抗があるかもしれない。

3 **スティーブン・ピンカー『言語を生みだす本能（上・下）』** 椋田直子訳，NHK ブックス，日本放送出版協会，1995

 言語獲得研究の理論家として最も注目されているピンカー自身が一般の人向けに書いた入門書である。内容も多岐にわたっている。著書の立場は言語獲得の生得論を主張する点で一貫している。

4 **岩立志津夫「言語獲得の理論」**中島義明編『現代心理学［理論］事典』pp. 449-467，朝倉書店，2001

 言語獲得に関する理論の主なものを，軸文法など古いもの

から最近の制約論まで紹介している。上の大津（1989）と岩立・小椋（2005）の著書と併読することで，言語獲得理論の基礎知識が得られるだろう。近年中に同じ出版社から事例を中心にした事典が刊行される予定である。その中で研究例が示される。

5　岩立志津夫・小椋たみ子編著『**よくわかる言語発達**』ミネルヴァ書房，2005

　　言語発達に興味を持つ初学者にまず推薦したい。言語発達研究の歴史や理論そして言語発達とその障害の概要などについて，特定の理論にかたよらずに勉強できる。かなり専門的なものも含まれるので，ある程度の知識がある方にとっては，言語発達に関わる問題を整理するのに役立つ。

第6章

●

文法の獲得〈2〉
――助詞を中心に――

次の 2 つの発話を比較してみよう。
○オカーチャン　オトーチャン　オカシ　アゲタ
○オカーチャンガ　オトーチャンニ　オカシヲ　アゲタヨ

前者の発話の意味は，聞き手がその場にいれば状況から理解できるかもしれない。しかし，そうでなければ「オカーチャン」と「オトーチャン」のどちらが他動詞アゲタの主語なのか，どちらが間接目的語なのかよく分からない。これに対して，後者ではそれぞれの名詞に助詞が付属しており，場面がなくても意味を理解することができる。このように，日本語の助詞は文を精密化し，聞き手や読み手の理解を確かなものにするきわめて重要な機能語なのである。

助詞の獲得についての研究は，大きくは 2 つの側面に分けられる。一つは名詞と異なり，具体物と対応していない，さまざまな助詞を幼児はどのような方法で獲得するか，その原理を明らかにする研究，もう一つはどのような過程をたどって助詞を獲得するのか，その発達過程を明らかにする研究である。前者の研究は重要であるが，今日までのところほとんど取り扱われていない。

この章では，とくに後者に関して筆者が行ったひろ君という一人の幼児（男児）についての研究をもとに，第 1 節では助詞の初出から獲得までの発達過程を説明し，第 2 節ではその過程で観察される誤用の出現理由について考えてみよう。また，第 3 節では，前者すなわち助詞の獲得方法に関して終助詞ネの最初の現れ方に注目し，一つの見解を述べてみたい。

1 助詞の獲得過程

1) 助詞の初出

　従来，助詞の種類や対象児によって時期に若干の違いはあるものの，主な助詞はおよそ3歳ころまでに初出するといわれている（永野，1959；大久保，1967；Miyahara，1974）。筆者の対象児ひろ君がはじめて助詞を産出したのは1歳5カ月で，その助詞は主語標示のガであった。

　〈事例1〉　ブーガ　アッタ
　　　　　　　車があった。　　　　　　　　　（1歳5カ月14日）

　この1歳5カ月から3歳までの間に76種類，合計12,813個の助詞が観察・記録されている。内訳は，格助詞が17種類4,858個（37.9％），終助詞が33種類5,355個（41.7％），副助詞が13種類1,233個（9.6％），接続助詞が13種類1,367個（10.6％）で，とくに終助詞と格助詞が非常によく用いられていることが注目される。

　出現の順序について，大久保（1967）は永野（1959）の報告と比較し，助詞は終助詞・格助詞→接続助詞→副助詞の順で初出するとしている。しかし，ひろ君の場合は格助詞（1歳5カ月）→副助詞（1歳6カ月）→終助詞（1歳7カ月）→接続助詞（1歳11カ月）の順で，これには個人差があるようである。

　しかし，こうした違いはあるものの，ひろ君は3歳までに従来の報告で対象となった幼児と同様，格助詞ガ，ノ，ニ，ヲ，終助詞ヨ，ネ，カ，テ（デ），副助詞ハ，モ，接続助詞テ（デ）など主な助詞をすべて産出し，しかも頻用するようになっている。

2) 助詞の誤用

　一般に，上述のような事実から初出と獲得は同一視され，幼児は3歳ころまでに助詞が正しく使えるようになると考えられてきた。

　しかし，これには大きな疑問がある。それは，発達初期の幼児の助詞の用法を注意深く観察してみると，正用だけでなく，誤用がしばしば見られるからである。たとえば，藤原 (1977) やクランシー (Clancy, 1985) は，幼児が目的の格助詞ヲを使うべきときに，「リンゴ<u>ガ</u>　トッテ」（リンゴを取って）のように格助詞ガを用いている事例を報告している。また，永野 (1960) や岩淵・村石 (1968) は，形容詞が体言を修飾する際，「アカイ<u>ノ</u>　ハナ」（赤い花）のように助詞ノを挿入する誤用があることを指摘している。

　しかし，助詞の誤用については，これまでごく少数の事例がエピソード的に報告されているだけで，実証的・体系的な研究はほとんど行われていない。この主な理由としては，次の2点が挙げられる。

　① これまで，言語発達の過程に見られる誤用の意義が研究者に十分認識されていなかったこと。
　② データの収集には長期にわたる注意深い観察が必要であり，方法論上の困難があること。

　以下では，こうした動向の中でひろ君の助詞の誤用を詳細に観察し，その発達的様相を明らかにした横山 (1990) の研究を紹介してみよう。

(1) 誤用の初出と出現頻度

　ひろ君の助詞の使用を調べてみると，過去に報告されている誤用と共通のものを含む，さまざまな種類の誤用が数多く観察され

た。それらの誤用の出現頻度を月齢別に見ると，最初の誤用は正用の初出より4カ月遅く，1歳9カ月に1例現れている。しかし，次の1歳10カ月ではまったく観察されず，1歳11カ月でも2例と，初期ではきわめて少ない。ところが，2歳0カ月になると13例，2歳1カ月では85例，2歳2カ月では74例と2歳代に入ると，急速に高い頻度で産出されるようになり，2歳4カ月では観察期間を通じて最高の91例が記録されている。その後は減少傾向をとるが，観察終期の3歳5カ月でもなお37例現れ，それまでの累計は963例に達している。

(2) 誤用の種類と特徴

ひろ君が産出したすべての助詞の誤用を調べてみると，2つの大きな特徴があった。その一つは，誤用は圧倒的に格助詞に多く，全体の94.0%を占め，副助詞，接続助詞ではそれぞれ5.0%，0.8%と少なく，終助詞ではまったく現れていないことである。このことは，語間の文法関係を規定する格助詞の獲得が幼児にとって他の助詞の獲得よりはるかにむずかしいこと，また終助詞の獲得は反対にきわめて容易であることを物語っている。また，格助詞でもすべての種類に誤用が頻出しているわけではない。誤用がよく現れている助詞は限られている。すなわち，ガ (45.8%)，ノ (20.8%)，ニ (18.3%)，デ (5.5%) といった助詞で，これらの合計は全誤用の90.4%を占めていた。

もう一つの特徴は，誤用はランダムに起きているわけではなく，そこには次の3つの類型があったことである。
① 置換誤用：本来使われるべき助詞の代わりに別の助詞が用いられている場合。
② 付加誤用：必要がないのに特定の助詞が自立語に付属している場合。

■表1 類型別に見た誤用の出現頻度（ひろ君の場合）

誤用の類型	出現頻度数
置換誤用	752（78.0）
付加誤用	198（20.5）
接続誤用	13（ 1.3）
合　計	963

注　（　）内の数値は％を示している。

③　接続誤用：正しい助詞を使っているのではあるが，その接続法が間違っている場合。

表1は，類型別に見た誤用の出現頻度を示したものである。これによると，置換誤用が最も多く，752例で誤用全体の実に78.0％を占めている。また，付加誤用は置換誤用に次いで高い頻度で現れ，198例（20.5％）観察されているが，接続誤用の出現数は，わずかにすぎない。以下では，類型ごとにこれらの誤用の実例を眺めてみよう。

[1] 置換誤用

置換誤用には，次の7つの下位類型があった。なお，発話の後の［　］は，本来左の助詞を用いるべきときに右の助詞を用いていることを意味している。

①　ある格助詞が他の格助詞に置き換えられている誤用
　〈事例2〉　シンカンセンガ　ノリタイ　［ニ→ガ］
　　　　　　新幹線に乗りたい。　　　　（2歳2カ月3日）
②　ある副助詞がある格助詞に置き換えられている誤用
　〈事例3〉　コレガ　ナンデスカ？　オヒタシナ？　［ハ→ガ］
　　　　　　これは何ですか？　おひたし菜？

(2歳4カ月3日)

③ ある接続助詞がある格助詞に置き換えられている誤用
　〈事例4〉　クンボーガ　デカケニ　イッタ　[テ→ニ]
　　　　　　邦坊（弟の名）が出かけて行った。
(3歳4カ月23日)

④ ある副助詞が他の副助詞に置き換えられている誤用
　〈事例5〉　ダレモ　デテルカナ？　[カ→モ]
　　　　　　誰か出てるかな？　　　(2歳5カ月3日)

⑤ ある格助詞がある副助詞に置き換えられている誤用
　〈事例6〉　コレハ　ツケテ　[ヲ→ハ]
　　　　　　これをつけて。　　　(2歳9カ月11日)

⑥ ある接続助詞が他の接続助詞に置き換えられている誤用
　〈事例7〉　オナカ　スイタノニ　ナンカ　チョーダイ　[カラ→ノニ]
　　　　　　おなか（が）すいたから何かちょうだい。
(2歳19カ月25日)

⑦ 助詞以外の語が用いられるべきなのに助詞が使われている誤用
　〈事例8〉　ひろ君　ジョーズノ　タベカタシタヨ　[ナ→ノ]
　　　　　　ひろ君じょうずな食べ方したよ。
(2歳9カ月15日)

　　これは，形容動詞の活用語尾ナが用いられるべきなのに，格助詞ノを用いている誤用である。

このように置換による誤用にはさまざまなものがある。しかし，その置換関係を整理してみると，そこにも一定の傾向がある。表2を見てみよう。置換の下位類型の中では，ある格助詞が他の格助詞に置き換えられる誤用が全体の91.2％と際立って多い。また，異なるカテゴリーに属する助詞間での置き換えは，格

■表2　置換による誤用の助詞の関係と出現頻度（ひろ君の場合）

本来使われるべき助詞＼誤用している助詞	格助詞	副助詞	接続助詞	終助詞	合　計
格　助　詞	686(91.2)	13(1.7)	0	0	699
副　助　詞	21(2.7)	14(1.8)	0	0	35
接　続　助　詞	1(0.1)	0	1(0.1)	0	2
終　助　詞	0	0	0	0	0
その他(助詞以外)	10(1.3)	0	6(0.7)	0	16
合　　　計	718	27	7	0	752

注　( )内の数値は％を示している。

助詞と副助詞との間では34例現れているが，接続助詞と他の助詞との間ではわずか1例にすぎない。また，終助詞同士および終助詞と他の助詞との間の置換は皆無である。こうした事実は，幼児が個々の助詞の正確な用法については，まだ十分理解していないものの，その助詞が文法的機能からして格助詞，副助詞，接続助詞，終助詞のどのカテゴリーに属するものかについて，何らかの「知識」を持っているのではないかということを予想させる。それは，助詞の置換誤用がまったくランダムに起きているものなら格助詞，副助詞，接続助詞，終助詞の，可能なすべての組み合わせの間にさまざまな誤用が生じるはずだからである。しかし，実際には置換誤用の起こる範囲はかなり限定的であった。

[2] 付加誤用

　付加誤用に該当すると認定された198の誤用を整理してみると，次の2つに分類することができる。

① 用言（形容詞，動詞）や連体詞が体言を修飾する際，修飾語であるそれらの語と被修飾語である体言の間に，本来必要がないのに助詞ノを挿入する誤用

　〈事例9〉　マルイ<u>ノ</u>　ウンチ
　　　　　　丸いうんち。　　　　　　　（2歳0カ月26日）

② それ以外のやり方で不要の助詞を付加させている誤用

　〈事例10〉　カミナラ<u>モ</u>　コンナカニ　ハイットーヨ
　　　　　　紙ならこの中に入ってるよ。
　　　　　　　　　　　　　　　　　　　（2歳9カ月19日）

　付加のノの誤用では，注目すべき2つの事実がある。その一つは，連体修飾において修飾語のあとに不要の助詞ノを付属させる誤用が付加誤用全体の71.7%という高い割合を占めていたということと，もう一つは，従来の報告ではこの種の誤用は形容詞による連体修飾の場合にほとんど限られていたが，ひろ君ではそれだけでなく動詞，連体詞についても観察されたことである。

[3] 接続誤用

　この誤用はきわめて少なく，誤用全体のわずか1.3%にすぎない。

　〈事例11〉　オーキイ<u>ハ</u>　ココ　オキマス
　　　　　　大きいのはここ(に)置きます。（3歳1カ月14日）

3）誤用の自己修正

　誤用から正用への移行はストレートに進むわけではない。ひろ君の助詞の獲得過程をよく見ると，その間に自己修正発話の時期があった。自己修正発話というのは誤用の発話をした直後に，自らそれを修正し，言い換える発話である（事例12，13）。

〈事例12〉　ひろ君1：オトーサン，タバコ<u>ガ</u>　カッタンデショウ？
　　　　　　　　　　お父さん，煙草を買ったんでしょう？
　　　　　　ひろ君2：オトーサン，タバコ<u>ヲ</u>　カッタンデショウ？
　　　　　　　　　　お父さん，煙草を買ったんでしょう？
　　　　　　　　　　　　　　　　　　　　　　（3歳1カ月27日）
〈事例13〉　ひろ君1：オーキイ<u>ノ</u>　フクロ
　　　　　　　　　　大きい袋。
　　　　　　ひろ君2：オーキイ　フクロ
　　　　　　　　　　大きい袋。　　　（2歳10カ月11日）

4) 正用と誤用の時期的関係

　常識的に考えれば，幼児は未熟であるから最初はよく誤用をし，その後徐々に正用が定着していくと予想される。ところが，実際はそうではない。誤用が生じている多くの助詞で正用が誤用に先行して現れていた。表3は，主な助詞の正用と誤用の初出時期を示したものである。

　また，正用は誤用が頻出している時期にも一貫して現れており，両者はいわば共存の状態にあった。こうした事実は，助詞の誤用は最初から現れるわけではなく，少数の正用の助詞が出現したあと，1歳代の末から正用と共存して現れ，その後消失して正用だけが産出されるようになることを示唆していると考えられる。なお，正用や誤用の前に助詞のまったく使われていない，いわゆる電報文体の発話の時期があることはいうまでもない。

5) 助詞の発達段階

　これまで述べてきたひろ君についての事実から，助詞の獲得過

■表3 主な助詞の正用と誤用の初出時期 (ひろ君の場合)

助詞の種類	正用の初出時期	誤用の初出時期	出現順序
格助詞ガ	1歳5カ月14日	1歳11カ月26日	＋
格助詞ヲ	2歳3カ月5日	2歳6カ月4日	＋
格助詞ノ	1歳9カ月4日	1歳9カ月21日	＋
格助詞ニ	1歳11カ月29日	2歳0カ月30日	＋
格助詞デ	2歳1カ月3日	2歳0カ月27日	－
格助詞ト	1歳6カ月4日	2歳1カ月21日	＋
格助詞カラ	2歳1カ月6日	2歳2カ月9日	｜
副助詞ハ	1歳6カ月29日	1歳11カ月18日	＋
副助詞モ	1歳7カ月25日	2歳3カ月10日	＋
副助詞シカ	2歳3カ月23日	2歳3カ月15日	－
副助詞ダケ	2歳6カ月1日	2歳9カ月8日	＋
接続助詞カラ	2歳5カ月2日	2歳4カ月13日	－
接続助詞ノニ	2歳4カ月2日	2歳10カ月25日	＋

注 〔＋〕の記号は正用が誤用に先行して出現していることを、〔－〕の記号は逆に誤用が正用に先行して出現していることを意味している。

程を段階づけてみると、およそ次のようになるだろう。

　第一段階　まったく助詞が使えない段階
　第二段階　限られた発話の中で助詞が正しく使える段階
　第三段階　正用だけでなく、しきりと誤用も行う段階
　第四段階　誤用の助詞を自ら修正する自己修正の段階
　第五段階　すべての助詞が正しく使える段階

　この段階は、スロービン (Slobin, 1973) が規則の獲得に関して述べている、①無標識の段階、②限られた事例の中で正しく標識が使われている段階、③標識の過度の一般化 (誤用) の段階、④完全に大人の体系を使用する段階と、基本的には一致するものであった。しかし、ひろ君の第三段階では誤用だけでなく、正用も同時に使われており、両者は併用状態にあること、また第四段

階として自己修正する段階があることに注目したい。

　すでに第1項で指摘したように、ひろ君は主な助詞を3歳ころまでに初出し、正用している。しかし、その一方で3歳5カ月に至ってもなお数多くの誤用を産出していた。したがって、その消失時期を明確に特定することはできなかった。ここで言えることは、幼児による助詞の獲得には、従来考えられているよりかなり長い期間を要するのではないかということである。時期の特定は今後の課題である。

2　助詞の誤用の理由

　では、こうした誤用はどのような理由で起こってくるのであろうか。ここでは、横山（1989a, 1991b）の研究をもとに、誤用の中で最も顕著な「ヲ→ガ」の置換誤用と、形容詞による連体修飾の場合のノの付加誤用を取り上げて、この問題を考えてみよう。

1)「ヲ→ガ」の置換誤用の理由

　日本語では他動詞の目的語を標示する場合、格助詞ヲが用いられる。ところが、ひろ君はヲではなくガを用いる誤用をしばしばしていた。その数は1歳11カ月の初出にはじまり、観察終期の3歳5カ月までに281例にのぼっている。これはひろ君が産出した「目的語―他動詞」関係を含む発話のうち、目的語に何らかの助詞が結び付いている発話781例の35.9％に相当していた。では、ひろ君はなぜ格助詞ヲで標示すべき目的語をこんなにも多くガで標示するのであろうか。

第6章●文法の獲得〈2〉——153

(1) 考えられる理由・1

　まず，考えられるのは，置換関係にある助詞の文法的機能の類似性である。すなわち，格助詞ガには主として2つの機能がある。一つは主語を標示する機能であり，他は目的語を標示する機能である（久野，1973）。ただし，後者の場合，ガはヲとは異なり，目的語を標示するのは述語が行為の可能性（たとえば，ヨメル（読める）），欲求（たとえば，ホシイ（欲しい）），特定の感情（たとえば，コワイ（恐い）），特定の感覚・知覚（たとえば，ミエル（見える））を表す語であるときに限られている。

　発達初期の幼児では，こうしたガとヲの用法の違いを厳密に区別することはおそらく不可能であり，そのために両者の間に置換誤用が起こることは十分考えられる。しかし，そうだとすれば，「ヲ→ガ」の誤用だけでなく，逆の「ガ→ヲ」の誤用も同じ程度に生じるはずである。ところが，「ガ→ヲ」の誤用は「ヲ→ガ」の誤用のわずか2.6％にすぎなかった。このように誤用に方向性があるということは，「ヲ→ガ」の誤用が，用法についての不十分な理解からくる単純な置換ではないことを示唆していることになる。

(2) 考えられる理由・2

　次に考えられるのは，目的語標示のヲの使用頻度が初期では絶対的に低く（大久保，1967），しかも上で述べたように，目的語標示のガとヲが文法的機能に関して類似しているために，ガがヲを駆逐して生じる過度の一般化の結果ではないかということである。この仮説が正しいなら，モデルとなる目的語標示のガは，ヲより先ないし同時期に現れ，ヲより頻用されているはずである。ひろ君の場合，目的語標示のガは主語標示のガより6カ月遅く2歳1カ月に初出していた。

一方,「ヲ→ガ」の誤用の初出は,先に述べたように1歳11カ月であった。これは,目的語標示のガの初出より2カ月早い。しかし,事例数は1つで,しかも満2歳0カ月では観察されていない。一貫して誤用がよく産出されるようになるのは,目的語標示のガが顕著に現れてからである。しかも,他動詞文の目的語に本来付属すべき格助詞ヲの初出は2歳3カ月で,目的語標示のガより2カ月遅く,最初はその数も少ない。こうしたことからすると,予想したように「ヲ→ガ」の誤用には,ヲに先行して頻用される目的語標示のガの使用が深く関わっていると考えられる。

　しかし,ひろ君の「ヲ→ガ」の誤用をさらに詳しく検討してみると,これだけではガの誤用を十分説明できない事実に遭遇する。それは,もし目的語標示のガの過度の一般化が,ガの誤用の唯一つの理由であるなら,「名詞─他動詞」文でヲと結合している名詞は,そのかなりのものが,ガとも結び付いてよいはずである。

　ところが,実際には3歳5カ月までに産出した169種類の「名詞＋ヲ」の中で,誤用のガとも結び付いている名詞は53,すなわち全体の31.3％とかなり限られていた。このことは,ガの誤用が,ガとヲの文法的機能の類似性による過度の一般化の結果であるだけでなく,他の要因も関与している可能性を示唆している。

(3) 考えられる理由・3

　考えられる第三の理由は,文中で主語や,(1)で説明した特定述語の目的語としての役割をになっている「〜ガ」という表現の模倣・機械的な適用である。主語や特定述語の目的語を標示するために「〜ガ」という形で発せられた「〜」に相当する名詞は,他動詞の目的語になると,格助詞ガではなく格助詞ヲを付属させ

なければならない。ところが，これは，幼児はいったん特定の名詞と助詞の組み合わせを学習すると，それをいわば固定的な一つのセットとして記憶し，助詞を格助詞ヲに変えなければならないときもそのまま「〜ガ」を適用してしまうために，「ヲ→ガ」の誤用が生じるのではないかという仮説である。

　もしこの仮説が正しいなら，誤用の「〜ガ」のモデルとなるものが，主語や特定述語の目的語を構成している「〜ガ」という表現の中にあり，しかも誤用の「〜ガ」に先行して現れているはずである。そこで，筆者は主語標示のがや目的語標示のがと結合している名詞と，誤用のがと結合している名詞の関係を調べてみた。すると，主語や目的語標示のがと結合している名詞のうち，誤用のがとも結合している名詞は96種類で，これは「名詞＋ガ（誤用）」168種類の57.1％を占めていた。そして，この96種類のうちの69種類，すなわち71.8％は，誤用に先行して現れていた。しかも，主語標示の格助詞ガも目的語標示の格助詞ガも，格助詞ヲに先行して現れ，とくに主語標示のガの使用頻度はヲより顕著に高かった。

　こうした事実からすると，上述の予想は正しく，「ヲ→ガ」の誤用は先行して用いられた特定の「名詞＋ガ」の模倣・機械的な適用の結果と考えられる。しかし，それを促しているのは(1)で説明した格助詞ガとヲの持つ文法的機能の類似性である。このように考えると，主語や目的語としての特定の「名詞＋ガ」の使用と，格助詞ガとヲの持つ文法的機能の類似性という2つの要因がこの「ヲ→ガ」の誤用には関与していると考えられるのである。事例14と15は先行発話で用いた「名詞＋格助詞ガ」（主語標示）をそのまま目的語の場合にも適用している発話で，この仮説の妥当性を示唆する事例である。

〈事例14〉　ひろ君1：ショーボーシャガ　イッタ
　　　　　　　　　　消防車が行った。
　　　　　　ひろ君2：ショーボーシャガ　ミタ
　　　　　　　　　　消防車を見た。　　（2歳7カ月10日）
〈事例15〉　ひろ君1：ウンコガ　ナイヨ
　　　　　　　　　　うんこがないよ。
　　　　　　ひろ君2：ウンコガ　フイテ
　　　　　　　　　　うんこを拭いて。

（2歳10カ月17日）

　このように，特定の「名詞＋格助詞」の語結合を格の異なる場合も模倣・機械的に適用する事例は，動作・作用の存在する場所を標示する格助詞ニを用いるときに，ガを用いる「ニ→ガ」の置換誤用（横山，1991a）や，格助詞デを用いるべきときにニを用いる「デ→ニ」の置換誤用（横山，1989b）でも数多く観察されている。

2) 格助詞ノの付加誤用の理由

　岩淵・村石（1968）は，形容詞による連体修飾の際の助詞ノの付加誤用は，名詞による名詞修飾の際の助詞ノの用法，すなわち「名詞＋助詞ノ＋名詞」の過度の一般化の結果だと考えている。

(1) 考えられる理由・1

　そうだとすれば，モデルとなるその用法は誤用の出現より早い時期に，あるいは少なくとも同時期にある程度高い頻度で現れていることが予想される。そこで，ひろ君の「名詞＋助詞ノ＋名詞」の発話の初出を調べてみると，ノの誤用の初出より1カ月早く1歳11カ月で，その後きわめて高い頻度で用いられていた。
　一方，形容詞による連体修飾の正用形，すなわち「形容詞＋名

■表4 「名詞＋助詞ノ＋名詞」と「形容詞＋助詞ノ＋名詞」(誤用) の出現時期の関係(ひろ君の場合)

発話の語構成 \ 年齢	1歳9カ月	1歳10カ月	1歳11カ月	2歳0カ月	2歳1カ月	2歳2カ月	2歳3カ月	2歳4カ月	2歳5カ月	2歳6カ月	2歳7カ月	2歳8カ月	2歳9カ月	2歳10カ月	2歳11カ月	合計
形容詞＋名詞	12	12	26	9	8	12	14	40	30	20	27	3	7	6	23	249
名詞＋助詞ノ＋名詞			9	73	115	70	41	58	46	85	34	12	32	34	69	678
形容詞＋助詞ノ＋名詞			1	36	16	4	10	5		2	2		2	4		82

詞」は「名詞＋助詞ノ＋名詞」より2カ月早く，1歳9カ月に初出し，以後よく用いられている。ところが，1歳11カ月にこの「名詞＋助詞ノ＋名詞」の発話が現れるや，正用だけでなく，助詞ノの誤用が出現し，しかも頻用されるようになってきている（表4）。しかも，同時期，形容詞による連体修飾の場合だけでなく，基本的には同じ文法関係にある動詞（事例16），連体詞（事例17）による連体修飾についても同様の誤用が生じていた。

〈事例16〉　コーヒーニ　イレル<u>ノ</u>　ミルク？
　　　　　コーヒーに入れるミルク？（2歳2カ月6日）

〈事例17〉　コノ<u>ノ</u>　ママデ　タベル
　　　　　このままで食べる　　　　　（2歳2カ月12日）

こうした事実は，ノの誤用が名詞による連体修飾規則，すなわち，先行の名詞に格助詞ノが付属することによって，後続の名詞との間に「修飾語―被修飾語」の関係が成立する，という規則の過度の一般化の結果であることを示唆していると考えられる。

しかし，ひろ君のデータを注意深く検討してみると，この理由だけでは「ヲ→ガ」の誤用と同様，ノの誤用の出現を十分説明できない事実に遭遇する。もし上述の理由だけが誤用を説明するも

のであるなら，産出した形容詞による連体修飾発話のすべての種類に助詞ノの誤用が観察されてよいはずである。ところが，実際に誤用が現れている「形容詞＋名詞」の発話の種類はきわめて限られていた。すなわち，ひろ君が2歳11カ月までに産出した「形容詞＋名詞」の発話（正用）を形容詞の違いに基づいて分類してみると合計25種類あったが，誤用はこのうち形容詞がアカイ，チーサイ，オーキイ，マルイ，ナガイ，キイロイ，クロイ，シロイ，オイシイ，コワイである場合についてだけ起こっていた。つまり，形容詞による連体修飾発話のすべての種類に誤用が現れていたわけではないのである。

(2) 考えられる理由・2

では，なぜ特定の発話にだけ助詞ノの誤用が現れていたのであろうか。考えられるのは，準体助詞ノの使用との関係である。この助詞の機能は前接の用言（形容詞，形容動詞，動詞）を「〜もの」あるいは「〜こと」のように体言化することである。ひろ君の最初の準体助詞ノは，形容詞と結び付いた形で1歳11カ月に現れている（事例18）。

〈事例18〉　オーチイノ
　　　　　　　大きいの。　　　　　　　　（1歳11カ月5日）

準体助詞ノは，このあと，数としてはそれほど多くなかったが，2歳11カ月までに合計98例観察されている。しかも，その多く（77.5％）は形容詞を受けているものであった。この傾向は，初期ではとくに著しく2歳4カ月までをとると，準体助詞ノの用法の実に93.5％を占めていた。

そこで，この準体助詞ノと誤用のノの出現時期の関係を調べてみた。準体助詞ノの初出は，誤用のそれより1カ月早い。また，その時期は「名詞＋助詞ノ＋名詞」の発話の初出時期とも重なっ

ている。そして注目すべきことは，形容詞による連体修飾の発話の正用形は2歳11カ月までに合計25種類観察されていたが，このうち11種類には修飾語を構成している形容詞に準体助詞ノの結び付いた用法が現れていず，その場合，誤用の発話もまったく起こっていない。これに対して，準体助詞ノと結合した用法が現れている形容詞が修飾語となっている連体修飾発話では14種類のうち10種類に誤用が観察されている。しかも，誤用のノと結合している形容詞のいくつかは，誤用に先行して，準体助詞ノと結び付いた形ですでに使われているものであった。たとえば，形容詞の連体修飾における助詞ノの誤用82例のうち24例は形容詞チーサイと助詞ノの結合したもので，その初出は2歳1カ月であったが，チーサイと準体助詞ノが結び付いた用法の初出はそれより早く，2歳0カ月であった。また，形容詞オーキイと助詞ノの結び付いた誤用は24例で，その初出は2歳1カ月であったが，オーキイと準体助詞ノが結び付いた用法は，それより2カ月も早くすでに1歳11カ月に現れていた。

このような事実からすると，「ヲ→ガ」の誤用の場合と同じように，幼児は先行して用いた特定の「形容詞＋準体助詞ノ」を一つのセットとして記憶し，その形容詞による名詞修飾の際にもノを削除せず，そのまま適用するために「形容詞＋助詞ノ＋名詞」の誤用が生じるのではないかと考えられる。そして，それを促しているのが名詞による名詞修飾の際の格助詞ノの使用である。

したがって，助詞ノの誤用には名詞による名詞修飾の際の格助詞ノの使用と，先行して用いられる「形容詞＋準体助詞ノ」の発話の存在という2つの要因が関与しているのではないかと考えられる。

3) 2つの研究からの示唆

2つの研究から共通していえることは、幼児は誤用をでたらめに行っているわけではないということ、そして誤用には、少なくとも次に挙げる2つの要因が関与している、という点である。

① 誤用される助詞と本来用いられるべき助詞、あるいは異なる品詞によって構成された修飾語と被修飾語の間に見られる「文法的類似性の要因」。

② 発達的に先行して現れた特定の「自立語＋助詞」を一つの固定的なセットとして、そのまま文法関係の異なる発話にも適用する「模倣・機械的適用の要因」。

ただ、誤用の種類はこれだけではない。その多様性からして誤用の要因もさまざまであると考えられる。今後の課題は、すべての誤用についてそれを引き起こしている理由を明らかにするとともに誤用がどのようにして修正され、正用が獲得されていくのか、その原理を解明することである。

3 助詞の獲得方法

日本語にはきわめて多くの助詞がある。方言を入れるとその数は、さらに増える。その助詞を幼児はどのようにして獲得するのであろうか。名詞のように具体的に対応するものが目の前にあるわけではない。もちろん、親がその機能についていちいち教えているわけでもない。ここでは、最後にそうした助詞の獲得方法をひろ君の終助詞ネの観察結果から考えてみたい。

終助詞ネは、文表現の成立には関与しないが、話し手が相手に対して伝達内容について同意や承認を求めたり、念をおしたりするときに使われ、日常会話の成立にきわめて重要な役割を果たす

助詞であるといわれている。そして，この助詞は，従来多くの研究者によって，最も早く出現し，よく用いられる助詞の一つであることが報告されている。その獲得に関して，Clancy（1985）は，ある幼児の観察から初期では終助詞ネの多くは，ネを伴う大人の発話の部分的な反復という形で用いられていることを指摘している。

ひろ君の場合も最初の3例では，次のように母親が発した発話の全部またはその一部をそのまま反復，模倣する形で終助詞ネを発していた。

〈事例19〉　ひろ君1：チーサイヨ　チーサイ
　　　　　　　　　　小さいよ，小さい。
　　　　　　母親：ウン　チーサイネ
　　　　　　　　　小さいね。
　　　　　　ひろ君2：ジージー　チーサイネ
　　　　　　　　　　お魚小さいね。　（1歳9カ月6日）
〈事例20〉　　母親：セッケンガ　ナイネー
　　　　　　　　　　石鹸がないね。
　　　　　　ひろ君：セッケン　ナーネー
　　　　　　　　　　石鹸ないねー。　（1歳10カ月26日）
〈事例21〉　　母親：アカナイネ
　　　　　　　　　　開かないね。
　　　　　　ひろ君：アッカナイネ
　　　　　　　　　　開かないね。　（1歳11カ月9日）

それが，1歳11カ月11日以後になると，次の事例のように大人による先行の発話がなくても，自発的に終助詞ネを文末に付属させるようになっていった。

〈事例22〉　ひろ君：ブーブ　クーマー　イナイネ
　　　　　　　　　車がないね。　（1歳11カ月11日）

〈事例23〉　ひろ君1：アカルイネ
　　　　　　　　　　明るいね。
　　　　　　ひろ君2：アカルイネ
　　　　　　　　　　明るいね。
　　　　　　ひろ君3：コッチ　アカルイネ
　　　　　　　　　　こっち（の部屋は）明るいね。
　　　　　　　　　　　　　　　　　（1歳11カ月12日）
〈事例24〉　ひろ君1：コエ　オカーサン　フネ
　　　　　　　　　　これ，お母さん，船（よ）。
　　　　　　ひろ君2：バーチャン　ノッタネ
　　　　　　　　　　おばあちゃん（の所へ行くとき，船に）
　　　　　　　　　　乗ったね。　　　（1歳11カ月15日）

なお，上述のような終助詞ネの反復，模倣的な使用は，野地(1977)が観察したS児についても見ることができる。

〈事例25〉　母親：イーネ
　　　　　　S児：イーネ　　　　　　　　　　　（1歳5カ月）
〈事例26〉　母親：アノ　オブンブデ　ジャブジャブシテワ
　　　　　　　　　イケマセンヨ　ネ　ネ
　　　　　　S児：ネ　　　　　　　　　　　　　（1歳5カ月）

こうした終助詞ネの最初の現れ方を見ると，獲得には模倣が大きな役割を担っているように思われる。すなわち，幼児はまず大人が発した終助詞ネを伴う先行発話の一部または全部を反復，模倣的に使用する。それに対する大人の反応から，しだいに終助詞ネがコミュニケーション上一定の効果を持っていることに気づくようになる。その結果，対話意識の発達に伴い，必要に応じて積極的に他の発話の文末にも適用していくようになるのではないか，ということである。ただ助詞の種類は多様であり，他の助詞についても同様のことがいえるかどうかは，それぞれの助詞が最

初どのような文脈の中で現れてくるのか詳細な観察を行い，検討してみる必要があるだろう。

●読書案内

1 Clancy, P. M., "The acquisition of Japanese." In D. I. Slobin (ed.), *The crosslinguistic study of language acquisition,* Vol. 1, pp. 373-524, Lawrence Erlbaum Associates, 1985.

さまざまな先行研究や資料，さらには著者自身の観察データを駆使して日本の幼児の言語獲得の様相をさまざまな角度から検討・記述している。助詞については，とくに格助詞がの誤用に注目し，格助詞の獲得過程に関して興味深い仮説を提示している。ただし，訳書が出ていないのが惜しい。

2 藤原与一『幼児の言語表現能力の発達 「わが子のことば」をみつめよう』文化評論出版，1977

著者の子どもと孫，計10名の言語生活を観察して得た資料をもとに，生後7，8カ月から2歳6カ月までの幼児の言語発達の特徴を生き生きと描写している。助詞についても系統的，実証的にではないが各所で言及し，研究上大きな示唆を与えてくれる。なお，著者は方言学者である。

3 伊藤克敏『こどものことば：習得と創造』勁草書房，1990

これまでの発達心理言語学の成果を踏まえ，疑問表現の発達，文構造の習得方略，会話能力の発達過程などについて述べた専門書である。助詞の獲得に関しては，第二章の第二節で，終助詞の機能と発達，助詞の誤用の2点について興味深い見解が述べられている。なお，伊藤は『ことばの習得と喪失』（勁草書房，2005）の中でも4ページを割いて助詞の誤

用について触れている。

4　岩立志津夫・小椋たみ子編『よくわかる言語発達』ミネルヴァ書房，2005

　音韻，語彙，統語などの発達だけでなく，言語発達研究の歴史，言語発達の障害，言語発達のトピックスなど，言語発達に関するさまざまな領域について述べた，非常にレベルの高い，しかし言語発達研究の面白さを感じさせてくれる入門書である。助詞の発達については綿巻徹が「形態面の発達」の項で自らが観察したF児のデータをもとに，分かりやすく説明している。

5　大久保愛『幼児言語の発達』東京堂出版，1967

　著者の長女Y児の1歳から6歳までの観察記録をもとに語彙，助詞，活用語，疑問文，文構造の発達の様相が多くの発話事例を引用しながら説明されている。助詞については，永野賢（1959）の報告と比較し，その発達的特徴をまとめている。

III ことばをささえるもの

第7章

●

養育放棄事例とことばの発達

「バベルの塔」という神話がある。実際は神話ではなく，その遺跡は実在しているそうだが，話の内容はまさしく神話にふさわしい。古代，人々は共通の一つの言語を話していた。次第に人間の勢力は強大となり，天にも届く巨大な塔を築いて，神の権威に迫ろうとした。これを怒った神は塔をこわし，また人々のことばを別々にして別の集団を作り，協力態勢そのものをも破壊してしまったというのである。

　この話は，西欧世界における共通始源語探求への情熱を暗示している。インド・ヨーロッパ諸語が膨大な同系統言語族をなすという近代比較言語学の成果も，この情熱の所産であったように思われるのだが，それはまた別の波紋を呼んだ。波紋とは，始源語を実証的に決定しようという途方もない試みであり，具体的には子どもから言語環境を完全に奪って育てたとき，最初に発する言語が人類の始源語だという仮説である。

　古代エジプトの教王プサメティクスはすでにこの非人道的な実験を行ったと歴史家ヘロドトスは伝えている。関心の根強さは，この種の試みが少なくともスコットランドのジェームズ四世によって15世紀にもなお行われたという史実に示されている。むろん，これらはいずれも無意味に終わり，こうして隔離された子どもたちは発語どころかひどい発達遅滞症状のまま死亡に至ったらしい。しかも，非人道的な実験結果は暗黙の知恵となって伝承され，ついに人工的精神遅滞事例として有名なカスパール・ハウザーのような悲劇まで生み出すに至った。

　養育放棄と言語獲得との関係は，歴史的な問題とさえいってよい。伝説のベールを剝ぐとき，そこには何が見出されるのだろうか。

1 初期発達の臨界期仮説

　人間的な養育環境を失いまたは奪われたまま放置された子どもは、発語どころか早期の死亡を免れず、幸い生き延びることができてもひどい発達の遅れを免れないという知見は、西欧世界の支配階級においては公然の秘密であり、暗黙の知恵であったと思われる（藤永、1990）。しかし、この知見が人々に開かれ、おおいがたい事実として現れるようになるのは、いわゆる「ホスピタリズム」（施設病）が20世紀のはじめに大きな社会的問題となってからといってもよい。これによって、初期環境は人間の成長にとってどんな意味を持ちどんな役割を果たすのかが、発達心理学の鍵問題の一つとして浮上することにもなる（藤永、1990）。

　ホスピタリズムとは、読んで字のとおり、孤児院・乳児院などに収容された子どもたちの示す、特有の病的症状を指している。上述したように、20世紀の初頭、たまたまアメリカとドイツでほぼ同時期に、乳児院や孤児院などの施設で育つ子どもの死亡率がきわめて高いことが公表された。極端な場合、その比率は90％以上に達し、このような施設ではほとんど生き残るチャンスはないといっても過言ではない状態であった。乳児たちは集団で暮らしているために風邪に感染しやすく、やがてそれが肺炎に発展し死亡する。また、本来はやかましく手のかかるはずの乳児が、次第に不活発で無気力状態に陥り、ミルクを受けつけなくなって急速に消耗死に至る。感染症を防ぐための家族との面会制限などの措置がとられたが、大きな効果をあげることがなかった。ホスピタリズムという名前は、このような状態を憂えたドイツの小児科医ファントラー（M. von Pfandler）の作り出した造

語だという。彼は，栄養条件の改善などと並んで養護者の乳児への愛情を強調して，死亡率を大幅に下げるのに成功した（金子，1994）。

上の経過から見ると，ホスピタリズムを作り出す理由はうすうすは気づかれていたといえよう。しかし，日本では貧しさのために新生児の間引きが行われていたと同様に，キリスト教の教義の厳しかったヨーロッパでは，離婚や間引きは許されず，代わりに孤児院に依託するというのが永い伝統であったようである。過酷ないい方をするなら，孤児院に依託された子どもたちは，家族からも社会からも早死にを待望されていたのだともいえる。いずれにしろ，貧しい時代には，どの社会にも今日では考えられない非人道的な人口抑制の手段が生まれ，孤児院制度もその一環としての役割をはからずも担わされていたといえよう。

しかし，20世紀のはじめになると，このような情勢にもようやく変化の兆しが現れはじめる。スウェーデンの女性解放運動家エレン・ケイ（E. Key）は，ちょうど1900年に『児童の世紀』を著したが，この題名はきわめて象徴的である。従来，男性／成人は，その対極である女性と児童に対して強い権力をふるい圧制をほしいままにしてきたが，女性と児童はその意味で共通の標的から解放されなければならず，その意味でまた20世紀はまさしく児童が中心にならねばならないというのである。これに対し，山上憶良は1200年以上も前に「銀も金も玉も何せむに　まされる宝子に及かめやも」という名歌を遺している。中国を中心とするいわゆる儒教文化圏では，子宝思想の伝統が根強く，日本も例外ではない。こうした伝統に慣れている我々の眼には，上のような孤児院の実情とその背景をなす抑圧的な児童観はなじみにくいものと映る（藤永，1982）。しかし，日本では赤子が声を出すまでは生を享けたとは見なされず，すばやく濡れ紙でその口をおお

うという方法で間引きが行われたという。間引きも孤児院も苦しい妥協の産物だったと見るべきなのであろう。

孤児院の実態調査が行われた20世紀の初頭は，産業革命の進行につれて大都市への人口流入がめだちはじめた時期であった。当然，孤児院その他の施設への依託児の数も急増しつつあった時代であろう。加えて，上述のような児童の権利擁護の動きが欧米社会に広まった時代でもあった。この2つが相まって，はじめて施設の養育内容解明へのメスが入ったと思われる。これについて述べるのは本稿の趣旨ではないが，ホスピタリズムの真因解明には，なおのちのスピッツ（1964）による追跡調査までほぼ40年を要した。彼は，普通の家庭児，最新の医療設備をもち医師の常駐する孤児院児，母親が非行を犯したあとの更生母子寮に住む孤児，それぞれ100人程度の発達の経過を追跡してみた。常識的には，医学的設備の整った孤児院児はホスピタリズムを免れて成長し，一方精神的にも物質的にも貧しいと考えられる更生施設の子どもたちの成育は妨げられると予想されるだろう。しかし，実際は後者は家庭児同様スクスクと成長した。更生母子寮の優位は，最新孤児院が乳児10人に対し看護婦1人という割合だったのに対し，ときに他人の子どもを預かるという場合も含めて母親1人が2人をみるというところにしかなかった。つまり，ファントラーがすでに予見していたことの繰り返しにすぎないが，ホスピタリズムの真因は施設そのものにあるのではなく，十分な養育の欠如にあることがはじめて実証的に確認されたのだった。

ところで，この孤児院に2歳半から4歳まで過ごした子どもたち21人の発達の状態はどうなっていたであろうか。スピッツによると，まだ歩けない子が5人もいた。言語発達に関しては，発語のない者6人，2語5人，3〜5語8人，10〜12語1人というありさまで何とかしゃべれる子はたった1人にすぎなかった。

全般の発達状態を「知能指数」(IQ) と同様な「発達指数」(DQ) という数値で示すと，45 と計算された。DQ 100 は，ちょうど実際の暦年齢なみの発達を遂げていることを示す数値であるから，45 は暦年齢の半分をやや下回ることになる。4 歳児が，やっと 2 歳に手の届く水準にとどまっているわけだから，その遅れのひどさが推察できるが，上に描かれた言語発達の状態はどうみても 1 歳少し過ぎのいわゆる始語期の段階であり，とりわけ遅れのひどい分野であるように感じられる。ここにすでに，言語発達と養育環境との関連が暗示されている。

その後，ホスピタリズムという名前は急速にすたり，代わって「マターナル・デプリベーション」(maternal deprivation, 母性的養育の欠如) が用いられるようになった。筆者も，施設そのものに原因があるかのような誤解を呼ぶホスピタリズムは避けるべきだと考える。実際，以下に述べる事例のように，家庭で育ちながらもやはり養育環境の欠損に悩まされる子どもも多いからである (隠されたデプリベーション)。しかし，ホスピタリズムの名が残るには，なお多少の理由がある。

古いホスピタリズムは，肺炎，劇症衰弱などの身体症状を主とするもので早期死亡に至ることが多かった。しかし，その真因が養育関係にあることがはっきりするにつれて，孤児院・乳児院ではさまざまな改善が行われるようになった。たとえば，古くは複数の保育者が複数の乳児を世話するのが一般的な方式であったが，近年の日本の乳児院の大部分は 1 人の保育者がごく少数の乳児の世話をする，いわゆる担当保育者制を採用し，相互の愛着関係をより緊密なものにしようと努めている。むろん，それ以外の予防衛生のレベルや物質的環境の改善とも相まって，近年の日本の乳児院では死亡率は一般家庭児を下回るまでに至った。また，さまざまな発達遅滞症状もなくなったという。ただし，その中で

は言語発達の遅れだけはひとり執拗に残っている（金子，1994）。これは，本稿のテーマにとって見逃せない事実である。

　スピッツは，もう一つ重大な提唱をしている。ホスピタリズムの様相に見られるようなさまざまな発達の遅れは，その後の専門的な療育を受けても取り返すのがきわめてむずかしく，せいぜい失った DQ の 3 分の 1 にとどまるというのである。先の施設児の例でいえば，DQ の平均は 45 であるから，失った DQ は 55，その 3 分の 1 は約 18，それを取り返せたとしても DQ は 45＋18＝63 にしかならない。この数値は IQ と同様に評価されるから，やっと学校教育にたえられる程度（ボーダー・ライン）にも達せず，のちの自立はむずかしいというきわめて悲観的な結論に陥る。実際，スピッツの見た施設児の多くは，一生施設で保護される以外生きるすべはなかったらしい。

　スピッツの提唱は，人間の発達の問題を考える上できわめて重要なことはいうまでもない。今日では，この原則は，ノーベル賞を受けた動物心理学者ローレンツ（1974）の説に従い，「臨界期」（critical period）と呼ばれている。臨界期とは，呼んで字のとおり，ある特定の発達期に何らかの条件が与えられるか否かによって，その後の発達が決定的に左右されるような時期を指す。ローレンツの例では，人工孵化させたアヒルの雛は生後はじめて接触する対象を一生親として跡を追うようになる（「刷り込み」（imprinting））。もっとも，この対象は適当な大きさと発声を持ち，動くものでなければならないという制約がある。ヒトもこの範囲内にあるらしく，ローレンツ自身がアヒルの雛の親となり，のちに雛たちを従えて歩く姿を自著に描いている。この例では，雛鳥の親がアヒルからヒトに変わるという劇的変化が起こったことになるが，この変化は孵化後の特定期間内（その後の実験的研究により，種によって異なるが，アヒルの場合は孵化後 9〜11

時間から 18〜20 時間までの約 10 時間ほどが，最も刷り込みがしやすいといった資料がある）に起こる。これが刷り込みの臨界期である。

ヒトの場合は，トリに見られるような厳密な臨界期ではなく，もう少しゆるやかな敏感期を考えるほうがよいという意見もある。しかし，スピッツの提唱は刷り込みのような単一現象ではなく，発達過程全般に対するものだから，いっそう厳しい意味があることに留意しなければならない。

以上のように見てくると，養育環境と言語獲得の問題について，なお残されているものがいくつかあることに気づかされる。昔の暴君たちによる非人道的実験や 20 世紀はじめまでの孤児院環境では，発語どころか生存すらおぼつかなかった。現代のホスピタリズムは，これに対し軽度の発達遅滞や後遺症的な人格障害（たとえば，非行）の域にとどまっている。その差は，マターナル・デプリベーションという用語が表明しているように，単なる親身の養育環境の欠如に帰せられるのだろうか。それとも，それ以外にも何か原因が考えられるだろうか。

一つの可能性は，養育環境の不備といってもその重さに質的な差があったのではないかという点であり，その系として臨界期を無刺激のままに放置されたという条件が考えられる。以下，重度の発達遅滞事例について，これらを検討してみよう。

2 言語獲得の臨界期とジニーの事例

言語獲得の「臨界期」については，いろいろな考えようがある。日常的な例をとるなら，外国に移住する家族の中では，父親・母親は英語については 10 年以上学習を重ねたはずなのに，

いっこうに会話は上達せず，一方幼児は最も早く外国語の世界に適応していく。どんな国籍を持つ子どもも，別の国で乳幼児期から育てばその国のことばを習得していくことは，現代のような国際化の進展していく時代には自明の事実となった。本書第1章その他で説かれているような言語普遍性という主張と，相互に支え合う関係を持つ事実といえよう。

　このように見てくると，言語獲得のための臨界期は発達の初期にあるだろうと考えられる。しかし，幼児の外国語習得が早いからという事実は，成人のそれと直接比較はできない。幼児の言語は話しことばの範囲に限られているし，文法も語彙も単純なものですむ。お互いに，本当に通じあっているかどうかも定かではない。成人の外国語会話にはさまざまなストレスが働くが，幼児にはそれは少ない。

　言語獲得の臨界期説も，はじめのころは，幼児の外国語習得のような日常的事実に頼って5～6歳ころまでという意見が強かったが，上のような反省をしてみるとこれでは不十分なことがすぐ気づかれ，もう少し理論的な根拠が欲しくなる。次世代には生理学者の説が登場し，大脳生理学のペンフィールド（1963）などは10歳すぎると言語中枢は老化していくので，第二言語の習得は中等教育段階では遅すぎると主張するようになった。

　しかし，ペンフィールド説にも強い根拠があったわけではない。現在では，それに代わってレネバーグ（1974）の言語病理学的知見に基づく臨界期説が，一応定説に近い地位をえている。レネバーグは，成長過程において左脳にある言語中枢に何らかの損傷を受け，言語機能を失う発達失語の症例を多数集め，その回復過程について検討してみた。早い年代で損傷を受けるほど，回復は順調で完全だった。2歳時くらいまでの発症では言語はまったく失われるが，以後は健常児と同様に発語をはじめ同じような経

過をたどって回復していった。それ以後の損傷では，残余語があるなど言語機能は完全に失われるわけではなく，その段階から徐々に回復していった。しかし，12〜13歳以降に損傷を受けた場合は完全な回復は望めず，成人になってから脳出血その他で失語に陥った場合と同様な後遺症が残った。ここから，レネバーグは通常は言語情報を処理する役割をになわない右大脳半球も，左脳にある言語中枢を代償する機能を持ち，それが発達失語の回復を支えるメカニズムをなすとした。しかし，右脳の持つ可塑性もおよそ12〜13歳で失われてしまう。この可塑性の保持されている期間を，「言語獲得の臨界期」と定義した。

上の定義は，言語を獲得または再獲得しうる発達期という意味を持っている。しかし，何分にも発達失語という特異な事例についてのものだけに，通常の言語獲得過程（左脳言語中枢による言語獲得）にも同様に適用しうるか否かは必ずしも明確ではない。また，近年の知見では一見完全に回復したかに見える発達失語の患者の予後を追跡してみると，成人期に達してから後の書字言語の能力などにやはり不備のある事例が見出されている。右半球は左半球の機能を完全に代償できるとはいえない。

筆者が何より問題と考えるのは，生後12〜13年に及ぶ臨界期を想定することに，いったいどんな意味があるのかという点である。ローレンツのいう臨界期は一瞬といってよい短期間に白か黒が決まるところに大きな意味があるが，レネバーグの13年間にも及ぶ臨界期は意味あいが大きく異なってくるように見える。この間，どのくらいの期間，どんな言語環境があれば言語獲得が可能なのか，それが不明ではあまり意味がない。レネバーグ自身，ろう児の言語獲得などの例を引いて臨界期はもっとせばまる可能性を認めている。しかし，これに代わる適切な着想がないというのが現状であろう。

この仮説の当否を判定するには，発達失語よりはむしろ健常な両半球を備えた事例を必要とすることは上に述べた。ところが，はからずも，13歳すぎまで正常の言語環境を与えられずに成長するという稀有の事例が現れた。以下に述べるジニーである。

　ジニーは，1957年4月に生まれた。放置と虐待のままに13年7カ月を過ごし，1970年11月にようやく救出された。この間の事情は，第三者にはほとんど想像を絶するように思われるが，事実とすれば，レネバーグのいう長い言語獲得の臨界期を超えて言語環境欠如のまま放置されていたことになる。ジニーの例は，レネバーグ説の当否を確かめるための試金石になるといえよう。言語獲得の研究者が，この報道に色めきたったのは無理もないことだった。以下，救出までの経緯について簡単に述べる。

　ジニーの父親は，自分の子どもはすべて早死にするという奇妙な信念を持っていたという。結婚5年目に母親は妊娠したが，父親は懐妊に怒って首を絞めて危うく殺すところであった。この子は，父親の信念どおり2カ月半で死んだが，しかし，原因は，父親が極度に騒音を嫌うあまり赤ん坊の泣き声に腹を立て，寒いガレージに閉じ込めてしまったためだった。次の年第二子が生まれたが，RH不適合のため2日目に死んだ。父親は，いよいよその異常な信念を強めたが，3年後に三番目の男の子が生まれた。この子もRH不適合であったがかろうじて生き延びた。父親は相変わらず泣き声を嫌い，母親に泣かせないよう厳重に命令した。そのため養育放棄に近い状態で育ったと推定され，実際3歳になっても排泄のしつけすらできていなかった。これを見かねた父方の祖母が引き取り親身に養育したため急速に回復し，両親の家に戻った。この子は，のちに父親と一緒になってジニーをいじめるようになった。

　このような状態のもとに，その3年後に生まれた第四子がジ

ニーである。出生時の状態は正常で，4〜5カ月ころまでの医師の記録では順調に成長している。このころから体重の増加が鈍り，11カ月では年齢相応の子どもで見ると下位6分の1という水準にまで落ちてしまった。しかし，歯が生えはじめるなど全体としての状態は正常と診断されている。

その後のジニーの成育状況はよく分からない。父親は相変わらずジニーは早死にすると信じ，母親にはろくに世話もしないように厳命したという。母親も「かわいげのない」子どもと形容し，食欲に乏しかったと回想している。このような家族状況そのものが理解に苦しむところだが，前後の事情から推してジニーはゆるやかな「マターナル・デプリベーション」の状態のまましだいに発達遅滞の途をたどったようである。14カ月時，肺炎のため別の医師の診断を受けたのだが，発達遅滞の疑いありと判定されている。

20カ月以降，ジニーの生活はさらに悲劇的となる。父方の祖母が交通事故で亡くなり，一家は祖母の家に移転することとなり，そのためジニーの隔離状態はいっそう厳しいものになった。この家でジニーは小さいほうの寝室に閉じ込められ，昼間は便器つきの椅子にしばりつけられ，夜はスリーピング・バッグか金網でおおわれた小児用ベッドに押し込められていた。

父親がひどい騒音嫌いなので，家にはテレビもラジオもなかった。会話も禁じられていたので，ジニーはトイレや浴槽の水を流す音以外は人間の会話もろくに聞いたことがなかった。部屋の2つの窓のうち1つは10cmほど開けてあったので，戸外の騒音や飛行機の音くらいは聞こえたであろうが，外部からの話し声も聞くことはできなかった。

父親は，ジニーが泣くと棒切れでなぐりつけ，また猛りたった犬のまねをして歯をむきだしてうなり爪でひっかいた。不幸は重

なるもので，母親はこのころから急速に視力を失い，ジニーの世話にもことかくありさまとなった。そこで，ジニーの世話は前述の兄に任されることとなったが，この子も父親の厳命によって犬のうなり声でジニーをおどかすだけで，人間としての話しかけはしなかったらしい。

　ジニーの閉じ込められた部屋の家具は，便器つき椅子とベッドのみ。遊び道具は，カテージチーズの容器と糸まきだけだった。窓から見えるのは，空と隣家の屋根くらいだった。食べものは，乳児食とオートミールなどのシリアル，時に半熟の卵，一応日に3度ではあったが，父親が世話をするのを嫌うために，口の中に放り込むようにして与えるだけだったという。

　この間，学校教育への関わりはどうなっていたのかなどは一切記述がないのだが，ともかく父親はジニーが12歳すぎまで生き延びることはないと確信していたため，12歳を過ぎたら助けを求めてよいと公言していたという。ついに母親は夫にさからい死の恐怖を冒してまで自分の両親に電話をして，激しい争いの末ジニーを連れて家を出た。ジニーは，強度の栄養不給という診断で病院に収容された。父親は，その後「誰も理解はしてくれない」という遺書を残して自殺している。

　ジニーの救出時の状態は，13歳7カ月にもかかわらず外見は6～7歳にしか見えなかったという（身長137cm，体重27kg，当時の日本の標準でおよそ9～10歳程度）。大まかに発達指数を計算すると50前後ということになるから，スピッツの算定した施設児の平均DQ45とさして変わりがない。身体的外見はまだしも，走ったり跳んだりは不可能であり，手足をまっすぐ伸ばしたり直立することもできず，やっと歩けるくらいであった。しかし，これとうらはらに活気と好奇心に富み，新しい環境に対しても探索の意欲を持ち，また他者と直接視線を合わせることも

できた(このような視線の合わせ方を「アイ・コンタクト」(eye contact)という。自閉症傾向を持つ子どもはアイ・コンタクトを欠くという特徴がある。アイ・コンタクトは,人間的接触への順応を示唆し,逆に重度の社会的隔離への反証となる)。話しかけると,話し手の顔に注目したともいう。

　精神的発達の状態は,身長や体重のように簡単に測るというわけにはいかないのは当然だが,救出直後に行われたテストでは,社会的成熟度は満1歳程度,また知能年齢も1歳1カ月と評定されたが,その2カ月後の別種の動作性知能テストの成績では知能年齢は4歳10カ月となっていて,このギャップの大きさが注目を引く。一つには,言語能力が低く,第1回目の知能テスト成績はそのためにきわめて不良であったとも考えられるし,もう一つは,救出後の2カ月間に新しい環境によく適応し,かなりの回復力を示したとも推定され,この2つの合成された現象と考えておくのが無難かもしれない。言語能力を含まないIQの水準がほぼ5歳なら,この面でのDQはおよそ40となり,前記の数値に近い。

　肝心の言語能力はどうであったろうか。ジニーは,救出直後は2～3語くらいしか話すことができなかった。しかし,これはのちにはっきりしたように,異常に騒音を嫌う父親がジニーの泣き声に対して棒でなぐり犬のように歯をむきだしておどしたために,発声を抑えるという奇妙な逆学習が強固に成立してしまったためであるらしい。ジニーは,カンシャク発作を起こすときでさえ,怒り泣きの悲鳴はあげず無言のまま床に頭をぶつけて転げ回ったという。発語に乏しいのは,むしろ,この発声抑制習慣に負うところが大きい。しかし,正常環境に戻ってからは,オウム返しや模倣語が見られるようになったから,言語習得の可能性そのものが抑制されたわけではなく,あくまで発声習慣の欠如とい

う奇妙な障害が残ってしまったように感じられる。

　発語能力については以上のような状態であったが，理解能力はどうだったろうか。ジニーはいくつかの単語を知り，また否定命令文に対する反応から，これらは行動の否定または警告の意味を持つことは理解していた。救出2カ月後の1971年1月までのテストでは，ジニーは，固有名詞として「ジニー，お母さん，その他の人名」，動詞「歩く，行く」，普通名詞「ドア，宝石箱，ガラガラ，ウサギ」，色名「赤，青，緑，茶」の少なくとも15語を知っていた。多くは救出当初から確認されていたものだったから，これらは新しく習得されたのではなく，すでに持っていたものと思われる。このうち，ガラガラ，ウサギ，宝石箱などはジニーの隔離生活の断片をかいまみさせる意味で注意を引くし，また色名の習得は幼児にはかなりむずかしいことが知られているが，ジニーが乏しい語彙中に4語も持っていたことも注目に値する。またこのころになると，「止めて」(stopit) とか，「もういい」(nomore) のような自発語を持っていることも認められている。入院生活によって十分な栄養や介護が与えられたため，初期の回復はめざましく，やっと歩けるだけだった歩行も数カ月後には正常となり，胸もふくらんで性的成熟のしるしも認められるに至った。理解できることばの数も，数百語くらいは習得したのではないかと推定されている。

　初期の回復はこのように順調であったが，ではジニーは，その研究と回復のため力を注いだカリフォルニア大学の言語学者カーティス（1992）らの論文の表現どおり，「臨界期を超えて」言語獲得をなしとげることができたのだろうか。答えは，人さまざまに分かれるのではなかろうか。カーティスの要約による約5年後の言語獲得の状態はほぼ次のようであるが，それを理解するには言語以外の発達についても多少記述の必要がある。

ジニーの第一の大きな特徴は，その極端なまでの不精さである。カーティスが訪ねていってベルを何度か鳴らした末にやっと出てきたジニーは，催促するほうが間違っているような言い方をした。言語的にはこれがますます極端になり，ある質問に対してすぐには答えず，5～10分もしてから答えが出てくるというひどい遅延反応が認められる。発音についても似たような音は一緒にしてしまうので，Mother come back. を mæk と発音して平然としているなどがめだった。先の stopit の例にも見られるように，ジニーは文を一つの巨大語として省略発音するためきわめて分かりにくくなってしまう。

　第二の特徴は，ことばを話すということがジニーにとっては常に大きな負担だったことである。ジニーはしゃべろうとすると，決心した上で深呼吸をし，カン高い調子でやっと声を出した。救出後1年あまりも，歌う，すすり泣く，ため息，音をまねるといったことはできなかった。これは，おそらくジニーが発声に対して父親からひどい体罰を受け，音声を極度に抑制するという奇妙な逆学習を行ったためであろうことは前述した。

　第三に，ジニーの表現には決まりきったものが多く，しかもそれを一種の呪文のように使った。たとえば，「ちょうだい」は腕をつきだし自分に向けかえるという身振りを常に伴った。ジニーにとってことばはその表現力が自覚されていたというより，魔術のように感じられていたのである。

　第四に，ジニーは簡単な文法的要素も習得困難だった。たとえば，複数名詞の語尾に s を付けるといった学習は不可能に近く，絵による補助を与えてやっと習得可能となった。しかし，5年後の記録を見てもほとんど複数語尾を使っていない。例の不精癖のせいとも見えるが，こんな調子であるから，結局高次の文型の習得（統辞法）は困難に終わるのも止むをえなかったと思われる。

第五に，カーティスらはジニーは右脳人間だったとしている。本来なら左脳で処理されるはずの言語情報は，長い間言語環境が与えられなかったために左脳の言語中枢が衰退し，代わって右脳でその処理が行われるようになったのだろうという推定である。この推定が正しければ，先のレネバーグ説に見たように，結局「臨界期」を過ぎての言語獲得はきわめて不完全のままに終わってしまうという別種の例証になっている。

　しかし，筆者には，この結論は少々安易なもののように思える。最大の問題は，ジニーの生育環境がどんなものだったかの追究はきわめて曖昧で，本当に著者らがいうように完全な言語喪失環境で育ったのだろうかという点である。もしそうなら，ジニーはなぜ色名のようなむずかしい単語を救出時にすでに持っていたのだろうか。さらに，ジニーの言語習得は統辞法のような形式的・記号的側面では頼りなかったけれども，その機能や行動調整面での進歩にはかなりのものがあったからである（氏家，1996）。言語獲得にはさまざまな面があるから，一つだけを取り出して成功とか失敗とか断定するのは適当ではない。全体として見れば，むしろ，ジニーの進歩はかなりのものがあったといってよいように思われる。

　ジニーの困難の多くは，むしろ，発声を抑制するという逆学習の所産であるようにも見える。これにともなって，話すことはむしろ災厄を招く行為として，強いマイナスの価値づけを与えられたであろうことも見逃すわけにはいかない。こう見てくると，ジニーの事例は単に臨界期を超えての言語獲得というより，むしろきわめて特異な環境下に育った子どもの事例として，より慎重に扱われる必要があったように思われるのだが，それが研究者間の功名争いにまきこまれ，結局さらし者のような結果に終わってしまったのは不幸なことだった（ライマー，1995）。

こうしたかたよりを除くには、さまざまな条件がより明確な事例について検討する必要がある。次に、筆者の追跡した一例について述べたい。

3 F・Gにおける言語獲得

この事例は、1972年10月、当時ちょうど満6歳と5歳の姉（F）と弟（G）とが戸外の小屋に放置されているのが、近くの新設事業所の職員によって発見され救出されたものである。救出時の状態は、2人とも身長80 cm、体重8 kg、歩行はできずいざり歩き、発語は姉が数語程度を持っていたが、弟はまったくなく、心身ともに満1歳かそれをやや上回る程度にすぎなかった。大まかにDQを計算すると、20を下回るぐらいと算定され、前例を見ないほどの極度の発達遅滞状態にあった。

姉弟は処遇の決定や診断のため、その地区の児童相談所附属の施設に収容され、ついで、ある仏教教団の経営する乳児院に移された。乳児院は原則的には満2歳までの子どもを収容する施設であるから、すでに満5、6歳に達した子どもがここに入れられたというのはそれ自体が驚きに値する。当時のマスコミでは、この事例は単なる虐待放置事件として報道された。しかし、事件を担当した新聞記者の一人K氏は教育問題に関心が深く、また筆者の旧知の人であった。K氏から筆者は、単なる放置事件とは思えないので一度これらの子どもを見て欲しいという相談を受けた。筆者がK氏とともに乳児院を訪れたのは、この年12月のはじめであり、救出約2カ月後ということになる。当日、乳児院の子どもたちは昼寝から覚めて年長児は保育者とともにプレイ・ルームで遊んでいるところであった。いまでもはっきり印象に

残っているのは、1歳代の子どもに交じってどの2人が当事者なのか、はじめはまったく見分けがつかなかったことであった。そうして教えられてみると、姉のほうは担当保育者の膝の上にしがみつくように座り込んでいたこと、弟は担当保育者の膝を離れてヨチヨチと歩き回り、陣取りゲームよろしく他の子どもが立ち上がって空いた保育者の膝の上に誰彼かまわずドシンとばかりに座り込んでいたことが思いだされる。あとから思うと、これは、2人の子どもと担当保育者とのその後の関係を象徴するような光景であった。ともかく、この特異な事例に接して筆者は研究チームを組織し、その後の約20年間2人の発達過程の追跡を行うこととなった（藤永ら、1987）。

　その第一歩が、遅滞の原因の解明からはじまるのはいうまでもない。実際、前例のない遅滞に直面してとまどい、何らかの遺伝的または生来性の原因を疑ってみたのはいたしかたないなりゆきであった。しかし、2度にわたる専門医の診断では粗大な染色体または遺伝子的異常は認めることができないと判定された。2人とも、その極度の遅滞にもかかわらず、ほとんどの特徴が1歳代の幼児と変わりなく、それ以上の障害を持っているようには見えなかった。何よりも、乳児院に収容されたあと、2人は爆発的な成長を示し、一応順調に回復していった。母親からさまざまな事情を聞けるようになったのはずっとあとのことであるが、近隣の人々、一家の世話にあたった民生委員などから事情を聞き、警察や児童相談所の情報を入手するにつれて、少しずつ2人の生育環境の実態が浮かび上がっていった。結局、この遅滞は遺伝その他の身体的・生理学的病因によるものではなく、「ホスピタリズム」の解明以来指摘されてきた環境的原因によるものであった。具体的には、「マターナル・デプリベーション」を含む大人との社会的接触の欠如、それに代わる2〜3歳年長の姉2人による不完全な

■図1a　Fの身長発達の速度曲線
（点線は女児の全国平均を示す）

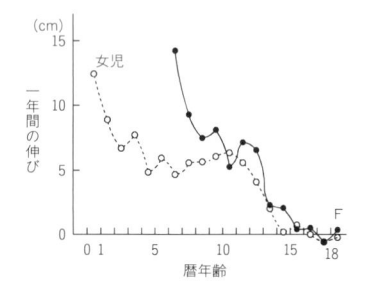

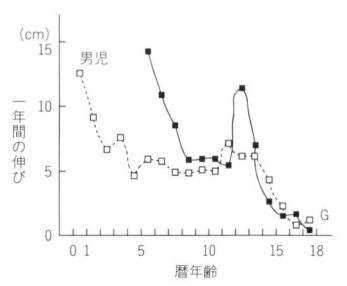

■図1b　Gの身長発達の速度曲線
（点線は男児の全国平均を示す）

養育，感覚的刺激から文化的刺激（本やテレビなど）に至るまでの環境刺激の欠如，栄養不給などの総合されたものが，極度の遅滞をもたらしたと見られる。要約すれば，きわめて重度で複合的な環境条件の貧困のもたらす遅滞にあったといえよう。このような条件下では，言語環境もまたきわめて貧しいものであったことを解説する必要はあるまい。

　一般に，生育環境の貧困によって生じる発育の遅滞は，成長ホルモンの分泌不足などによって生じる生理的発育遅滞と異なり，救出直後から爆発的成長がはじまるのが通例である。上の図1に見るように，F・Gのケースでも変わりはなかった。

　この図は，通常の身長発達曲線などとは異なり，一年ごとにその年の伸びがどのようであったかを連ねてグラフにしてある。これを見ると，救出第一年目の伸びが際立って大きいことが見てとれる。近年の知見では，環境改善，とくに親密な養育関係の成立によって急激な成長を示す遅滞児の場合，そのこと自体が，遅れは生理的原因にはよらないことの裏づけになるとされている。F・Gのケースもその典型といえる。

さらに興味深いのは，比較のため示した生後1年からの平均的な身長の伸びのグラフである。こうしてみると，F・Gは普通児が18年間かかる生育の過程をほぼ同じ形はとりながら約12年間で終わっているということが分かる。初期環境の貧困による発達遅滞児が救出されると，一見普通児と異なる独特の成長過程をとるように見えるのだが，よく検討してみると成長のリズムに変わりのないことも分かる。これが，「生物としての」人間の自然の成長のリズムといえよう。本書第1章に述べられたチョムスキーの言語生得説は，人間の生物学的に普遍な本性を強調しているといえるだろうが，成長のリズムやパターンの普遍性もこれと一脈照応している。

　当時この分野の世界的権威であったスピッツ（1964）の予測——初期環境の貧困からくる遅滞は回復してもせいぜい失ったDQの3分の1——は，我々の心に重くのしかかっていた。そのあげくが20年余に及ぶ追跡ということになったのだが，スピッツの予測は彼の時代のアメリカ社会の条件に依存するかたよりを含み，万全のものではなかった。その後のさまざまな事例研究は，この予測を反証しつづけてきたが，F・Gのケースもその一つといってよい。2人が現在どうしているかは読者の気がかりであろうが，姉は高卒後就職し結婚して子どもも生まれ，現在幸せな家庭を築いている。弟も高卒後就職し結婚して社会人としての生活を送っていることを報告しておきたい。その経過は，2人のはじめに示した遅滞は遺伝的・器質的・宿命的なものではないことを何よりもよく裏づけている。

　先回りしてしまったが，本稿の主題は養育放棄と言語獲得の関連である。ジニーのような事例に比べると，F・Gの発達遅滞は複合的な環境条件の貧困によることが明らかとなり，その一環としての言語環境もまたほぼ完全に成人のそれから切り離されてい

たことがはっきりしている。むろん，その期間は臨界期を超えているとはいいがたいが，しかし，この問題にも何らかの傍証の得られる可能性があり，きわめて貴重な事例といえる。

しかし，その言語獲得過程の詳細を述べるスペースはない。ここでは，F・Gの言語発達の最終段階について略述し，またその過程で現れた注目すべき現象を述べるにとどめねばならない。

幸か不幸か，初期状態も姉のほうがややまさり，最終段階も同様だった。しかし，その様相はほぼ変わりがないので，必要な場合以外はF・Gを一括して扱うこととする。

まず，F・Gの到達した言語獲得の段階はどうか。上の全般の回復状況から推測できるように，普通の意味でなら2人の言語能力にはまったく問題はない。日常的なコミュニケーションの世界にかぎれば，2人の初期状態からはおよそ想像もつかないほどの熟達といえる。その意味では，2人はほぼ完全な言語獲得を達成したので，少なくとも生後5～6年間の範囲は言語獲得の臨界期とはいえないことになる。これは，一つの結論といえよう。

しかし，詳細に見ていくと2人の言語能力に問題点が皆無とはいえないことが分かる。たとえば，2人とも手紙を書くのが苦手であり，とくにGのほうがいっそうその傾向が強い。これは，単に字を書くのが下手とかおっくうとかいう局部的な問題にとどまるものではない。

誰しも，電話で話せば何でもないことがらを，手紙で正確に表現しようと思うと意外に困難なことを経験する。一般に，コミュニケーション用具としての言語には，受け手からのフィードバックをはじめとする状況文脈的な補助手がかりがきわめて大きく，かりに言語的表現や理解それ自体は自足的に完全といえなくても十分目的を達することが多い反面，とんでもない誤解も起こりうる。これに対し，書きことばは，理想的には純粋記号としての言

語の持つ構成力や表現力に完全に依存することになる。この2つの次元は，かなり性質の異なるものである。

ソビエトロシアの生んだ偉大な心理学者ヴィゴツキー（1962）は，コミュニケーションの用具としての言語を「外言」(external speech)，思考の用具としての言語を「内言」(internal speech)と呼んで区別した。ヴィゴツキーの概念を用いるなら，F・Gの言語能力は外言としてはほぼ完全な獲得に達したが，内言としては不十分な点を残すと要約できよう。氏家（1996）によれば，日本語は英語などに比べて話しことばと書きことばのギャップが大きいというが，こうした言語特質もF・Gにおける外言と内言の分裂に一役買っているのかもしれない。ここには，なお一般に言語能力といわれるものの再検討という課題が残されている。たとえば，内言能力という見地からは，F・Gの言語獲得は必ずしも完全とはいえない。

しかし，それは必ずしも言語獲得に不利とされる施設環境には依存していない。そのことは，次図2のITPA (Illinois Test for Psycholinguistic Abilities)と呼ばれる言語能力テストの結果を対照児と比較したとき鮮明となる。F・Gの各下位テスト成績を結んだグラフ（プロフィール）は，同じ施設に同時期にほぼ同じ発達年齢で収容された対照児と比べると，全体の言語獲得年齢に遅れが大きいだけではなく，プロフィールには凸凹が激しい。これは同じ施設対照児には見られない特色であるだけに，やはりF・Gの育った独特な言語環境に帰因すると考えねばならないし，そこにまた，2人の特有の問題点がひそむ。

第1節に，施設児にはいぜんとして言語遅滞の傾向のみは残存していることを指摘した。F・Gの問題点は，上述のような2人に特異なものと一般的なものとの双方を含むであろう。筆者の観測では，施設児一般の言語遅滞の一因は施設環境の制約にある。

■図2 F・GのITPAプロフィール

FのPLAプロフィール

GのPLAプロフィール

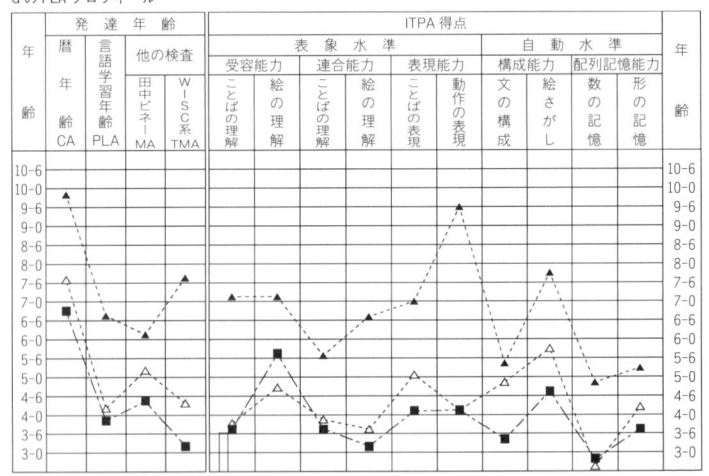

F：1977.9.17（10歳11カ月）▲-----▲ G：1977.9.17（9歳11カ月）
F：1975.5.31（8歳7カ月）△-----△ G：1975.6.1（7歳7カ月）
F：1974.9.21（7歳11カ月）■----■ G：1974.9.8（6歳10カ月）

たとえば，F・Gの在籍した乳児院児にジャガイモ，ニンジンなどの名称についての知識を尋ねると，一様に「ライスカレーに入っている」と答えるのに驚かされる。言い換えると，生のジャガイモやニンジンを見る機会がほとんどないのだ。施設環境は，ある意味で過保護である。収容児は，毎日決まった職員，施設の環境に接してやがてよく適応していくが，反面変化には乏しい。外出の機会もそう多くはない。おそらく，定型的な少数の語彙でことが足りるし，それを拡張する機会も少ない。

あるとき，Gがそれまで3年間も親しんできた施設の庭の池についての筆者の質問にポカンとして理解できない様子を不思議に思い，あらためて池を指さし何かと尋ねたら「ミズ」と答えられて愕然とした。3年間ほとんどそのそばで遊んでいたのだから知っているはずと思い込んでいたのが間違いだった。

筆者の長女は，2歳代のころはじめて橋を渡り「イケ，イケ」と言って喜んだ。そのとき筆者は，思わず「これはカワ」と訂正したのを覚えている。施設では，このように新体験に接して自然に語彙の訂正・分化・拡張などに恵まれる機会がやはり乏しいのかもしれない。今日の施設では「ことばかけ」の大切さが認識され奨励されているにもかかわらず，なお言語遅滞が残るのはそこに原因の大半があろう。F・Gも例外ではなかった。言語獲得環境を論じるとき，考えるべき課題の一つである。

以上の様相は，少なくとも語彙の獲得については，対人的環境条件が重要なことを示唆している（藤永，1995）。F・Gのケースでも，はからずもそれを裏づけるめざましい現象に出会ったことは興味深い。先に触れたように，姉のFははじめから担当保育者によくなつき，すぐにその後を追って離れなくなった。これに対して，弟のGはベテラン保育者が努力したにもかかわらず，Gの自閉症的傾向や相性の悪さも手伝ってなつくことができなかっ

た。当初から，Fは数語を持っていたがGはゼロというように，言語遅滞の程度に差があったことは否めない（一般に，女児は男児より言語獲得が早いという資料は世界的に認められ，多少の性差が存在するようである。FとGの差は性差によるのか，それともFが1歳年長であったための発達差によるのかは断定できない）。しかし，この差は担当保育者との愛着関係の強さによって，たちまち急拡大していった。12月に筆者が2人に出会ったあと，その発話をテープ・レコーダーによって記録したものを分析すると，Fはすでに3〜4語文（例，キテ，ハヤク，K，ナイテル）を話していたのに対し，Gはせいぜい聞きとりの困難な2語文で，それもよく検討してみると自発語は皆無に近く，大多数は大人の発話の延滞模倣〔時間をおいての大人の発話の繰り返し〕であった（ジニーの項に述べたように，貧困な環境条件による発達遅滞の事例や自閉症児などには延滞模倣がよく見られるようであり，これも今後の解明を要する問題の一つであろう）。Fは，担当保育者と身振り交じりのコミュニケーションによってかなりの相互理解が可能であり，また保育者は巧まずして言語的教示や新しい語彙の提示などを行うことができた。これは，通常の母子関係において日常的に見られる光景であることはいうまでもない。つまり，親密な養育関係（愛着）の成立は一つの言語獲得条件となっていることが示される。一方，Gは当初やや自閉的傾向のあったことも手伝って保育者に慣れず，Fのように遊びその他のふれあいがはかばかしくなかった。Gはひとり遊びが多く，担当保育者がさまざまに話しかけても受け答えは最小だった。こうした2人の愛着関係の差が，当初の言語能力の差をわずか2カ月間でここまで拡大してしまったものと考えられる。

　この差はますます開いていった。やむをえず，施設側とも協議して救出5カ月後の翌年4月に2人の担当保育者を交代し，1人

のベテラン保育者にF・Gを共通して見てもらうこととした。幸い，Gも新しい保育者にすぐになつき，それとともにめざましい言語発達のはじまることが観察されたのは興味深い。

バウアー（1980）は，愛着とはある特定の2人の人間関係の中でよく通じるコミュニケーションの成立にほかならないとしている。「心の通い合う」関係の成立と言い換えてもよいだろう。すると，愛着の成立はまたコミュニケーション機能の成立にほかならず，そうであれば愛着の成立は言語獲得の先行条件を作るものと結論できるであろう。

F・Gの言語獲得でめだった第三の問題は，その基本的統辞能力の領域にある。F・Gの困難は内言にあることはすでに述べた。内言は純粋に言語記号に頼って現実を構成または再構成するものだから，そこには外言ではゆるやかだった形式的な厳密性の比重がはるかに高くなる。日常会話なら，今日か明日か，来てもらうのか行くのかなどの大切な問題も，相互のやりとりの中でいつしか明らかとなるが，手紙文で誤りがあれば致命的となりかねない。当然，内言の方が文法的手段（時制，受動か能動か等々）をより厳密にまた豊富に備えていることとなる。

F・Gは内言面での問題が大きかったと述べたが，このことはまた2人の言語獲得上での障壁は主として統辞法（文法）的側面に現れることを予想させる。国立国語研究所が幼児の文法能力調査のために作った能動・受動，やりもらい文相互変換テストは，多数の幼児に施行され，およそ5〜6歳でほぼこれらの変換がマスターされることを確証した。筆者は，2年間の就学延期の後無事に普通学級で学んでいる2人がもはや小学校の中学年になっているのに，基本的な統辞能力がまだ備わっていないのではないかということにたまたま気づかせられる機会があり，再び愕然とした。そのため，このテストをF・Gに行ってみた。結果は，予期

したとおりのさんざんな成績だった。幼稚園の年長児は，このテストに平均して4分の3くらい正解する。ところが，Fが12歳，Gが11歳のときのテスト成績は，前者がやっと半分，後者は3分の1というところだった。誤りは共通していて，「ネコがネズミをつかまえた」を受動文に直す課題に対して「ネズミを（は）ネコがつかまえた」とするものが多かった。つまり，教示どおりに，ネズミを主語の位置に移すのだが，その後がいぜんとして能動文のままで終わってしまう。その後の繰り返されるテストでも，成績ははかばかしくは上昇しなかった。やむなく，テストをいやがらなかったGに対しては，この課題の訓練を行うことにした。しかし，単なる機械的暗記学習ではすぐに元に戻ってしまい永続しない。最後に，能動文を受動文に変えたものを書きことばで示し，変わる部分に赤でアンダーラインをマークするという方法を使って，やっと理解できるようになったのは，実にGが中学校3年生になってからだった。

疑問はいくつか残る。赤でアンダーラインするといった視覚的補助手段が有効だったというのは，ジニーの複数語尾習得とも一脈通じる現象である。後述するように，ジニーもF・Gも右脳型であり，そのため単なる言語よりも言語＝色彩＝視覚刺激のほうが有効に働いたためなのだろうか。

もう一つは，はるかに謎深い。国語研究所の明らかにしたところでは，能動＝受動変換のような最も基本的な統辞ルールは5〜6歳のころすでにほとんどマスターされている。幼稚園段階の子どもに意図的な教育や学習が行われているとは想定できないので，これらはいわば成熟によって自然に獲得されたと考えるのが妥当であろう。筆者の長男は，1歳半のとき熱いスープに怒って「サメラレナイ，サメラレナイ」と泣いたが，周りの大人は使わない用法であるから，これは幼児が可能態のルールを類推し拡張

適用したものと見られよう。確かに，子どもはチョムスキー学派のいうとおり，不完全な言語資料からでもルールを抽出し定式化する生得的な能力を持っている。そのため，5〜6歳児にもなると基本的な統辞法ルールを獲得しえていると考えられる。

　しかし，それなら，F・Gについてはどうか。2人は，外言の面では順調な回復を示し，またレネバーグのいう「臨界期」を超えていたわけでもない。チョムスキー派の御神託である言語獲得装置が2人にあっては，全般的な損傷を受けたとは考えにくい。では，外言と内言に対する言語獲得装置はそれぞれ別ものとすべきなのか，内言獲得の臨界期は外言のそれより短いとすべきか，机上の理論としてならさまざまな答えはあろうが，現在のところ，いっそうの資料の収集を待つのみというよりほかはない。

　第四の注目される現象は，F・Gの言語獲得と知的発達との関連である。知的発達は本章の主題ではないが，初期の回復は身体発達と同様にめざましいものがあり，テスト可能となってからのIQ測定の値は当初の20程度（DQは最初期のIQと見なされている）からたちまち60〜70へと急上昇していった。しかし，残念ながらそこからの頭打ちもまた頑固なものであり，同じ施設の対照児たちがみな標準のところまで上がっていくのを見ると歯がゆい思いを禁じえなかった。したがって，この停滞も施設環境に帰着させることはできない。

　下位テストを分析してみると，IQの上がらない原因の一つは記憶力の不備にあるが，もう一つは言語的分析能力の不足によることがはっきりする。これは，全般的言語獲得の状況から見て止むをえないといえる。

　にもかかわらず，日常的には2人はさまざまな課題状況をらくらくと解決し，ボーダーラインのIQ水準にはとても見えない。学校の課業も図形の課題には算数的課題の成績からは考えられな

■図3　SPMのテスト例

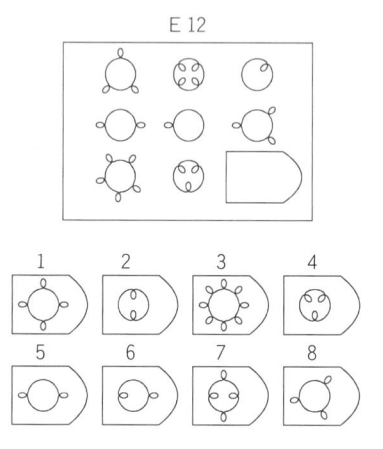

い能力を示して，みなを驚かせた。こうしたところから見ると，2人は通常の知的発達とは別の経路をたどっているようにも見えた。このような疑問があって，パターン認知能力をみる代表的な非言語性知能テストであるSPM（Standard Progressive Matrices, 図3）というテストを2人に行ってみた。図からも分かるように，SPMは知覚的・直観的類推によって欠所に入れるべき図形を判定するテストであり，言語的能力は主役を占めないと考えられている。

再度驚かされたのは，2人の知能はこのテストではFはイギリスの標準で上位35％，Gも上位50％に値するということであった。こうした非言語的知能の成長によって言語的知能の不備が代償されているようにも見える。とすれば，初期の言語環境の貧困は必ずしも一方的欠損ではなく，言語とは別種の認知発達を促すという可能性がある。このことは，ジニーの事例からも示唆

されるものかもしれない。言語獲得は，より広い認知発達の文脈の中で再検討してみる必要があるのではなかろうか。

4 コロンビアのアダム

F・Gの事例は，生後5年以上の言語環境の貧困は，少なくとも内言機能や文法能力という高次言語機能の側面で言語獲得を妨げることを示した。しかし，なお問題は残る。臨界期というなら，すでに述べたように，その期間はできるだけ短く限定されるのが望ましい。生後何年までなら，損傷は起こらずにすむのだろうか。

この点では，F・Gの養子に行った妹Iの例が参考になる。Iは，2歳3カ月時に，子どもを欲しがっていたある中年夫妻に養子として引き取られたのだが，そのときの身長・体重は満1歳程度にとどまり，明らかな遅滞を示していた。しかし，養家では両親との間に強い愛着関係が生まれるとともに急速に回復し，10歳で体位は平均に追いつき，11歳では平均を上回る成長ぶりを見せた。田中ビネーによるIQは136，WISCも119，学業成績はクラス最上位にあり，言語獲得には何の問題もなかった。

Iの事例は，2つの意味で注目を引く。F・GとIとはきょうだい関係にあり，遺伝的共通性は高いが，Iには遅滞は認められなかった。ここから，第一に，F・Gの遅滞は遺伝的要因によるものではなく，やはり初期環境の貧困に由来することが知られる。第二に，臨界期問題に関連して，生後2年3カ月までの劣悪な環境条件は永続的な損傷は残さないことからみて，臨界期は少なくとも生後2年までの期間には限定しにくいといえよう。

しかしまだ，1例だけで結論を下すのは早計という異議があろ

う。さらにまた，Ⅰの事例は，ひどい困窮状態にあったとはいえ，まがりなりにも家族の中で育てられ，多少の対人的愛着はあったのではないか，それが遅滞を防ぐ条件になっていないか，より強い剥奪環境下に置かれた場合もそのように断定できるか，これらの疑問が残る。

　これらに答えるもう一つの事例を紹介したい。それは，コロンビアで発見されたアダムと呼ばれる少年である。

　1972年，コロンビアの小さな町に一人の男の子が捨てられていた。この地方に孤児院はなく，この子は非行少女の更生施設に収客された。事例の報告者ソンプソン（Thompson, 1986）によると，生後4カ月時のアダムは，窓もない薄暗い一室で，施設児と共用するベッドに寝かされていた。胃腸炎，寄生虫，シラミに冒され，ハシカと咳もひどかった。部屋には，オモチャその他は一切なく，施設の職員は誰一人アダムに関心を払っていなかった。人間的にも物質的にも想像しうる最も劣悪な環境条件下でかろうじて生存を保っていたという。

　16カ月時，アダムはようやく教会の孤児院に引き取られた。当時体重5.4kg，身長は67cmで，同年齢児の体位と比較して100人中の下位3番以下（日本の当時の標準で約6カ月相応），栄養失調のため腹がふくれ脚は細く，皮下脂肪も欠き筋肉はやせて麻痺状態，その上貧血で口内炎に冒され，体中に疥癬とただれというありさまだった。

　身体的な遅れがひどいことは，当然運動発達の遅れをはじめとする全般的な発達遅滞を予想させる。お座りもできず，むろんはう，立つなどは不能だった。ベッドに横たわり，薄目は開けているが指しゃぶりは止まず，人の視線を避ける。ダーダーという音はだすものの，1語も話すことはできない。医師は，ひどい栄養不給と精神遅滞と断定した。

しかし，孤児院では，十分な栄養補給とともに，誰かが交代でアダムの世話をし，ことばかけにも努めた。2週間でオモチャに手を伸ばすようになり，1カ月目には体重も2.5 kg増え，ひとりでコップから飲み，寝返りし，注目されるとほほえむようになった。3カ月目にはひとりで座り，またズリばいを始めた。陽気なかわいい赤ちゃんに変わっていった。

　4月目（20カ月時）になると，2～3語をまねるようになり，2歳時にはつかまり歩き，高ばいとともに二語文を模倣，2歳2カ月時には歩行が始まった。わずか10カ月間でめざましい進歩が見られたといえよう。

　1年半孤児院で暮らした後，アダムは，34カ月のときアメリカ人夫妻に養子として引き取られた。父親はトラック運転手，母親は交換手をしていた。階層的にはとくに恵まれた環境とはいえないのだろうが，アダムと同じ孤児院から同時にもう一人の女児を養子に迎えたというから，子どもが本当に欲しかった家庭と推察される。養家に行ったときのアダムの問題点としては，夜尿，排泄訓練の遅れ，カンシャク発作，ひどい指しゃぶりに加えて転びやすいなど運動上の不安も認められた。ことばはスペイン語が多少話せる程度で明らかな言語遅滞を示してもいた。

　5歳時には，体重は平均なみになったが，身長はなお100人中の下位10番目くらい。夜尿症はようやく治ったが，まだ運動上の不器用は残っていた。しかし，その後の発達はめざましく，3年生のとき，国語力はクラスで2番目，IQは113。ただし算数は補習が必要，社会的にも無用な多弁が過ぎるなど多少の問題も残っていた。

　しかし，13歳10カ月時の最終報告では，体位は身長・体重とも平均なみ，学業成績は地区代表となり，ジュニア・オナー協会賞を受けたという。完全な回復を遂げたといえる。

アダムの記録は，最初期のひどい放置状態はさまざまの問題症状を残し，その回復には長い年月がかかることを示した。にもかかわらず，最終的には完全といえるほどの発達水準に達した。最悪ともいえる貧困な環境条件に置かれても，生後1年半程度までなら，発達の可能性は阻害されないことが再び示されたといえよう。

言語獲得の研究は，いまや言語学や心理学だけではなく，脳科学・進化人類学・比較文化論など，さまざまな分野間の境界領域の趣を呈してきた。それだけ言語研究の根は広く深いことを示しているが，これに応じて，その研究法も多様な展開をみせているのは，周知のとおりである。

心理学の分野でもいくつか新しい方法の開発が行われ，それらは本書中にも表れてはいるが，主力はいぜんとして，実験・観察などによる大量の資料収集に始まり，それらを横断・縦断的に総合して，遺伝・環境など諸要因の寄与率を統計的に解析していくところにあるのだろう。今後とも，これが中心をなしていくことは疑いない。

しかし，これと対極的な臨床的方法（事例研究法）も捨て難い意義を持つ（藤永，2001）。本章はその一端を示したに過ぎないが，今後臨床的方法が言語獲得研究により広く活用されることを期待したい。

● 読書案内
本章は，たとえば「言語獲得」のようなある程度確立された研究領域の解説ではなく，養育放棄事例の考察が言語獲得問題にどんな寄与を果たすのか，の論述である。したがって，概論

やテキストに相当するような意味での参考文献はありえない。以下は，この問題に言及している代表的なものを挙げている。

1 **藤永保・斎賀久敬・春日喬・内田伸子『人間発達と初期環境』**有斐閣，1987

　　本文中にも述べたF・Gの事例についての追跡研究の記録。問題の背景に始まって，事例史，追跡研究の計画，救出後の身体・運動発達，言語発達，認知発達，社会情動的発達，総合的考察が述べられている。F・Gの事例だけではなく，それ以外の養育放棄の事例，ジニー，イザベル等についても略述され，80年代までの文献も集録されている。

2 *Curtiss, S., Genie: A Psycholinguistic Study of a Modern-Day "Wild Child,"* N.Y. Academic Press, 1977

　　本文中にも述べた臨界期を超えての言語獲得の事例ジニーについての研究報告。ジニーの言語発達についての詳細な資料が報告されているのは貴重であるが，反面言語以外の側面の記述はやや手薄なのが惜しまれる。巻末文献のライマーの著書を見ると，このめずらしい事例研究について研究者間の功名争いが行われ，ために事例の研究も記録も不透明になった背景が分かる。

3 **Bishop, D. & K. Mogford (eds.),** *Language Development in Exceptional Circumstances*, Hillsdale, Lawrence Erlbaum, 1993.

　　15編からなる論文集であるが，新しく発見された養育放棄事例の言語獲得についての論文をはじめ，参考になるものが多い。

4 **藤永　保『ことばはどこで育つか』**大修館書店，2001

　　本文にも一端は紹介されているが，本書は，事例研究が言語獲得の解明にあたってどんな役割を果たし，果たしうるの

かを体系的に提示しようと試みたもの。チョムスキーによる現代言語学における言語獲得の中心問題を概観したあと，その生得説に対して，ヘレン・ケラーをはじめとする約20にわたるさまざまな事例研究はどんな点で既存の諸説を追認し，または反証するのか，また習得・生得論争を超える新しい仮説を創発しうるかを論じている。

第8章

●

障害児のことばの発達
——初期言語発達と認知発達の関係——

1歳の誕生日を迎えるころになると，多くの子どもは片言のことばを話しはじめる。しかし，何らかの原因によって知的機能や社会性の発達に障害がある場合，言語発達には遅れや障害が生じる。言語が発達するためには，どのような能力が必要なのだろうか。この疑問に答えることが本章の目的である。

　本章の前半では，どのような能力が準備されることにより，語彙や文法が発達するかを，健常児の言語発達を例にして説明する。言語の発達は，一つには，認知能力の発達に支えられている。ここでは，生後2年間に発達してくる，自分のからだを通して外界の対象を理解する認知能力——ピアジェ（1978）はこれを「感覚運動知能」（sensorimotor intelligence）と名づけた——の発達が言語発達といかに関係しているかに焦点を当てる。また言語発達を支えているもう一つの重要な機能は，社会性の発達である。自閉症は発達障害の一つで，社会性と言語コミュニケーションの発達に重い障害があることが知られている。

　本章の後半では，自閉症の子どもの言語発達の障害を例にして，言語と社会性の発達がいかに関連しているかを説明する。本章では障害固有の問題，たとえば聴覚障害や脳性麻痺といった障害それ自体から生ずる言語の問題については割愛した。では，「初語」（first word）の発現から二語発話が発現するまでの時期の言語発達に，認知と社会性の発達がどのように関連しているかを，筆者がこれまでに行ってきた研究を交じえながら見ていくことにしよう。

第8章 ●障害児のことばの発達

1 言語獲得——前言語から言語へ

　赤ちゃんは食べ物を要求して「マンマ」と言ったり，「アイ」と言いながらお母さんにオモチャを渡したり，1歳前後に有意味なことばを発するようになる。言語の獲得は乳児期から幼児期にかけて獲得される最も重要な精神機能の一つである。この言語を獲得することにより，私たちはことばでのコミュニケーションが可能となる。また，自分の行動のコントロールや，ことばで考えることもできるようになり，子どもの精神発達は飛躍的に発達する。

　子どもはことばでのコミュニケーションが可能になる前に，表情，視線，目の動き，音声，身振りなどで自分の気持ちを表す。子どもが出すこれらの信号を大人が読みとることにより，コミュニケーションが成立してくる。生まれてからどのようにコミュニケーション技能は発達してくるのだろうか。最初の段階は生まれてから5カ月くらいまでで，赤ちゃんと養育者が顔を向かい合わせて微笑みあったり，子どもの発声に養育者が応えて，情緒的シグナルを交換する段階で，この段階は子どもと大人の2人だけが関与しているので「二項／情緒的関係の段階」といわれている。第二段階は6カ月から18カ月くらいまでで，子ども，大人の2人の他に物も関与し，三項関係の段階といわれている。子どもと養育者，そしてこの2人の関係の外にあって2人が注意をともに向けている事物の三者により構成されている。この段階に子どものコミュニケーションの意図性が明瞭になってくる。子どもがお母さんにオモチャをみせたり（Showing），指さし（Pointing）して，特定の対象にお母さんの注意を促して関心を共有しようとしたり，お母さんにオモチャを渡して（Giving），物のやりとり

を楽しむといった意図的身振りのコミュニケーション行動が出現する。この意図的コミュニケーションでの三項関係の成立が，言語の発達の基盤となる。第三段階はことばの段階で，12カ月ころから子どもはことばを理解しことばを使用し，養育者とコミュニケーションするようになる。ことばでコミュニケーションできるようになるには言語以前の非言語的コミュニケーションが非常に重要である。

コミュニケーションの成立には，前述した子どもからの意図の表出と並行して意図の理解が重要である。トマセロ(2006)は，他者を意図的存在として知覚，認知する社会的認知が，言語を含めた文化学習には必須であるとしている。「意図的主体」(intentional agent)とは，自分の自発的な行動をコントロールする能力であり，目的を持ち，それを達成するための行動手段を能動的に選択する活動体である。また，意図的主体は，目的を追求する際に注意を払うべき対象を能動的に選択している（大藪，2004）。

トマセロだけでなく，ロッシャ（2001）も他者を意図的な存在として知覚，理解することが，言語，象徴機能，心の理論の出現において不可欠であるとしている〔象徴機能とは（記号的意味作用において），あるものを，それとは異なるもので代表させる働き。後者を象徴（symbol）もしくは象徴体（symbolic vehicle），前者を指示対象（referent）とよぶ〕。この能力がないと慣用的サイン（言語）をコミュニケーションに用いることを学習したり，あるもの（言語的サイン）が他のもの（指示対象）を表していることを理解できないとしている。言語の出現には，他者は特定の心的状態や信念や願望に基づいて行為を計画し，意図的で合理的な行為主体であることを理解することが必要である。

言語獲得につまずきを持っている子どもは，どのような要因により言語獲得が遅れているのであろうか。ことばの獲得が遅れて

■図1　原始的共有状況（ウェルナーとカプラン，1974）

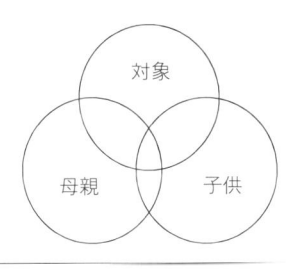

（対象・母親・子供の三つの円が重なるベン図）

いる子どもは，ことばだけでなく非言語コミュニケーションでつまずいている場合が多い。トマセロやロッシャがいっている意図的主体として他者を理解できないことが，言語をはじめとする文化学習の世界にはいっていけないことの大きな原因である。

　私たちはよく言語獲得につまずいている子どものお母さんに「お子さんと十分に一緒に遊んであげて下さい」という助言をする。この助言でことばが出てくる子どももいるし，なかなかことばが出てこない子どももいる。「お母さんが子どもと一緒に遊ぶ」という中に，言語機能の形成に関わる対人関係，対物関係での重要な要因がひそんでいると考えられる。

　ウエルナーとカプラン（1974）は，ことばや身振りでの象徴活動が行われる状況を考えるために，話し手，聞き手，指示対象，象徴体の4つの構成要素を考えている。たとえば，子ども（話し手）が犬（指示対象）を見て，お母さん（聞き手）に伝えたいとき，10カ月ころの子どもはお母さんを見て，また犬を見て，指さしをして「アーアー」と伝えるであろう。発達過程において，話し手は成熟していき，聞き手は両親から友だち仲間に，さらに一般化された他者にまで移り変わり，指示対象はしだいに複雑で抽象的になる。象徴体は「アーアー」から「ワンワン」，さらに

「イヌ」というように，しだいに慣用的で公共的な性格を持ったものになる。しかしこの4つは最初は分化しておらず，図1に示されるように，子ども，他者（母親），対象は原始的共有状態にある。この原始的共有状態から子どもがお母さんと一緒にある対象を眺めたり，お母さんとともにオモチャに触れたり，お母さんと物を交換したり，自分の見ているものを大人にも見てもらいたくて事物を指さししたりと，先に述べた三項関係が成立してくる。このように，子どもと母親が経験を共有しあった状態からことばは獲得されてくるのである。子どもは1歳すぎになると，ことばを通して眺める対象を他者と共有するようになる。ことばは対象を表示する「象徴」（シンボル）であるので，ことばの出現には社会性の発達の上にさらに認知能力の発達が必要である。子どもとお母さんが物を使って遊ぶということは，対人関係のみでなく，事物についての認知の発達にも寄与する。

2 初期言語発達と認知発達の関係

言語記号の特徴として2つのことが挙げられている。一つは「恣意性」（arbitrary）といわれるもので，言語記号とそれにより表されているものの関係は人間が作り出したものである。もう一つは「慣習性」（conventional）で，その言語社会の人たちの約束に基づくものである。たとえば，日本語で犬を"inu"，英語で"dog"というのは，ことばと表示対象は本来的な有縁関係を持たず，人為的にそれぞれの言語体系に基づいて作り出されたものである。子どもが言語で表現するには，ことばと指示対象の関係，それぞれの言語体系が持つ音声，単語，文，意味，使用を支配する複雑な規則を学習しなければならない。これらの規則は，

ことばの理解とことばの産出の基礎になっている。オグデンとリチャーズ（1967）は「言語記号と，それによって表される事物とは直接結び付いているのでなく，人間の精神作用が媒介することにより関係づけられている」としている。図2に示すように，たとえば，「バス」という語は"basu"という音声と，それが意味する「バス」のイメージ（表象）により結び付いている。言語学者のソシュール（F. de Saussure）は言語の意味作用は語の音声のもつ聴覚表象〔能記：意味するもの〕と，それによって指示される対象〔所記：意味されるもの〕の表象関係からなるとした。表象関係を理解できる認知能力が言語には必要である。

　乳児期から幼児期の認知能力の発達研究で大きな貢献をしたのは，スイスの心理学者ピアジェ（J. Piaget）である。彼は自分の子ども3人を対象に，巧みな場面を作り出しながら彼らの認知能力の発達を綿密に観察した。0歳～2歳を感覚運動期と名づけ，この時期をさらに6段階に分けている。彼によれば生後2年目の終わりに生起する第Ⅵ段階の感覚運動的な行動に代わる，「あるものを他のもので表現する」象徴機能の発達こそが言語の獲得を可能にし，子どもの精神機能を質的に転換させるのであ

■図2　シンボル（象徴）・対象・イメージ

　　　シンボル（能記）------------------> 対象（所記）

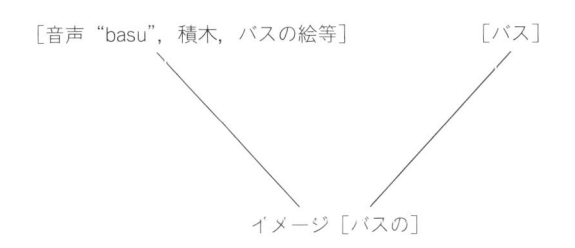

　　　［音声"basu"，積木，バスの絵等］　　　　　　［バス］

　　　　　　　　　　　　イメージ［バスの］

る。

　このピアジェの考えは感覚運動知能の第VI段階が言語と認知に関与し，両者が並行して発達していくという考えである。これに対し，ベイツとその共同研究者（Bates, et al., 1979）は言語と認知が一般的に関係するのでなく，特定の時期に，認知の特定の領域と言語の特定の側面が関係しているとする「局所相同説」（local homology model）を提起した。たとえば，一語発話段階でことばの表出と慣用的身振りは高い相関があったが，語が結合してくる段階では，両者の相関は認められず，語結合と身振りの結合の相関が高かったというものである。この局所相同説は後に述べる認知の下位領域の「物の永続性」の完成と，消失を表す語の同時期の獲得や，「手段―目的関係」の下位領域の洞察課題と，成功・失敗を表す語の同時期の獲得，事物をカテゴライズする能力と語の急増との密接な関係を明らかにしたゴプニックとメルツォフ（Gopnik & Meltzoff, 1997）のSpecificity hypothesis（特定仮説）とも共通した考えである。

　さて，認知の下位領域とはどのような領域を指しているのであろうか。ウズギリスとハント（1983）は，ピアジェが感覚運動期に観察した認知の発達を操作的に測定するために，6つの下位領域からなる乳幼児の精神発達の順序尺度を作成した。この尺度については，白瀧ら（1983）により日本語にも翻訳されているので詳しくはそちらを参照していただきたいが，簡単にそこで設定されている感覚運動技能の6領域を見てみよう。「追視・物の永続性」〔ピアジェが物の構成と名づけたものに焦点を当て，互いに独立して存在する対象物間の概念の発達に関するもの〕，「手段―目的関係」〔問題解決能力のことで，子どもが欲しい対象物を手に入れたり，事象を引き起こすために，子どもはどんなことを行うかに関するもの〕，「因果性」〔子どもがある環境の事象を理解して，その活性化を試みることに関

するもの〕,「空間における対象関係の構成」〔子どもの空間における対象物の理解と,対象関係の構成が発達的に変換されていく過程に関するもの〕,「音声と動作の模倣」,「対象関係把握」〔子どもが対象物と相互作用を持つ手段に関連したもの〕の6領域である。各領域についてピアジェの感覚運動知能の第Ⅰ段階から第Ⅵ段階の課題が用意されている。

　マッキュン゠ニコリッチ（McCune-Nicolich, 1981）は6領域とは別に対象関係把握のシェマに関連している象徴遊びを独自に取り上げ,言語との関係を見ている。事物での遊びは乳幼児期の子どもの認知発達を反映している。そのうえ強制された検査事態と違い,自発的行動である遊びは子どもの本来の能力を捉えることができる。生後1,2年の子どもたちが呈示されたオモチャにどのような反応を示すかを記録することは,子どもの認知の発達を評価するきわめて有効な方法である。以上に述べた「ウズギリス－ハント尺度」や遊びを認知測度とし,コミュニケーション・言語と認知の関係についての研究が行われてきた。コミュニケーション・言語の測度として,初期言語発達の生産面の重要な節目である9〜10カ月に生起する意図的コミュニケーション,12〜13カ月の初語の出現,約20カ月ころに生起する初期の多語発話の出現,28カ月ころの文法の出現が取り上げられてきた。

　筆者は先行研究で,言語・身振りとの相関が高いことが報告されてきた結合課題や,手段―目的,事物の永続性,因果性の領域のⅣ〜Ⅵ段階の感覚運動技能の課題と遊び（事物操作活動）を認知測度とし,健常に発達している子どもと,ことばの獲得につまずいている自閉性障害児の言語と認知の関係を研究してきた。最初に健常児の研究を紹介する。

■表1　認知課題（小椋, 1992）

課　題	内　　　容
手段―目的	IV段階　手の届かない事物への移動 V段階　事物を得るのに紐をひく VI段階　箱をあけて玩具をとりだす
因果性	IV段階　妨害物を払いのけて玩具をとる V段階　ネジまき玩具を大人に動かしてもらう VI段階　ネジまき玩具の動かし方を発見する
結合課題	形の弁別　ハメ板（回転した基板に○△□をいれる）（K式）* 　　　　　5つの形の弁別（K式） 入れ子　入れ子　3個（K式） 　　　　入れ子　5個（K式）
記憶課題 （事物の 永続性）	包み込む　　　　（K式） 2個のコップ　　（K式） 3個のコップ　　（K式）
描画	なぐり描き　　　（K式） 水平なぐり描き 円錯画　　　　　（K式） 縦・横線模倣　　（K式）

注　K式は新版K式発達検査からの項目を示す。

1) 健常児の初期言語発達と認知発達の関係

　8カ月から多語発話をするようになるまで, 4人の子どもの家庭を3週間間隔で訪問して縦断的に彼らを観察し, ことばの発達と認知課題や遊びの出現時期との対応を調べた。認知課題は表1に示したもので, 一部は新版K式発達検査（嶋津ら, 1983）の課題を使用した。

　遊び（事物操作活動）は, 食事, 身づくろい, 入浴, 人形, 積木などのオモチャを用意してVTRを撮影し, 子どもがどのようにオモチャを扱うかを, 表2に挙げた遊びのカテゴリーに分類した。

■表2　遊び（事物操作活動）のカテゴリー（小椋，1988，一部改変）

カテゴリー				内容	例
単純操作				オモチャを口へいれる，ふりまわす，たたく	積木を口へいれる
感覚効果操作				既得の感覚運動的行動を対象に適用した結果，対象物の性質にあっていて感覚効果を生ずる	ガラガラをならす 鏡をみる
関係づけ操作	無関連関係づけ			機能的に関連のない2つ以上のものを結び付ける	皿をガラガラでたたく ボールをコップにあてる
	無関連関係づけ以外	容れもの関係づけ		容れものと容れられるものの関係づけ おくものとおかれるものの関係づけ	積木をコップにいれる 積木の上にコップをのせる
		グルーピング		同じもの，同じ種類のものを結び付ける	積木を積む
		機能的関係づけ		機能的に関連のある2つ以上のものを結び付ける	皿の上にコップをおく 哺乳びんのふたをしめる
事物の慣用操作				事物の適切な用途を動作で示す	ブラシで髪をとかす
象徴遊び	自己へのふり遊び			自分に関係した活動でふり遊びをする	コップからスプーンですくい，食べるふりをする
	人形・他者へのふり遊び			人形や他者が動作の受け手となったふり遊びをする	人形や大人へコップからスプーンですくい，食べさせるふりをする
	代置			対象物をそれとは異なる物として見たてる	積木を汽車に見たてて動かす
	行為が結合し系列をなしたふり遊び	単シェマ		1つのシェマが一連の動作者や受動者に適用されたふり遊び	人形の髪をブラシでとかし，自分の髪もとかす
		多シェマ		いくつかのシェマが組み合わされ，系列をなしたふり遊び	スプーンをコップに入れかきまわし，容器からコップへ何かを入れてスプーンを口へ持っていき食べるふりをする
		複合シェマ		多シェマを一連の受動者に適用したふり遊び	スプーンでコップをつつき，コップからすくい食べるふりをして，大人の口へスプーンを持っていき食べさせるふりをする
	プランのある遊び			遂行に先立ち，言語化したり，ないものを探したり，遊びの準備をする。後の行為がその行為をする前に予想されている	小さい瓶のキャップをとり，何かを探し，歯ブラシをとり，歯ブラシの上に歯磨き粉をつけるふりをして，歯ブラシで歯を磨くふりをする

遊びのカテゴリーは4つの視点を含んでいる。第一は「脱文脈化」と呼ばれ，現実生活の文脈から離れて起こる行動である。ふり遊びは現実から離れた行動であるといえる。第二は「脱材料化」といわれ，意味するものと意味されるものの距離化の程度のことである。たとえば，スプーンが電話の受話器に見たてられるように，本来の事物の用途から離れ，他のものに代置されることである。事物を振ったり，なめたり，本来の用途に不適切な事物の取り扱いから，事物の用途が分かり，さらに用途から離れ，あるものを他のものに代置させることで，事物に対して意味するものと意味されるものの関係の象徴化の程度が高次になっていくことともいえる。第三は「脱中心化」と呼ばれ，操作の対象が自分から他人や人形に移行していく過程である。たとえば，自分が食べるふりをしていたのから，人形や大人へ食べさせるふり，さらには人形自身が食べるふりをするといったものである。第四は「統合化」と呼ばれ，断片的であった行為が相互に関連づけられ，脈絡を持ち系列をなした遊びを構成していくことである。

　はじめてのことばの出現，指示する対象が明確な指示語の出現，語彙の増加，文法の出現の4つの言語発達の節目と認知課題の各領域や遊びの下位カテゴリーの出現時期との対応を明らかにし，その結果を表3に示した。

　はじめてことばが発せられたのは9～10カ月であった。この初語の出現の時期は前述のPointing, Showing, Givingの意図的コミュニケーションの出現の時期でもあった。初語は動作に伴ったことば（ヨイチョ）や食べ物全体を表すことば（マンマ），インタラクション語（アーイ）で，この時期に認知面で事物間の関係の認識と定位的行動が生起していた。日常場面で鍋と鍋のふたの関係が分かってきたり，それまでは箱やタンスから出す一方であったのが，箱にものを入れるようになってくる時期である。音

■表3　健常児の言語と認知の関係

出現年齢	言　　語	認　　知	
		感覚運動技能	事物操作（遊び）
9〜10カ月	意図的コミュニケーション 初語	事物間の関係認知 方向性のある定位活動	容れもの関係づけ 機能的関係づけ
12カ月前後	指示語	目的達成のための道具（事物・人）の使用，記憶（包み込む）（手段―目的・因果性・事物の永続性Ⅴ段階）	事物の慣用操作
14-16カ月	語彙の増加	全体　部分関係の認知	代置のみたて遊び
19〜21カ月	文法の出現	図形弁別，認知の分化 予見	2つのテーマの遊び プランのある遊び

　声面では初語の出現時期に，お菓子やオモチャを要求した道具機能の音声が発せられた。音声面で既得の感覚運動的な「喃語」(babbling)に意味が付与され，伝達手段として使用され，音声―意味の対関係が成立してきているといえる。

　次は指示語の出現の時期である。物を介して人と交わる三項関係を基盤に，大人の行動を模倣し，事物の機能を理解した行動へと進んでいく。櫛はなめるものでなく，髪の毛をとかすものというように，事物の用途が分かってくる。音声面でも大人の模倣・とりいれにより，事物・事象を表現する指示語の獲得となる。指示語とは「ワンワン」，「バータン」のように指示事象，指示対象の明確な叙述，命名のことばで，12カ月前後に出現した。指示語の出現とほぼ同時期に認知面で人，事物の媒介物に気づき，それらを利用する手段―目的Ⅴ段階，因果性Ⅴ段階，また新版K式発達検査の「包み込む」の課題に示される事物の永続性Ⅴ段階の課題が，被験児により前後1カ月の幅はあったが，可能になっている。感覚運動知能の第Ⅴ段階は能動的実験を通して，

新しい手段の発見をする「第三次循環反応」(tertiary circular reactions)〔外部の対象への働きかけを少しずつ変化させながら，周りの環境に起こる変化を探索する〕の段階である。日常場面で見られる手段—目的V段階の行動とは，自分の手が届かない所にあるものが欲しいとき，手を伸ばしたり，声を出したり，いろいろな試みをしたあと，近くにある台を見て，「これに乗ったら取れる」と気づき（試行錯誤後の洞察），目的を達成する行動である。因果性V段階の行動とは，アメの紙がはがせないので大人に頼むといった行動である。ことばはコミュニケーションの手段としての道具である。認知面での手段—目的関係の理解，事物の慣用操作，因果性で人を道具として利用することは，ことばの道具性と同じ機能が関係している。また，指示する事物，事象の明確な叙述，命名のことばを発するには，事物，事象の視覚イメージと大人から発せられた音韻パターンの聴覚イメージを保持しておく記憶能力が必要である。「包み込む」課題は，布に包まれたオモチャの表象の保持と，それをあけて出すという手段—目的関係の理解の能力が必要で，指示対象の明確なことばの出現と関係していた。

次に，語彙の増加（90分間の観察で語彙数が11以上になり，前回に比べ急増），指示詞（これ，あっちなど），成人語，「あった」の出現は，ほぼ同時期で，その時期は個人差があり，14〜16カ月であった。音声（能記）と，それにより意味されるもの（所記）の関係が成立してきた時期といえる。認知面では事物操作活動で，ある事物を他のものに見たてる代置のみたて遊びが出現している。積木を食べ物に見たてて，食べるふりをするといった行動である。この代置の成立におけるシンボル（意味するもの・積木），対象（意味されるもの・食べ物），対象のイメージの関係は，すでに図2に示した。ピアジェ (Piaget, 1962) は，「象徴シェマ」(symbolic schemas)〔眠るふりや食べるふりをするように

現実の文脈以外で，また，通常の目的がなくて，感覚的運動シェマを再現すること〕はこの代置が遂行されるとき，真のシンボルとして機能することを述べている。意味するものと意味されるものの恣意的な関係が，言語面，認知面で成立してきている。また全体から部分を取り出す全体―部分関係の認知も発達してきていた。これは環境の分化的認知が可能になってきたことを示しており，語彙の増加と関係していると考えられる。

　次は，文法出現期である。「Mチャンノ」「バーチャンガ」のような「ノ」「ガ」などの格助詞や「ネコハ？」の「ハ」などの係助詞の出現時期が「ゾーチャンナイ」や「コエ（レ）ブーン」のような自立語二語発話の出現時期と一致していた。日本語獲得児では，格助詞や係助詞の出現が文法の出現期と考えられる。文法の出現には，語と語の関係の理解が必要であり，語を結合するには語彙の増大が必要である。文法の出現と認知の関係を見ると，活用形付属語連鎖（例：「まって」の場合，「まつ」の基本形と「て」の語連鎖と考える）が出現した時期に，系列でのふり遊び（例：コップの中に容器から何か入れ，コップをスプーンでかきまぜる）が出現した。2つのテーマの象徴遊び（例：入浴と身づくろいの2つのテーマ）や次の行動を，遂行前に頭の中で予見する行動と，二語発話（自立語二語，二語発話付属語連鎖（例：コエ（レ）アッタ，ワンワンデタ））の出現時期がほぼ対応していた。また，この二語発話出現期に兄弟の名前の表出，身体各部の理解など，環境の分化的認知の発達が示されていた。格助詞の使用には語と語の関係理解の能力が必要であり，また，人＋格助詞の語連鎖を生産するには，自己や他者の意識が成立していないと使用が困難と考えられる。認知面での予見，2つのアイディアの結合，自己・他者の意識，カテゴリカルな認知の成立は，文法の階層的な構造の出現と密接に関係していた。

以上の結果は，言語発達の節目において，認知の領域でも対応した変化が生起し，初期言語発達と認知発達の関係は，「ある特定の時期に言語のある領域と認知のある領域が関係している」という局所相同説を支持することが示唆された。

2) 自閉症児の言語と認知の関係

自閉症は(1)対人的相互交渉における質的な障害，(2)意思伝達の質的な障害，(3)固執性や反復・常同的な行動様式の3つの特徴を中核とする発達障害である (American Psychiatric Association, 1994)。すべての自閉症児に，言語シンボルや理解に障害があることが報告されている。自閉症児で話しことばを獲得できない者の比率は28〜49％にのぼり，精神発達遅滞児の比率(17〜38％)に比べかなり高いという報告もある。自閉症児の約半数は，青年期以降もことばが話せない状態にとどまり続ける。またことばだけでなく，それ以前に出現し，ことばの発達の基盤となる非言語コミュニケーションにも大きな障害がある。アイ・コンタクト (eye contact)，共同注意，指さしなどの人との共同活動の展開に，自閉症児は困難を伴っている。

表4は就学前知的障害児の通園施設に通う自閉症児，ダウン症児，ダウン症以外の発達遅滞児（てんかん，水頭症，脳挫傷，二分脊椎，単純MRなど）の親に日本語マッカーサー乳幼児言語発達質問紙「語と身振り版」（小椋・綿巻，2004）の前身である1998年版の「初期のコミュニケーション身振り」の項目と視線，クレーン行動の項目について，その行動を「よくする (2点)」，「たまにする (1点)」，「しない (0点)」の評定で回答してもらった結果である。自閉症児，ダウン症児，精神発達遅滞児とも津守・稲毛式乳幼児言語発達質問紙の発達年齢が16〜26カ月（平均19カ月）で生活年齢がほぼ4歳前後の子どもたちである。こ

■表4 自閉症児，ダウン症児，ダウン症児以外の発達遅滞児のコミュニケーションの身振りの平均値

( )SD

身振り項目	自閉症児(21名)	ダウン症児(19名)	発達遅滞児(45名)	F値	有意確率	対検定 自閉-ダウン	対検定 自閉-遅滞	対検定 ダウン-遅滞	健常児50%出現月齢
自分が持っているものを，あなたにさしだして，みせる。	0.6 (.68)	1.5 (.61)	1.2 (.70)	8.62	***	**	**	ns	10カ月
自分が持っているオモチャや物を，あなたに，手渡しする。	0.9 (.66)	1.6 (.50)	1.4 (.68)	6.41	**	**	*	ns	11カ月
面白いものや目についた物を，指してあなたに知らせる。	0.5 (.81)	1.5 (.70)	1.2 (.86)	8.06	***	***	**	ns	11カ月
お出かけする時や，さよならする時に，自分からバイバイする。	0.8 (.67)	1.6 (.49)	1.0 (.74)	7.55	***	***	ns	**	11カ月
だっこしてほしくて，腕をのばす。	1.8 (.48)	1.8 (.48)	1.8 (.45)	0.01	ns	ns	ns	ns	8カ月
頭をふって，"いやいや"をする。	0.8 (.77)	1.6 (.70)	1.3 (.78)	5.28	**	**	*	ns	10カ月
うなずいて，"はい"をする。	0.3 (.64)	1.3 (.84)	0.5 (.77)	10.75	***	***	ns	***	14カ月
唇に指を当てて，"しーっ"の身振りをする。	0.4 (.68)	1.2 (.95)	0.5 (.76)	5.21	**	*	ns	+	>18カ月
物がほしいときに，"ちょうだい"の身振りをする。	1.0 (.72)	1.3 (.85)	0.9 (.81)	1.27	ns	ns	ns	ns	13カ月
あいさつにおじぎをする。	0.5 (.76)	1.6 (.61)	0.9 (.79)	10.65	***	***	+	**	12カ月
おいしいことを表すのに，"ぱくぱく"と舌打ちする。	0.2 (.37)	0.8 (.88)	0.7 (.85)	4.07	*	*	**	ns	13カ月
首をかしげて「無くなった」「どっかいっちゃった」などを表現する。	0.4 (.77)	1.0 (.85)	0.4 (.78)	3.1	+	+	ns	+	17カ月
クレーン	1.9 (.48)	1.6 (.61)	1.7 (.57)	1.41	ns	ns	ns	ns	
視線あいにくい	1.0 (.67)	0.4 (.60)	0.5 (.63)	6.52	**	**	*	ns	
発達年齢	19.1 (2.55)	19.6 (2.80)	19.7 (2.72)	0.34	ns				
生活年齢	48.5 (10.9)	46.0 (14.2)	45.9 (11.5)	0.43	ns				

しばしば2，たまに1，しない0。　＊＊P＜.001，＊＊P＜.01，＊P＜.05，+p＜.10，ns 有意差なし

の結果を見ると，初期の身振りのコミュニケーションの項目は，「だっこしてほしくて，腕をのばす」「物がほしいときに"ちょうだい"の身振りをする」はダウン症児でも発達遅滞児でも自閉症児でも平均得点に有意な差はなかったが，他のすべての項目で自閉症児の得点が低かった。健常児でほぼ1歳までに出現する「みせる」，「手渡しする」，「指さして知らせる」，「バイバイする」，「おじぎをする」，「頭をふって"いやいや"をする」の項目は，4歳の自閉症児では，ごくたまに出現しているにすぎなかった。自閉症児はことばの発達の基盤となる人との共同活動を展開する非言語コミュニケーション行動に障害があるということが，この結果からもいえるであろう。

　また，自閉症の子どもはしばしば相手の手を自分が要求している対象にもっていく「クレーン行動」（crane behavior）を要求手段として使うといわれている。外に出たいとき，ドアがあかないとドアの取っ手に相手の手をもっていく。このクレーン行動は表4を見ると，自閉症児，ダウン症児，発達遅滞児にもしばしば起こり，平均得点に有意な差はなかった。しかし，実際にダウン症児と自閉症児のクレーン行動を観察すると，自閉症児の特徴として相手の顔を見て頼むことをしないことが挙げられるであろう。自閉症の子どもは自分が関心を向けたものを指さしして，相手に見てもらいたいことを要求しない。また自分がオモチャなど面白いものを発見したときに，オモチャと相手を繰り返し見る「参照視」（referential looking）をしない。彼らには対象に対する注意を他者と共有する行動である「共同注意」（joint attention）に欠陥がある。

　ベイツは，前言語期の身振りを，「原命令形」（proto-imperative）〔子どもが欲しいものや事象を動作や身振りで表現することで，指さしでいえば要求の指さし〕と「原叙述形」（proto-declarative)〔他者の注意をある対象や事象に向けるための身振りや動作で,指さしでいえば叙述の指さしや共感の指さし〕の2つに分類しているが,共同注意は原叙述形の身振りにあたるもので,自閉症児は原命令形よりも原叙述形の身振りに障害があるといわれている。表4の結果でも原命令形の「物がほしいときに"ちょうだい"の身振りをする」は自閉症児,ダウン症児,発達遅滞児で出現に差はなかった。一方,指さし,みせる,渡すの叙述の身振りは自閉症児はダウン症児,発達遅滞児と比べ有意に低かった。しかし,後述するように,療育の中で人との関係を深めることにより,筆者が観察した自閉症児では,場面にあった言語出現に伴い,大人の顔を見てのShowing,発声を伴った相互作用機能のGiving,大人の顔を見て発声を伴ったクレーン,叙述機能のPointingが出現した子どもがいる。このように,原叙述の身振りと言語の出現は密接に関係していると考えられる。また言語が出現した時点での認知と言語の関係を調べることは,言語獲得に必要な要因が何であるかを私たちに教えてくれる。

　次に,言語獲得が可能となった一自閉性障害児の言語と認知の関係を筆者の研究(小椋,1992)から見てみる。

　A児は妊娠中・出産時に問題はなく,生まれてからの運動面の発達は順調で,歩きはじめは11カ月であった。しかし9カ月時点で立っているのが好きで5分と座っていないこと,1歳半健診で人見知りがなかったことがカルテに記されている。1歳11カ月のとき,多動,対人関係が希薄,視線が合わない,表情変化に乏しい,指さし行動がない,ことばがないなどにより,小児神経科医や発達相談員により自閉性障害を疑われた。2歳4カ月より通園施設で毎日保育を受けた。筆者は2歳から4歳5カ月まで,大学の遊戯室や通園施設で観察し,3歳2カ月からは特定の学生が園や家庭に行き,A児と遊んだ。

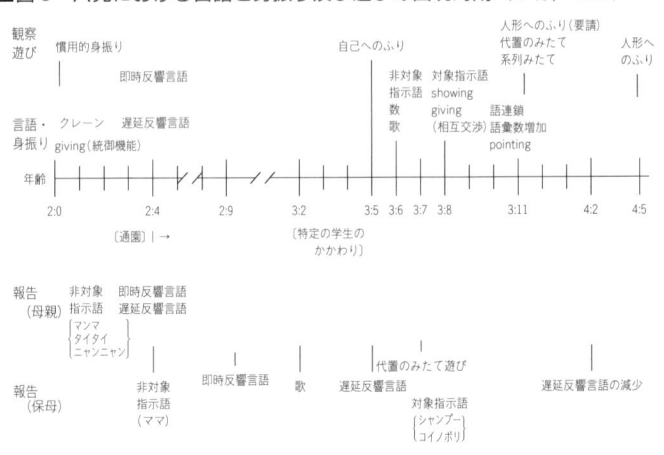

■図3　A児における言語と身振り及び遊びの出現時期（小椋，1992）

観察遊び	慣用的身振り　　　　　　　　　　　　　　　　　自己へのふり　　　　　　　人形へのふり〔要請〕　人形へのふり
	即時反響言語　　　　　　　　　　　　　　　　　　　　　　　　　　　代置のみたて
									系列のみたて
言語・身振り	クレーン　遅延反響言語　　　　　　　　　　非対象　対象指示語 showing
	giving（統御機能）　　　　　　　　　　　　指示語　giving　　　　語連鎖
									数　　（相互交渉）語彙数増加
									歌　　　　　　　　pointing

年齢　2:0　　　　　　　2:9　　3:2　3:5 3:6 3:7 3:8　3:11　　4:2　4:5
〔通園〕→　　　　　〔特定の学生のかかわり〕

報告（母親）
非対象指示語　即時反響言語
〔マンマ　　　遅延反響言語
タイタイ
ニャンニャン〕

報告（保母）
非対象指示語　即時反響言語　　　歌　代置のみたて遊び　　　遅延反響言語の減少
〔ママ〕　　　　　　　　　　　　　遅延反響言語
　　　　　　　　　　　　　　　　　対象指示語
　　　　　　　　　　　　　　　　　〔シャンプー
　　　　　　　　　　　　　　　　　コイノボリ〕

　A児の言語・身振りと遊びの出現時期の関係を図3に示した。10カ月に「マンマ」，1歳10カ月に「ニャンニャン」，「タイタイ」，「ネンネ」のことばを発したことがあると母親から報告があった。観察場面で，3歳5カ月までは即時反響言語〔他者の発話のすぐあと逐語的に反復されたもの〕や遅延反響言語〔元の発話から時間をおいて逐語的に反復されたもの〕はわずかにあったが，場面にあった有意味語はなかった。観察場面で3歳6カ月に大きな変化があった。大学の遊戯室での観察時に，車を動かしながら「ブーブー」と言い，プラスチック製の数字の形を見て数の名前を言ったのである。発声回数も非常に増えた。保母の報告では，3歳7カ月にコイノボリを見て「コイノボリ」，石鹸を手でとり「シャンプー」の対象指示語〔大人が一般に使用する成人語〕を発したという。3歳8カ月には，棚のオモチャを取ることを要求して「トッテ」と言い，その他「アイスクリーム」などの場面にあっ

たことばを発した。3歳11カ月には親指で絵本の食物の絵を指さし，自分で絵の名前を言い，大人にも言わせた。大人がその名前を言わないと大人の顔を見た。オモチャの電話の受話器を取り耳にあて「モシモシ〜デス」，「ナイナイコシテ」のような自発の語連鎖の発語もあった。4歳5カ月には，絵本の絵の名前を尋ねられると答え，また人さし指でカレンダーの数を指さし，大人の顔を見ないで数の名前を言った。保母の報告では4歳2カ月から遅延反響言語は減少していた。身振りは，3歳6カ月までは人を動かすための統御機能のGivingとクレーンがすべてであった。3歳8カ月に大人を見てのShowing，発声を伴った相互作用機能のGivingが出現している。3歳11カ月に，大人の顔を見て発声を伴ったクレーンがときどき見られるようになった。先に述べたが，3歳11カ月で親指での，4歳5カ月に人差し指での叙述の機能のPointingが観察された。彼の言語の獲得過程を見ると，健常児で言語の出現期に見られる幼児語（非対象指示語）がわずかで，成人語の命名語が最初から出現したり，反響言語の出現が多く，健常児の言語獲得過程と異なっていた。

　認知課題については，座って検査に応じることがむずかしく，2歳1カ月では，検査の一部を実施できなかった。2歳9カ月にピアジェ（1978）の感覚運動知能の下位領域の，手段－目的VI段階の課題を通過し，新版K式発達検査のハメ板回転，5個の入れ子に成功した。描画は水平の線をなぐり描きした。3歳5カ月には，手段－目的VI段階，因果性VI段階，5つの形の弁別，2個のコップの課題に成功し，円錯画〔円形またはらせん状のなぐり描き〕を描いた。3歳11カ月で縦線と横線を模倣した。記憶課題は，検査用具で遊んでしまい，検査にのらなかった。言語と認知の関係を見ると，話しことばがほとんどない時期でも手段－目的，因果性，事物の永続性の課題で，ピアジェの感覚運動知能の

Ⅵ段階の課題，5個の形の弁別，5個の入れ子に成功し，結合遊びに欠陥はなかった。描画については，A児は自発の非対象指示語（幼児語）がない段階ではなぐり描きであったが，非対象指示語の出現のころに円錯画へ，語彙数の増加の時期に縦・横線の模倣が可能になった。

次に言語と象徴遊びとの関係について見てみる。観察場面では有意味な自発語が3歳6カ月までなかったが，その時期の事物操作は電話を耳に持っていくなどの事物への慣用的操作までの出現で，自己へのふり遊びは出現していなかった。幼児語（ブーブー），歌，数字が出現した1カ月前（3歳5カ月）に，スプーンで食べる自己へのふり遊びが出現した。成人語が出現したのと同時期（3歳7カ月）に代置のみたて遊び（通園施設の保母の報告でベルトのついたオモチャをエスカレーターに見たてたり，細長い積木を駐車場のバーに見たて，「イラッシャイマセ，チューシャケンヲオトリクダサイ」と言った）が出現した。A児の代置の象徴遊びには現実を直接反映したものが見られた。また，語彙数が増加し，語連鎖が出現したのと同時期（3歳11カ月）に，系列をなしたみたて遊び（VTRのバッテリーを水道に見たて，そこからコップで飲むふりをした）や人形へのふり遊びを行った。幼児語の出現と慣用的身振り・自己へのふり遊びの出現の対応，成人語の出現と代置のみたて遊びの出現の対応，語連鎖の出現と系列をなした遊びの出現の対応が見出された。また対人面では，3歳7カ月ころ，園でA児に関わってきた学生に甘えを示し，特定の人との対人関係が成立してきて，Showingや，相互交渉のGivingも出現した。

筆者が観察した他の自閉性障害児についても，ことばがない時期において手段―目的などの感覚運動知能のⅥ段階の課題や結合課題は通過していたが，原叙述の身振り，ことば，代置のみた

て遊びや人形へのふりの象徴機能に関係する能力に欠陥があった。ピアジェは言語は記号あるいは象徴機能の単なる一例であり，この象徴機能は，延滞模倣，象徴遊び，心的表象，描画などに含まれ，生後2年目に同時に出現してくることを述べている（Piaget, 1962）。なぜ自閉症児は，この象徴機能に欠陥があるのだろうか。アンゲラーとシグマン（Ungerer & Sigman, 1987）によれば，象徴の形成は明らかに認知技能であるが，象徴の意味やコミュニケーションの機能は他者とのインタラクションの中で形成される。象徴形成において社会的基礎が重要な役割を果たすことは，ウェルナーとカプラン（1974）たちの理論家によって指摘されていることは前に述べた。自閉症の症例を世界で最初に報告したカナー（Kanner, 1943）は，早期幼児自閉症の第一の基本的障害として，ヒトや状況に対して普通の方法で関わり合いを持つ能力の，人生の初期からの障害を挙げている。

　自閉症児の基本障害は情緒−社会性の障害であり，自閉症児の言語，認知，想像的活動の困難さの多くは，対人関係の欠陥から派生してくるという考えが最近強く主張されてきた。言語発達を促進するためには，この社会―情緒の側面に働きかけ，まず，特定の人との愛着関係を確立させ，コミュニケーションの成立をはかることが重要である。最初は子どもの行動にあわせ，子どもからの要求，期待が起こるようにする。子どもと大人の間で相互に伝え合う関係の中で，シンボルの意味が理解されるようになる。初期言語発達に関係する認知能力として，形の弁別や手段―目的，因果性，事物の永続性のような感覚運動技能は象徴機能発達の土台をなしているかもしれないが，言語発達にとって十分条件ではない。象徴遊びや描画，模倣のような象徴機能が初期言語発達と密接に関連している。

　子どもが言語を獲得するには，物理的世界の認知能力も，ヒト

■図4　言語獲得の認知的基盤（小椋，2006）

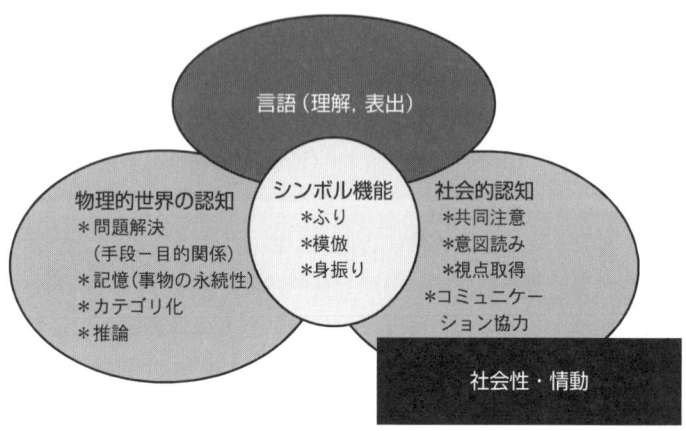

```
                    言語（理解，表出）

物理的世界の認知      シンボル機能       社会的認知
*問題解決            *ふり             *共同注意
 （手段－目的関係）    *模倣             *意図読み
*記憶（事物の永続性） *身振り           *視点取得
*カテゴリ化                            *コミュニケー
*推論                                  ション協力

                                      社会性・情動
```

が意図を持った主体であることを理解する社会的認知能力も，音声知覚の能力も，言語学的手がかりを利用する能力も必要である。言語獲得の基盤としてピアジェ理論に基づいた認知能力について述べてきたが，模倣や対象関係把握のシェマ（遊び）は物理的世界の認知，社会的認知と両者が関係する領域である。小椋（2006）は図4のモデルを提示し，言語獲得の認知的基盤について論じている。社会的認知能力はその基盤を社会性・情動においている。言語を含めたシンボル機能は物理的世界の認知と社会的認知が一部重なり合った領域に成立し，この領域に意味世界が生ずる。シンボル機能はヒト以外の霊長類にはない能力で，ヒト固有の能力である。自閉症児は物理的世界についての認知能力の損傷に比べ，他者を意図的存在として理解する社会的認知能力が欠損しており，言語の獲得や模倣，ふり遊び，身振りに障害がある。自分自身と他者を早期から同一化し，自分自身と他者を意図

的動作主として認知することが，言語獲得には必須である。ピンカー（1995）をはじめとする強固な生得論者は一組の遺伝子の中に領域固有なモジュール（たとえば統語モジュール，形態モジュール）が埋め込まれており，発話や言語の獲得は遺伝子の発現によりなされることを主張しているが，社会的認知のモジュールこそがヒトが生得的に有する能力である。言語モジュールは，生後2年間の子どもの絶えざる環境とのアクティブなインタラクション，および，生体システムの中での領域相互のインタラクションの結果，形成されてくると考えられる。

3 自閉症児の言語

　自閉症特有の言語のパターンとして相手の発話のイントネーションを含めた即時模倣や過去に聞いたフレーズの再生（エコラリア）や抑揚のないモノトーンの話し方がある。言語のある高機能自閉症やアスペルガー症候群でも比喩・ユーモア・皮肉などの理解が困難で文字通りの解釈をしたり，場面文脈に応じたことばを使用する語用論的側面に問題を持ちやすい（大伴，2006）。一般的に話しことばを有する自閉症児の言語は，統語，語彙の構造面の遅れ以上に，ことばの使い方の語用能力に大きな障害を持っている。「いや」「やめて」「おしまい」「とって」のような環境の変化をもたらす伝達〔大人に物，行為を要求したり抗議する〕のことばは多いが，社会的な変化をもたらす伝達〔他者の承認や情報を要求したり，他者の注意を事物に向けさせたり，情報を他者に伝えるコメントなど〕が少ないことが報告されている。自閉症児の人とやりとりする社会機能の欠陥がコミュニケーションや語用の機能に多大な影響を及ぼしているのである。綿巻（1997）は，社会対人関

係の障害は，社会対人機能を表現するための文法装置の欠損や障害として確認されるとしている。6歳の自閉症児の助詞の使用で，健常児やダウン症児で早期に獲得された相手への共感を表現する助詞の「ネ」が観察されなかったこと，会話指向語彙として分類された挨拶の語，応答や返答に使われる語（例「ウン」），場面内指示語（例「アレ」），間投詞（例「ホラ」），やりもらい語（例「ドウゾ」）の使用が極端に少なかったこと，自分の関心のある対象に相手の注意を向けさせる役目をする共同注意請求発話（例「ミテ」）が自閉症児には観察されなかったことを報告している。これらの結果は，自閉症児の情緒―社会性の障害が，言語が獲得されたあとにも依然として語用面の障害，共感を表す助詞の欠如などとなって現れていることが示されている。

　先の表4で生活年齢4歳，発達年齢19カ月の自閉症児，ダウン症児，ダウン症以外の発達遅滞児の日本語マッカーサー乳幼児言語発達質問紙の身振りの結果について紹介したが，これらの子どもたちの言語領域の項目について見ると，同じ生活年齢，発達年齢の精神発達遅滞児と比べると自閉症児の遅れは語彙，文法すべてにわたっていたが，とくに同じ発達年齢の遅滞児と比べて語彙理解，指示理解の領域で大であった。語学習においては，共同注視や大人の意図を察することが重要な役割を果たすことをトマセロ（2006）は主張しているが，自閉症児は社会・語用論的手がかりを利用して語学習することが非常にむずかしく，相手がいっていることばの理解がむずかしく，言語発達に大きな障害をきたすことになる。

4 おわりに

　障害を持った子どもの言語獲得の過程は，言語獲得にどのような能力が必要かを教えてくれる。ここでとりあげた自閉症は，言語発達の必要条件が何であるかを明確に示している。言語の獲得は，社会的関係の中で育ってくるシンボル機能の発達により可能となる。言語未獲得の子どもの指導においては，言語が第一にコミュニケーションの道具であることを念頭におき，子どもが自分のことを大人に伝えたいという気持ちを抱かせるような対人関係を築いていくことをまずはじめに目指すべきである。そのためには，子どもが安心して依存できる関係を，指導者，養育者との間に成立させることが基本である。このような基本的信頼関係の中で，認知能力（とくに象徴機能）の発達が物の意味，音声の意味の獲得を可能にしていく。

　絵カードを見せ，それの名前を言わせたりしても本当のことばにはならない。たとえば「リンゴ」ということばは，半分に切ったリンゴも，赤いリンゴも青いリンゴも「リンゴ」と言うことができ，またリンゴが欲しいと要求するときや，「おいしそうなリンゴだね」とお母さんに知らせたいときなど，文脈に応じたことばが使えてはじめて，ことばの獲得がなされたといえる。

　ことばがシンボルであるためには，媒介となるイメージが子どもの生活，経験の中で豊かに育てられることが必要である。発達は各領域が連関しながら発達する。日常生活の中で，対人関係，対物関係の土台をしっかり築くことが重要である。また，筆者が観察した事例で，対人面が改善し，象徴遊びも見られ象徴機能が育ってきているのに，言語表出が見られない子どもたちがいた。

彼らの生育歴を見ると喃語がない，泣かないといった生育歴を持っていたり，また発声が少なく，スピーチ生産システムをコントロールする能力に欠陥があるのではないかと予測される子どもたちがいた。このような子どもたちは，ことばが出現するための認知機能は育ってきているのに，それを表現する聴覚・音声回路を司る中枢神経系に問題があると予想されるので，サイン言語などの非音声言語手段を獲得させる指導も必要である。音声言語だけが言語ではない。子どもとのコミュニケーションを成立させるために子どもが獲得可能な手段を使い，子どもが人と関わることが楽しいという経験ができるような環境を大人が準備することが重要である。

●読書案内

1　岩立志津夫・小椋たみ子編著『言語発達とその支援』ミネルヴァ書房，2002

　　発達上で生起する言語に関する主要な問題に適切に対処するために必要な知識をまとめた概説書で，言語発達とその障害についての理論的基礎や，問題の評価，問題への対処・支援に必要な基礎知識が記述されている。

2　岩立志津夫・小椋たみ子編著『よくわかる言語発達』ミネルヴァ書房，2005

　　言語発達の基礎，言語発達研究の歴史，言語発達の障害や最近の研究のトピックを要領よくまとめた概説書である。

3　岡本夏木『子どもとことば』岩波書店，1981

　　新生児期のコミュニケーションからことばの獲得までを，奥深く，かつ分かりやすく解説している。

4　小椋たみ子編著「子どもの言語獲得」『心理学評論』46巻

1号,2006

　最近の言語発達研究や言語発達の障害についての 12 の展望論文と各論文についてのコメント論文が掲載されている。
5　**西村辨作編『ことばの障害入門』大修館書店**,2001

　自閉症,知的障害,特異的言語発達障害,脳性まひ・重症心身障害,難聴,構音障害,学習障害の言語発達障害について基本的知識が概説されている。

第9章

●

手話の獲得

いま，手話の研究が面白い。手話は単に，これまでの言語研究，言語獲得研究の新たな素材となるだけでない。新しい分析の枠組み，これまで考えもつかなかったような研究のパラダイムを提供してくれる可能性を持っている。

　第一に，音声でなく「身振り」（gesture）を使う言語だということである。いわゆる「非言語的」な身振りから言語的な身振り（＝手話）までを連続体上に位置づけ，相互に比較する中で，それぞれの特徴を捉えることができる。それはまさに言語とは何かを考える手がかりを与えてくれよう。

　第二に，親から子へという言語学習の経路が，手話話者の中では少数派であるということである。大多数のろう児たちは手話を知らない健聴の親のもとに生まれ，通常の言語獲得の時期に十分な言語（＝手話）の入力が与えられていない場合が多い。このような状況は獲得される言語にどのような影響を及ぼすのであろうか。

　第三に，さらに刺激的な研究の展開がある。このような言語入力が非常に乏しい環境下でも，手話にきわめて類似したホーム・サイン（home sign）という身振りコミュニケーションが生成するのである。そして，ある地域では，そのホーム・サインが相互に接触し，共通化し，いま新しい言語への道を歩み出そうとしている。まさにその場が捉えられつつあるのである。手話の獲得研究が人間に普遍的な言語獲得の道筋とその振幅を浮き彫りにしてくれるかもしれない。

1 手話とは

1) 手話とはろう者社会の言語である

　手話とは，どのようなことばなのであろうか。手話は，これまでさまざまな偏見のもとに置かれてきた。万国に共通である，ジェスチャーの羅列にすぎない，音声言語を手で（不十分に）表したものにすぎない，モノや出来事を絵のように表したもので，抽象的な概念を表せない（したがって，手話を使うろう者の思考も具体的な世界にとどまっている！）等々である。

　近年，手話は言語の枠組みで分析が可能であること，しかも，その構造の複雑さは音声言語と比べて遜色のないものであることが明らかになってきた。手話は，音声言語と同様，人間の自然言語に含まれるのである。そして日本語には日本語の文法と語彙が存在するように，手話も手話独自の文法と語彙を有した体系をなしているのである。

　手話には，それが使用されている社会が存在する。これが「ろう者社会」（Deaf Community）である〔聴覚障害者がすべて手話を使用しているわけではない。聴覚障害者のうち，手話を使用している人たちを一般に「ろう者」という〕。そこで，世代を越えて手話が伝えられてきた。アメリカには「アメリカ手話」（American Sign Language），英国には「英国手話」（British Sign Language）がある。手話は万国共通でないのである。日本のろう者社会で使用されているのが「日本手話」（Japanese Sign Language）である。

2) 手話の構造

(1) 手話の音韻論

　手話は，一般にどのような構造をなしているのであろうか。まず手話の単語を取り上げて見てみよう。日本手話で「思う」は，人差し指の指先を頭に接触させて表す〔手話の単語を日本語で表記するが，日本語の意味と必ずしも一致しているわけではない〕。手話は手の動き全体で（ジェスチャーのように）その意味を表していて，音声語のように要素に分析できないように見えるかもしれない。しかしながら，実際は，手話にも音声言語と同様の下位の分析レベル〔音韻レベル：手話では音を使わないが，音声言語の音韻論と同じ分析レベルという意味で「音韻」という用語を用いている〕が存在する。

　手話の単語は3つの音韻的な要素からなると考えられている。

■図1　手話単語の例

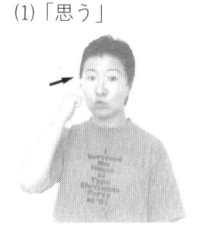

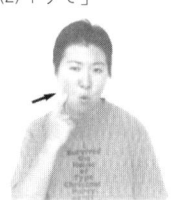

(1)「思う」　　　　(2)「うそ」

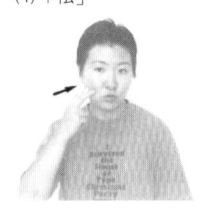

(3)「考える」　　　(4)「松」

手の形(手型),手の位置,手の運動である。「思う」は,人差し指を伸ばした手の形,頭の位置,そして接触という運動からなる(図1(1))。そのうちの1つでも要素が変わると,別の意味を担う語となる。たとえば,(2)位置が頬に変わると「うそ」〔音韻的要素:人差し指,頬,接触〕,(3)人差し指をねじるように回転させると「考える」〔音韻的要素:人差し指,頭,ねじる〕,(4)「うそ」の手型に中指がつけ加わると,「松」〔音韻的要素:人差し指と中指,頬,接触〕となる。このように,手話の単語は,音声言語同様に,限られた要素の組み合わせにより生産的に構成されているのである。

■図2 手話の語形変化の例

(1)「渡す」　　(2)「渡し続ける」　(3)「みんなにいっせいに渡す」　(4)「あなたが私に渡す」

(5)「あなたが彼(女)に渡す」　(6)「(薄いものを)渡す」　(7)「(長細いものを)渡す」

---

(2) 手話の形態論

　手話はまた，語形が豊富に変化する。たとえば「渡す」という動詞は，手のひらを上方に向け，手前から前方に動かすことにより作られる（図2(1)）が，運動を小刻みに繰り返すことにより，「渡し続ける」という意味になったり(2)，前方への運動のあと，さらに側方に弧を描くことにより，「みんなにいっせいに渡す」という意味になる(3)（アスペクトを表す語形変化）。

　また，手の運動の起点と終点を逆に，すなわち，前方の位置から手前へと変化させることにより「あなたが私に渡す」という意味に(4)，前方の位置から側方に動かすと「あなたが彼（女）に渡す」という意味になる(5)。運動の起点と終点が動詞「渡す」の主語と目的語を示しているのである（一致を表す語形変化）。

　手型もさまざまに変化する。「渡す」の基本型は指を閉じ伸展させた手の形を用いるが，薄いもの（たとえば本）を渡す場合には，親指と他指の先端を接触させる形に変わり(6)，また，細長いもの（たとえば棒）を渡す場合には，手を握った形に変化する(7)。渡されるモノの性質（薄っぺらいもの，細長いものなど）によって手型が変化するのである。このような手型を「類辞」(classifier) と呼ぶ。日本語でも1枚や1本などの助数詞が同じ働きをしている。ここで重要なことは，手の形が扱うモノによって連続的（アナログ的）に変化するのではなく，きわめて少数の手型に限られているということである。パントマイムのように現実をそのまま模写しているのではないのである。

(3) 手話の統語論

　手話は手や指のみで構成されているのではない。表情やからだの向き，口型も使用される（これらをまとめて，「非手指要素」(non-manual signal) という）。これらは文を構成する上で重要

な役割を担っている。たとえば，眉を上げる動作が付加されることにより，その文が疑問文であることを示したり（文例1），「PA」という口型を動詞につけることにより，動作の完了を表したりする（文例2）。

〈文例1〉 　　　<u>　　眉上げ　　</u>
　　　　　あなた　本　買う　「あなたは本を買いますか？」

〈文例2〉 　　　　　PA
　　　　　自転車　こわす　私　「私は自転車をこわした」

（表情は手話単語の線上に，口型はローマ字で，手話文の日本語訳を「　」内に表す）

(4) 手話の構造の階層性

手話の構造は図3のようにまとめることができよう。音声言語同様，階層的な構造をなしていることが分かる。手話の構造の特

■図3　手話の構造の階層性

統語論
　形態論
　　音韻論
　　　手の形
　　　手の運動　―　手の位置
　　　手話単語の基本型
類辞
主語と目的語の表示
アスペクトの表示
〈手指の部分〉

表情，　口型，　身体の向き，など
〈非手指の部分〉

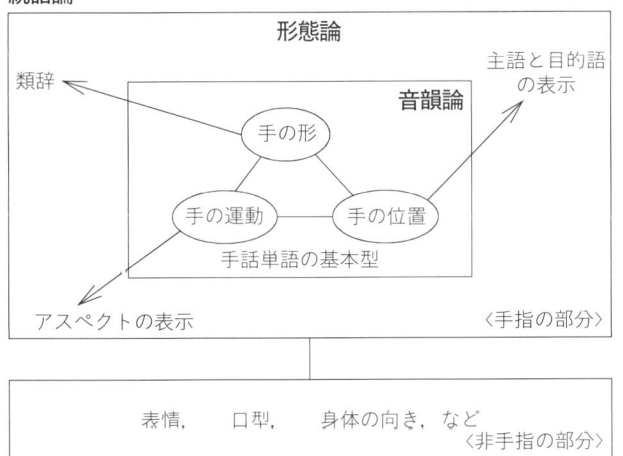

徴を挙げると，まず空間的であった。手の運動や位置により文法的なカテゴリーが表示される。また，同時的でもあった。手型，運動，位置を同時的に結合して語を作ったり，手の動きに表情を重ね合わせて文の種類を表していた。このような手話独自の特徴を，ろう児たちはどのように獲得しているのであろうか。両親とも耳が聞こえず，手話を日常的に使用している場合，そのもとで生まれたろう児は手話を第一言語として獲得していると考えられる。まず第一言語としての手話の獲得過程を見ていこう。

2 第一言語としての手話の獲得

1) 手指による喃語

ペティトーとマレンテット（Petitto & Marentette, 1991）は，ろう児たちの手話言語の発達を観察する中で，手話による初語が出現する以前に，音声言語の喃語（babbling）〔「マンマンマン……」など初語が出現する前に発せられる意味を持たない発声〕と同様の意味内容を持たない手の動きがあることを発見した。彼女たちは，これを「手指喃語」（manual babbling）と名づけた。喃語という現象が，音声言語，手話言語を越えた言語発達に共通する現象であることは興味深い。さらにマイヤーとウイラーマン（Meier & Willerman, 1995）は，3人のろう児と聴児を生後7カ月から15カ月まで観察し，手指による喃語も含め，広く手の運動について記述している。彼らは，子どもの表出した手の運動を，(1)指さし，モノへの到達行動，象徴的なジェスチャーなど意味内容を持つ「コミュニカティブ・ジェスチャー」（communicative gesture），(2)成人が使用しているような「手話単語」（sign），(3)手の動きが意味を持たないような「非指示ジェス

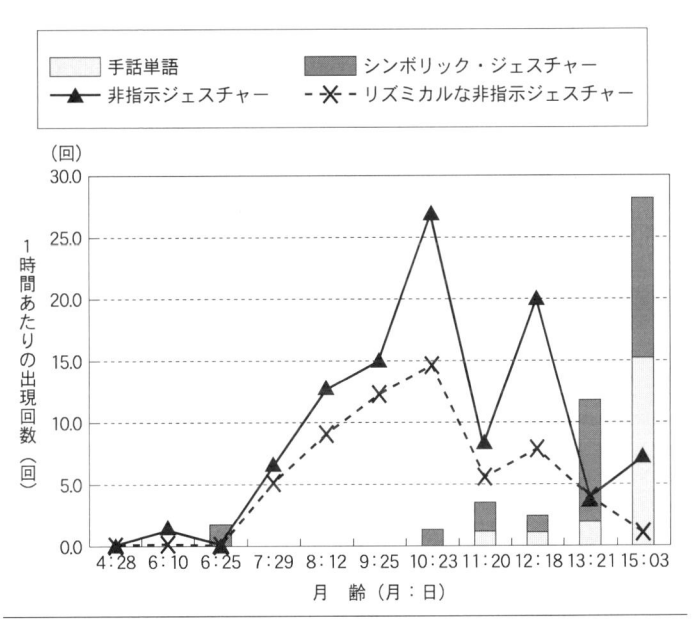

■図4 ろう児が表出した手話単語，シンボリック・ジェスチャーと非指示ジェスチャーの出現頻度（武居・鳥越，2000）

チャー」（non-referential gesture）の3つに分類し，非指示ジェスチャーが，ろう児，聴児とも同程度に出現し，両者に差はなかったと報告している。音声言語環境にある聴児においても手指による喃語が観察されていることは興味深い。聴児の発する音声喃語は発達に伴い質的に変化することを考えると，非指示ジェスチャーについても，発達に伴い変化していることが予想される。

ペティトー（Petitto, 2000）は，音声喃語，手話の入力のある手指喃語，手話の入力のない手指のリズミックな動きを相互に詳細に比較した。音声喃語と手指喃語は，リズムや速さ，周波数な

どで類似していたが，同じ手を使う動きでも，手話の環境下で生ずる手指喃語と手話の環境下にない手のリズミックな運動では，リズムや速さ，周波数において異なっていたことを報告している。音声言語，手話言語ともに，言語環境が喃語の生成，発達に重要な役割を果たしていることが示された。

手指喃語と初語の関わりについては，武居・鳥越（2000）が報告している。手話言語環境にいるろう児1名と聴児2名について，非指示ジェスチャーを含めた手指運動の発達的な変化を分析した（図4）。その結果，意図的ジェスチャーや手話単語など意図伝達手段としての手指運動の出現以前に非指示ジェスチャーが多く見られること，そして加齢に伴い非指示ジェスチャーの形態に質的変化が見られること，すなわち，6カ月齢のころは，手の動きは単純なものであるが，10カ月前後になるとリズミカルな繰り返し運動（まさに音声喃語のようなシラブルを構成していた）が見られたり，さらに1歳を過ぎると，意味を持たないが一見手話単語のような手の動きへと変化することを報告している。さらに，手指喃語を構成する手の形や動きの要素は，手話の初語と共通していて両者に連続性があることも指摘している（図5）。以上のことから，非指示ジェスチャー（手指喃語）は音声喃語と同様，手話言語においても前言語的な発達的基盤となっていることが示されたといえよう。

2）手話における発「音」の発達——音韻的な誤用の分析

手話の語は手型，位置，運動からなることは先に述べたが，これら音韻的要素はどのように獲得されていくのであろうか。健聴児の音声言語の獲得過程においては，子どもははじめから当該言語のすべての音韻的要素を正しく構成できるのではない。言語音を構成するためには，唇や舌などの調音器官の微妙なコント

■図5 ろう児が表出した非指示ジェスチャーと手話単語の例
(武居・鳥越, 2000)

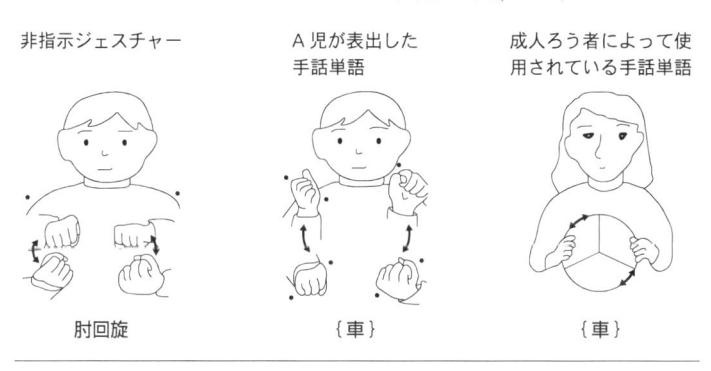

非指示ジェスチャー	A児が表出した手話単語	成人ろう者によって使用されている手話単語
肘回旋	{車}	{車}

ロールが必要であり、それは成長とともに順次獲得されていく。その際、調音の比較的容易な音が早期に出現し、困難なものは時間を要する。そして、発達の途上においては、調音の困難な音をそのときすでに獲得している音で間に合わせようとする。赤ちゃんらしい発音、舌足らずの発音がこれにあたる。このような発音の誤りはでたらめに生ずるのではない。たとえば、「クチュリ」「クシュリ」「クスリ」と発達的な順序（/tʃ/→/ʃ/→/s/）があるように、そこには一定の規則が存在する。発音の誤りという切り口で音韻体系の獲得過程を浮き彫りにすることができるのである。

　唇や舌などの調音器官に比べ、コントロールが比較的容易と思われる手や指（指の微妙なコントロールを要する「つまむ」という動作は少なくとも生後1年の間には獲得されてしまう）を調「音」器官として用いる手話にも、このような発「音」の誤りは存在するのであろうか。2歳から3歳までの2人のろう児の自発的な手話発話から、発音の誤りの有無を調べた（鳥越, 1996）。

その際，成人のろう者が使用する手話の形式と異なっているものをすべて誤りと考えた。これを先に挙げた手型，位置，運動の観点から分析すると，誤りに最も多く関わっていた音韻的要素は運動（57.3%）で，次が手型（52.1%）であった。一方，位置は4.2%のみであった（1つの誤りの事例に複数の音韻的要素が関与していた）。

　まず，手型の誤りを見てみよう。早期から出現する音は調音が容易で，調音の困難な音の代わりに用いられることは先に述べたが，音声言語で見られるこのような発音の誤りと同様の誤りが，手話にも見出された。たとえば，「お母さん」は，一般的には人差し指で頬に触れ，小指を伸展させて（他の指は屈曲）前方に出すが，この小指の伸展は幼いろう児にとってむずかしい。この手の形は産出が容易な人差し指の伸展（他指は屈曲）の手の形で代用された（すなわち，人差し指を頬に触れ，前方に出す形で「お母さん」が表現された）。手型と運動の関連に関しては，どちらか一方が脱落する誤りが多かった。手型の変化があると手の移動が脱落し，手の移動があると手型（あるいはその変化）が脱落した。たとえば，「終わる」は手を広げた状態から閉じながら，下方に移動させるが，誤りでは，手を握るだけで下方への動きがなかったり，下方に動かすだけで手の変化がなかったりしていた。

　さらに興味深いことに，手型の変化と運動がともに出現する場合，それが同時的でなく継起的に出現した。たとえば，「兄」〔中指のみ伸展した手型を上方に移動させることにより作られる〕は，まず手型を作り，それをしばらく静止させたあと，上方に移動させたり，あるいは，まずきちんとした手型を作らずに，手を上方に移動させ，その後に手型を作っていた。さらには，まず手を上方に移動，それから手型を構成，それをさらに上方に移動させるような誤りもあった。本来，手型と運動は同時的に結合しているが，

これらの誤りは，いずれも継起的に結合していた。要素の同時的な結合ははじめからできるのではなく，まずは要素を1つだけ産出する段階（その際，他の要素が脱落する），次に要素を継起的に結合する段階，そして最後にそれらを同時的に結合する段階と発達していくといえよう。ここでも重要な点は，子どもが手話の形を全体としてまるごと覚えようとしているのではなく，音韻的な要素に分解し，個々の要素とそれらの結合として手話を捉えている点である。まさに手話を言語として覚えようとしているのである。

　比較的早期にコントロールが容易になると考えられる手や指を調「音」器官として用いても，発「音」の誤りが見られること，しかもそこに規則が存在していることが明らかになった。また，手話に特徴的な要素の同時的な結合が，早期においては継起的に出現することが明らかになった。外見的に手話言語の形式と音声言語のそれとは大きく異なるが，頭の中では同様に構造化され，また同様の獲得のメカニズムを有していることが示唆された。

3) 指さしの役割

　音声言語において，指さし（Pointing）をはじめとするジェスチャーが言語発達の重要な基盤となることが明らかになっているが，手話と指さしとの関係はどうであろうか。

　ペティトー（Petitto, 1987）は，アメリカ手話を獲得しつつあるろう児の指さしの発達を追いかけた。アメリカ手話では，指さしは人称代名詞として機能している。すなわち，自身を指さして「わたし（一人称）」，対話の相手を指さして「あなた（二人称）」，第三者を指さして「彼（彼女，それ）」を表す（このような用法は日本手話も同様である）。音声言語では人称代名詞の獲得はそれほど容易ではない。話者が誰であるかにより，同じ人がIに

■図6　アメリカ手話における指さしの発達過程 (Petitto, 1987)

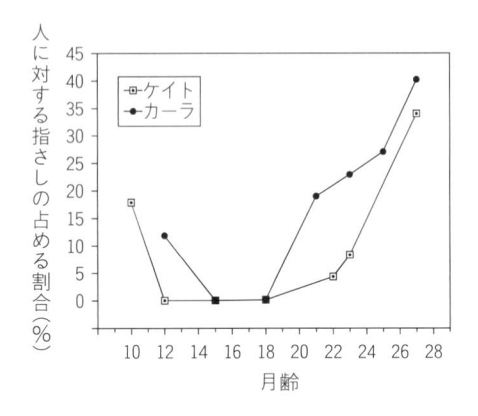

なったり，Youになったり，Heになったりするためである。したがって，たとえば，子どもがいつも自分に対してYouと言われるので，Youが自分のことを意味する語であると誤って覚えたりすることがある（クラーク，1976）。これに対して，手話の二人称を表す指さしは，すでに前言語的な身振りでも用いられているので，このような誤りなしに獲得できるように思えるかもしれない。ペティトーは，前言語的な指さしと，手話の人称代名詞としての指さしとの間に発達的な非連続性があることを見出している（図6）。すなわち，手話としての指さしが習得されるころ（1〜1歳半），人に対する指さしがほとんど見られなくなること，そして，それが出現しはじめると，相手を示す指さしが自身を意味する語であると誤って覚えてしまう時期があることを明らかにした。形は同じであっても，前言語的な身振りとしての指さしがそのまま手話の人称代名詞となるのでなく，あらためて手話として獲得しなおされなければならないのである。子どもは有契

的〔形式がその表す意味に動機づけられていること〕な特徴を利用せず，あくまでも形式的な記号としてその形と機能を獲得しているのである。

　また音声言語の発達同様，手話言語の発達に指さしが重要な役割を担っているとの報告もある。タケイとトリゴエ（Takei & Torigoe, 2001）は，手話の一語文から二語文への移行過程を詳細に分析した。ろう児は，通常の二語文（手話単語の2連鎖）を出現させる前に，指さしと手話単語の2連鎖を出現させること，さらに，指さしが共起する手話単語と意味的に同じものを指示する場合と異なったものを指示する場合があり，発達的には前者から後者へと移行することを明らかにした。トリゴエとタケイ（Torigoe & Takei, 2001）はさらに，2語以上の多語文の長さ（発話長）と指さしの生起との関わりを調べた。指さしが含まれるほうが文が長くなる傾向にあること，また三語文の生成を契機に，冗長な指さしが文末に生起するようになることなど，手話文の生成やその複雑化に指さしが重要な役割を担っていることが示唆されている。

4）手話の文法発達

　手話の文法が空間的（主語と目的語の一致など），同時的（文法的表情など）な特徴を持つことは先に述べた。手の空間的な動きが現実の世界（形，大きさ，動き，位置など）を模写するように見えるため，子どもたちは，この有契的な特徴を利用して，したがって，音声言語よりも容易に，手話の文法を獲得すると考えられるかもしれない。

　マイアー（Meier, 2002）は，人称への一致を示す動詞の語形変化（図2の(4)(5)のような変化）の発達過程を報告している。子どもたちはどのようにこの一致変化を獲得するのであろうか。

手がかりとして，3つの可能性が考えられよう。実際の行動やジェスチャーから一致の語形変化を獲得する可能性（マイヤーは模倣（mimetic）モデルと名づけた），空間に実在するモノや人から一致の語形変化を獲得する可能性（同様に空間的（spatial）モデル），実際の動作やモノの空間的配置など非言語的な手がかりに基づくのでなく，まさに文法的ルールとして一致の語形変化を獲得する可能性（同様に形態論的（morphological）モデル），である。アメリカ手話を獲得しつつあるろう児3名について，1歳6カ月齢から3歳9カ月齢まで観察した結果，いずれのろう児も，3歳ごろまでに一致の語形変化を獲得した。その過程を検討した結果，初期には対象に方向づけられたジェスチャーを産出していたのに，そのときの動詞が無変化であったこと，目的語への一致のほうが，主語への一致よりも早期に獲得した（アメリカ手話の動詞では目的語への一致は義務的だが，主語への一致は義務的でない）ことから，形態論的モデルが妥当であることを示した。非言語的なジェスチャーでは，実際の行動や空間的関係を十分に活用していたが，手話の文法の獲得には，この有契的な特徴を利用せず，あくまでも形式的なルールとしてそれを学んでいたことが分かる。

　手話の表情はどうであろうか。指さし同様，言語の獲得以前に身振りとしての表情がすでに出現している。子どもたちが，たとえば，悲しい表情をしながら同時に動作を行うことが可能であることから，あらためて表情（あるいは表情と手の動作の同時的な結合）の習得は必要ないと思われるかもしれない。ところが，ここでも非言語的な表情と手話としての表情との間に，非連続性が見出されている。レイリーら（Reilly, et al., 1990; Reilly & McIntire, 1991; Reilly & Bellugi, 1996）は，アメリカ手話を獲得しつつあるろう児で，文法的表情の発達過程を観察・記述して

いる。ろう児はすでに感情を表す表情を豊富に表出できていたが，文法的な表情の出現はそれよりもずっと遅れることが明らかになった。たとえば疑問を表す文は，まず文の産出後相手を見たり，また文に疑問詞を表す単語を付け加えることにより表現されていた。このとき，文法的な表情（眉を上げる）は出現しなかった。文法的な表情を付加する疑問文の産出は，3歳から3歳半以降になってやっと現れている。ろう児たちは，文法的な表情を獲得する際に，すでに発達させている非言語的な表情をそのまま利用せず，あらためてこれを手話言語の要素として習得することが示された。これに関して興味深いことに，早期においては周りの大人たちもろう児に対して文法的な表情を使用しないことが見出されている。レイリーらは，早期の母子関係において情緒的な交流がまず必要であり，表情はそのためにのみ使用され，その間手話の文法的標識としての表情は使用が抑制されると主張している。

　また，表情と手の動作の関連に関して興味深い現象が報告されている（鳥越，1995）。手話における表情は副詞的な機能も担う。たとえば「とても早い」という意味を表現する場合，文例3のように「はやい」に強調の表情〔トテモ：眼を閉じ，顔面を緊張させる〕を同時的に重ね合わせる。

〈文例3〉　$\overline{\text{はやい}}^{\text{トテモ}}$　　　　「とても速い」
〈文例4〉　はやい $\overline{}^{\text{トテモ}}$ はやい　「とても速い」

ところが，このような同時的な結合は，はじめから可能なわけではない。2歳7カ月齢のろう児は文例4のような文を発話した。表情と手の部分が同時的でなく継起的に結合していたのである。

以上をまとめると、まず非言語的な身振りとして表情を用いていても、手話として新たに獲得しなおす必要があること、そして同時的な構造がまず継起的に出現するということである。子どもの頭の中では、表情も一つの言語的な要素として獲得される必要があり、しかも手との同時的な結合もまず継起的な形で出現するのである。

3 手話獲得の特殊性

1）ろう児のおよそ90％は両親が健聴者である

手話はろう者の社会の中でどのようにして伝えられてきたのだろうか。一つの経路は、いうまでもなく家庭の中にある。ろう児の両親がともにろうで、手話を日常的に使っている場合、子どもは生まれたときから豊富な手話の入力が与えられ、両親との自然なコミュニケーションの中で手話を獲得してしまう。ただし、このような環境で手話を獲得できるのは、ろう児のおよそ10％にすぎないといわれている。

大多数のろう児たちは、両親が健聴者である。子どもが生まれたとき、まさか自分の子どもが耳が聞こえないとは想像もしていなかったであろう。音に反応しない、あるいはことばに遅れがあることから、乳幼児期のある時期に耳が聞こえないということが分かるのである。このようなろう児たちがはじめて手話と接するのは、ろう学校に入ってからである。

ただし、かつてのろう学校では、手話は教えられていなかった（とくに幼稚部、小学部の段階ではそうであった）。残存聴力の活用、口型の読み取り、発声・発語の訓練や学習を通して、音声言語を獲得させることに最大の教育目標が置かれていた（一般的に

「聴覚口話法」といわれている)。その際，手話の使用には消極的である（厳しく禁じられていた時代も長く続いた)。しかしながら，ろう児たちは，寄宿舎や学校の校庭で，ろうの両親を持つろう児や手話をすでに獲得している先輩と接することにより手話を学んできた。現在では手話の活用も取り入れた教育を行うろう学校が増えつつあるが，それでも手話の言語環境という点では，まだまだ不十分である。また，通常の学校に在籍し，ろう学校を経験しなかったろう者もいる。このような場合，手話と接触するのはさらにあとになる。人生のある時期にろう者社会と接触するようになり，そこで手話を獲得するのである。手話は，このようにして伝えられてきたのである。

手話の獲得過程の特徴は，以上のように，ろう者社会の大多数のメンバーが通常の言語獲得環境の中でその言語を学んでいないことにある。いわゆるネイティブ・スピーカー（サイナー）が，その言語の話者の中で少数派だということである。このような状況が，手話の構造や使用においてさまざまな影響を及ぼしていることが予想される。このような状況は，また，言語獲得の臨界期（critical period）に関して自然の実験を行っていることにもなる。

ニューポート（Newport, 1988）は，成人ろう者の手話獲得の到達レベルを，出生直後からろうの両親のもとで手話を獲得したろう者，4歳から6歳までにろう学校に入り，他のろう児との接触により手話を習得したろう者，12歳以降になって手話を習得したろう者の3グループに分けて，相互に比較している。課題は形態的な語形変化のある手話文の産出および理解である。文法項目によって多少の違いがあるが，手話の経験年数に関係なく，この3つのグループに到達度の差が見られた。そして獲得の時期が遅れるほど，先に挙げたような手話の形態レベルの分析が困難な

（言い換えると，要素に分解せずに，手話をまるごと捉えようとする）傾向が強くなっていた。いつその言語と接触するかが，人生ののちに至るまで影響を及ぼしていたのである。

これに関してさらに興味深い研究がある。たとえ両親がろうであっても，両親の手話獲得の時期が遅れた場合（ろう児の両親がろうであっても，その上の世代は健聴者であることが多い），子どもには不完全な手話しか与えられないということになる。このように，不完全な手話しかできない両親のもとで育つろう児たちは，はたして手話を完全に獲得できるのであろうか。シングルトン（Singleton, 1989）は，この問題に取り組んだ。すなわち，青年期を過ぎて手話を獲得したろうの両親のもとに生まれたろう児の手話の獲得過程を追いかけたのである。両親の発話する手話と比較すると，すでに7歳のときに両親の手話の文法の不完全さを越え，通常の手話獲得レベルに達していたという。親が子どもに「不完全な言語」（ピジン，pidgin）しか与えなかったとしても，子どもが一世代で「完全な言語」（クレオール，creole）を生み出してしまうことが音声言語で報告されている。まさに，同じプロセスが手話の獲得においても日常的に生じているということになる。手話はクレオール化のプロセスを常に内包している言語といえるのである。

2) ホーム・サインの生成と構造

両親とも健聴のろう児たちは，ろう学校に入るまで，あるいは手話が使える環境に入るまでに，どのようにコミュニケーションを行っているのであろうか。ろう児たちは，しばしば家庭の中でのみ通じる「身振りコミュニケーション」（ホーム・サイン）を発達させていることが報告されている。ゴールデン゠メドウら（Goldin-Meadow & Mylander, 1984; Goldin-Meadow, 2003）

の研究グループは，これを言語学の枠組みから精力的に分析している。彼女たちが調査対象としたのは，両親とも健聴のろう児で，いずれも口話教育を主唱する就学前プログラムに通っていた。このプログラムは英語のみを視覚的・聴覚的に与えることを重視し，学校でも家庭でも手話の使用には否定的であった。それにもかかわらず，家庭では，親と子の間で通じる身振りコミュニケーションが自然に生まれていたのである。

　子どもの身振りを分析してみると，面白いことが分かってきた。単にその場しのぎで使われる身振りを越えて，そこには独自の構造らしきものが生まれていたのである。まず，身振りの語順に一貫した傾向が見られた（たとえば，動作主→行為，対象物→行為など）。また，2つの身振り連鎖（二語文）のみを取り出し，どのような意味要素が表現されているかを調べてみると，動作が自動詞的な意味を持つ場合は，動作主と行為が産出され，他動詞的な意味を持つ場合は，動作主が省略され，その代わりに動作の対象が産出される傾向にあった（図7）。興味深いことに，このような傾向は，観察されたろう児すべてに一貫して見られたが，母親の産出する身振りには見られなかったのである。このような一貫した傾向は母親から学んだものでなく，子どもたちが自ら作り出したといえよう。

　ゴールデン＝メドウらは，さらに身振り語の変化形についても調べている。どの言語にも名詞と動詞の区別が存在するが，このホーム・サインにもその区別があり，しかも，それが語形の変化により表示されていたのである。名詞的な身振りは運動が縮小し，動詞的な身振りは手の位置が動作主や対象により変化する傾向にあった。これらは，多くの手話言語にも共有されている特徴である。また語を構成する要素の分析も行っている。そして，手話と同様に，手の形と運動など，語よりも下位のレベルが存在す

■図7 ろう児と母親のホーム・サインの二語文における構成要素の産出確率 (Goldin-Meadow & Mylander, 1984)

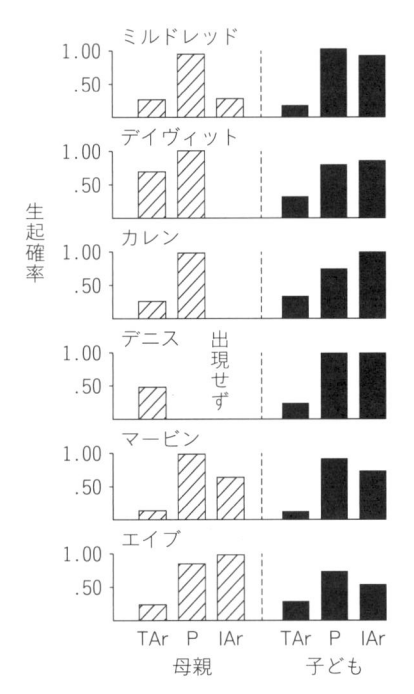

TAr：他動詞的な文における行為者
P：動作の対象
IAr：自動詞的な文における行為者

ること，これらの要素の数は限られ，ろう児たちはそれらを組み合わせることにより，身振り単語を生産的に作り出していることが明らかになった。

以上の分析により，言語の入力がきわめて限られているにもかかわらず，ろう児たちは言語にきわめて類似した構造（音韻論，

形態論，統語論）を生成させていることが明らかになった。これらの構造はいったいどこから生まれてきたのであろうか。子どもは成人ろう者との接触がなく，手話を見たこともなかった。また，親の使用している身振りも同時に分析されているが，それには前述したような一貫した構造が見出されなかった。言語的に乏しい環境下で，子ども自身が独自に言語的な構造を作り出している可能性が高い。子どもは，まさにコミュニケーションの場で，周りから与えられた身振りの断片をもとに構造を生成させたといえるのかもしれない。

3) ホーム・サインから手話へ

　前述したホーム・サインは，ろう児がろう学校に通うようになり，手話と接触することにより消滅（あるいは手話に移行）してしまう。ホーム・サインがコミュニケーションの中でいかに1つの言語となっていくかについては，これらの研究は何も答えてくれない。

　そもそも歴史的に手話言語（あるいはろう者社会）はどのようにして形成されてきたのだろうか。手話を生み出し，育んできたろう者社会は，ろう教育のはじまりが契機となったと考えられている。ろう者たちは，ろう学校卒業後も互いに強い結び付きを持ち続け，これがろう者社会の基盤となったというのである。では，それ以前はどうだったのだろう。この問いに対しては，歴史的な資料が乏しい。ただ，不幸にもろう教育の恩恵を受けることのなかったろう者の生活史やコミュニケーションのあり様を知ることが，その解明の手がかりとなるかもしれない。

　このような問題意識のもとに，筆者らは不就学のろう者の調査を行うことになった。調査地は沖縄の離島である。さまざまな理由により，学校教育の恩恵を受けていない高齢のろう者が多くい

たのである。ろう者本人から，またその家族や周りの人たちから話を聞く中で，いくつかの興味深い現象が見出された（武居ら，1997；Torigoe & Takei, 2003）。

まず，不就学のろう者の多くは，現在も身振りを主要なコミュニケーションの手段としていることである。その身振りは幼少期から家庭の中で用いられており，ホーム・サインといえるだろう。多くのろう者は，見知らぬ訪問者を拒否することなく，あふれるような身振りで語りかけてくれた。何とか身近にあるモノを手がかりにしながら，意味をたどっていく。そんなとき，近くに住む人たちが助けてくれる。驚いたことに，この身振りが周りの健聴者（家族だけでなく）にも共有されていたのである。

彼らはその身振りの獲得の契機を「いつも会ってるから，自然に分かるさ」と語っていた。ホーム・サインは，周りの健聴者と共有されることにより地域のサイン（コミュニティ・サイン）へと発展していたのである。

このようにホーム・サインが維持され，さらにそれが周りの健聴者と共有され，コミュニティ・サインに発展している例は，ろう教育が十分に広がっていない国や地域でも報告されている。また，過去にアメリカでも，健聴者もろう者もみんな手話ができる島があったことが報告されている（グロース，1991）。沖縄で見られたろう者のコミュニケーションのあり様，生活のあり様は，けっして特別のものではないのである。

このように一世代で生まれ，地域に共有された身振り（コミュニティ・サイン）はどのような構造を持っているのであろうか。ここで示す例は，71歳と68歳の先天性ろうの姉妹から得た資料である。ともに不就学で，また今日に至るまでろう者社会との接触はない。

身振りを分析していく中で，指さしが多用されていることが明

らかになった。表出した語のうちおよそ30％が指さしであった。指さしは，普通，健聴者同士の会話でもよく見られる。しかしながら，彼女たちの身振りの中では，その働きがさまざまに拡張していた。

　文例5に見られるように，1つの文の中に同じ内容を表す指さしが繰り返し現れていた（PTは指さし）。指さしが冗長なのである。出現する位置を調べてみると規則性がある。圧倒的に文末に多い。また文中に現れる場合でも，要素のまとまりとまとまりの境界に出現していた。指さしは意味を伝えるというよりも，文を構造化する役割を担っている可能性が高い。

　〈文例5〉　PT　大工　PT　飲む　酔う　PT
　　　　　　「あそこの大工はお酒を飲んで酔っ払っていた」

　また，文末に現れる指さしは，文の種類を示していることがあった。文末でしばらく静止すると疑問文（これが手話を獲得しつつあるろう児にも，ある時期出現することは興味深い），指さしを前方に勢いよく押し出すと命令文を表していることが分かった（文例6〜8）。

　〈文例6〉　結婚する　PT(彼女)　　「彼女は結婚している」
　〈文例7〉　結婚する　PT(あなた)［静止］
　　　　　　　　　　　　　　　「あなたは結婚していますか？」
　〈文例8〉　結婚する　PT(あなた)［前方運動］
　　　　　　　　　　　　　　　　　　　「結婚しなさい！」

　このように指さしは，単に対象を指先によって指し示すだけでなく，文法的といえるような機能を担っていることが分かった。日本手話にもこのような文法的な指さしがある。語彙的な要素が文法的な機能を担うようになる現象を文法化（山梨，1995）というが，この働きを通して身振りが言語になりつつあるといえるのかもしれない。

■図8 ろう児がろう学校に入学した年とろう児が使用する手話の構造の複雑さ (Senghas, 1995を改変)

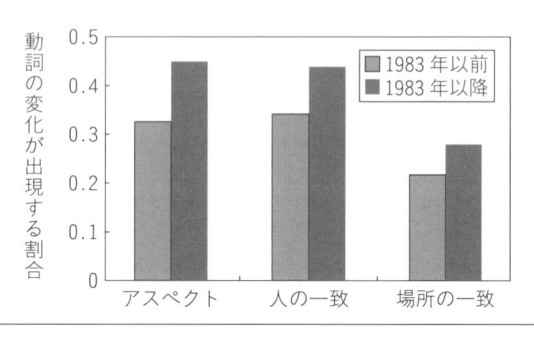

ホーム・サインと手話との関連について、さらに興味深い調査・研究がニカラグアで進行中である (Polish, 2005)。ニカラグアでは、内戦のため長らくろう児への教育が行われてこなかったが、近年、アメリカの援助を受け、ろう学校が創設された。ろう学校に集まったろう児たちの多くはホーム・サインを持っていたが、アメリカの言語学者や人類学者は、このホーム・サインからニカラグア手話（さらにはろう者社会）が形成される過程を詳細に記録することに成功したのである。たとえば、早期にろう学校に入学したろう児の使用する手話と、何年か経て入学したろう児たちが使用した手話を比較し、後者のほうがより言語的な特徴を多く持っていることが示された（図8）。ろう児たちによって学校に持ち込まれたホーム・サインが、集団の中で共通化・共有化され、さらにこれが新たに入学してきたろう児たちの言語的な入力となり、構造が精緻化していったと考えられる。まさに、一つの言語がいま出現しつつあるのである。

4 おわりに

　子どもたちの言語の獲得は，目の前にあるモノ（ことばの断片）が，受動的に（あるいはすでに持っている傾向にそって）取り込まれていくのでなく，周りの環境と子どもとのさまざまな意味のやりとりの中でダイナミックに紡ぎ出されると考えることができよう。ホーム・サインや手話など身振りのことばを調べることによって，その過程を，単に言語の個体発生だけでなく，歴史発生や系統発生（本論では述べなかったが，たとえば類人猿による手話の獲得研究がある）とも重ね合わせて捉えうる可能性を示した。

　一つの（言語的）構造がどのようにして獲得（生成）されるのか。それを捉えるためには，その場に立ち会い，ひたすらその過程を観察し，記述するという手法が不可欠である。意味の生成の場，ことばとこころの関係性が現出する場は，コミュニケーションの場でもある。先に述べたホーム・サインの文法化過程の解明においても，コミュニケーションの場があること，すなわち，その基盤に，親と子との間に，あるいは周りの人たちとの間で，何らかの目的をもって身振りが使用されていることが重要であると指摘した。意味のやりとり，対人的なコミュニケーションの場そのものが，言語的な構造を生み出す基盤となっているといえよう。身振りと手話の研究がまさにそれを身近に見せてくれるのである。

●読書案内

1 ノーラ・グロース『みんなが手話で話した島』佐野正信訳，築地書館，1991

アメリカ・マサチューセッツ州にあるマーサズ・ヴィンヤード島では，かつてろうの発生率が高く，その結果，島民は健聴者も手話を第一言語として獲得していたという。その当時の島民へのインタビューも含め，手話がいかにこの島の共通語になっていったかを解明する人類学的研究書である。

2 オリバー・サックス『手話の世界へ』佐野正信訳，晶文社，1996

手話の歴史，手話の構造，現代社会における手話の位置づけ，ろう者の社会など，手話を取り巻くアップデイトな状況を知的好奇心旺盛なサックスが語る。

3 キャロル・パッデン，トム・ハンフリーズ『「ろう文化」案内』森壮也・森亜美訳，晶文社，2003

いかにろう者の社会や文化が形成され，維持されてきたのか。共に聴覚障害を持つ著者たちが，内部の視点からろう者の社会と文化を解き明かす。

4 長南浩人編著『手話の心理学入門』東峰書房，2005

手話の獲得，ホーム・サイン，手話の記憶，聴覚障害者とアイデンティティ，手話通訳の心理的過程など，手話を取り巻く心理学研究の最先端を若手研究者たちが語っている。

第10章

●

「ことばの獲得」を包囲していること

ことばについてはほとんど断片しか知らないとき，さらにその一部すら知らないときにも，子どもたちはことばを語ろうとして何かをはじめる。つまり彼らは，ことばの使用者になるずっと前に，ことばとは何かを「知っている」。子どもたちのことばを獲得する試みは，ことばが「ある」場所で開始される。しかし，たいがいの言語獲得の理論はこの「ある」ということを軽視してきた。

　ことばは確かに，子どもたちの周りに「ある」。ことばは子どもたちを取り囲んでいる。だからことばを獲得するいとなみは開始される。しかし「ことばがある」といっても，その「ことば」は辞書にあるようなものではない。問題は，子どもの周りにあることばとはどのようなものかということである。

　本章では，ことばを獲得する子どもの周りに何がどのように「ある」のかという問題から，子どもたちのことばの獲得について考える。"affordance" とことばの獲得が主題である。

1 「ある」からはじまる

　「ことばの諸事象は，私からけたはずれに近いところにあり，それゆえにこそ，その本質は捉えがたい。……はっきりしてきたことは，ことばの学問は一種の史的学問だということ。……言語の研究が進めば進むほど身にしみてわかることは，ここではいっさいが歴史だということ，言いかえれば，言語は史的分析の対象であって，抽象的分析の対象ではないということ，それを作りあげているのはたくさんの・事・象であって，法則ではないというこ

と，ことばのなかで組織的にみえるものは，実際にはみな偶発的で，まったくつかのまのものだということ，などです。……言語は，それじたいにおいてひとつの歴史を持っています。この歴史は，はてしもなく展開していくものであり，言語的な異変の連続だけがそれを支えるのです。この異変は，外部に何の影響も与えはしないし，歴史事件としてその名を刻まれたことも一度としてない。だから自分のほうも外部で起こることからは，まるごとぽつんと独立している」(前田，1989, pp. 41-43)

「言語にぴったりたとえられる事物はありません。……世界のどの地域にもひとつの言語状態があり，それが幾週，幾月，幾年，幾世紀と経て，ゆっくりと姿を変える……けれども，新しい特有語が古い特有語から分娩されたり出産されたりしたことは決してないのです。……言語は自然に死んだり，天寿をまっとうしたりしません。ただ，急死することならある。……言語は，それじたいにおいて不死なのです。言いかえれば，言語がその組織のありかたのせいで伝承停止になる道理などないということです。……何と言おうが言語は有機組織などではない。人間とは別個に存在する植物みたいなものではない。それは生まれたり死んだりするような生命を負ってはいません。……言語は有機化されてもいなければ，自分で死滅することもない。衰えもしなければ成長もしません。そもそも言語に幼年時代とか壮年時代とか老年時代とか，そんなものはありはしないからです。そして最後に，言語は生まれることさえありません。……この世で新しい言語の誕生が告げられたためしはありません」(pp. 52-54)

「祖語とか子語というものはない。けれども，いったん与えられた言語は，際限なく時間のなかを転がり，拡がっていくのです。……言語の連続性と可易性というこの二原理は，矛盾しあうどころではない。ふたつのあいだには，じつに緊密で明白な相関

があって，おかげで一方を無視しようとすると，たちまち，いやおうなく，自動的に，もう一方をぶち壊すはめになります。……私は，諸言語の絶えざる変容の原理を絶対のものとして提示いたします。動かないまま休息状態にある言語などは登場しません。……あらゆる言語に，これほどまちがいなく起こっている変化とは何なのか。この変更，永久の組みかえは，どんな性質のものか。その原因は何で，それはすべての言語にとって同じ性格のものなのか。まさに，それが問われなくてはなりません」(pp. 74-75)

1) ことばが「ある」ということ

　子どもたちはどのようにことばに出会うのだろう。私たちは，はじめてことばに出会ったときのことをすっかり忘れている。私たちは，いまはあたりまえになったあらゆることを，おそらくそれがこの世界にあるという「驚き」とともに発見したはずである。しかし，新鮮に出会ったはずのことばとはどのようなものだったのか，ことばの存在があたりまえになっている私たちには分からない。だから，この世界の住人としてまだ無垢な子どもの眼に，ことばがどのように見えているのかを想像できない。いまも多くの子どもたちによって，さまざまなところで，綿々と発見され続けているはずのことばがどのようなものなのかを思い描けない。

　「子どもたちのことばの獲得」について考える困難さの一つが，ここにある。私たちはことばを発見しつつある子どもたちについて，ことばをすでに発見してしまった視点からしか語れない。

　しかし，方法がないわけではない。幸いに私たちはおそらく無垢な子どものように，「言語」を発見した者がいたことを知っている。冒頭に引用したのは「言語学」という，他の何と関連させ

なくとも存在する「ことばそのもの」を対象にしようとした新しい領域を，19世紀の後半に構想したソシュール（F. de Saussure）が，ジュネーブ大学就任時の講演で述べたことである。講演の原稿は，1950年代に遺稿の中に発見され，わが国の研究者によって読解され翻訳された。ここに引用したのはその一部である。

講演のはじめでソシュールは「認知を願う学問に求めるべきことは，ただその学問が，真摯な注意に値する対象を持つことだけです」と述べている。彼は，自分がそれまでの種々の学問が対象としていなかったものとして，まだ誰も気づいていないものとして，言語という存在を発見したことを自覚していた。つまり，ソシュールは「言語それ自体とは何か」という問いがありうることに気づいた。だからそのようなものとして，言語を対象にする領域こそを言語学と呼ぶべきだと考えていた。

引用した部分に述べられていることは，「連続性と可易性〔可動性ではない。可易性とは前田によれば動かすことが可能ではなく，動かないようにしておくことが不可能であるという性質のことである〕」という相いれない2つの原理が支配している存在としての言語の発見についてである。彼は言語というものを，起源を想像することが不可能であること，つまり，どこまでさかのぼってもあくまで現在と連続しており，しかも変化しつづけている存在として発見している。止むことなく変化していながら，その変化が言語を使用する私たちの意図を超えたところで，しかし間違いなく私たちの言語使用によって偶然のように起こり続けている，そういう存在として言語を発見している。

言語は，それが変わる出来事を誰も目撃した者のいない（いつでもどこでも夜眠る前と違ったことばが，朝起きたときに話されていることを体験した者はいない）のにもかかわらず変化しつづ

けている，そういう存在である。言語が変化したというのは，いつもあとになって分かることである。変化していることは確かだが，その変化を観察することも，変化の仕方を無機物（いつかは壊れてなくなる）や有機物（誕生し，成長し，老化し，そして死ぬ）に比喩することもできないもの，それが言語である。言語にはそれにしかない独特の続き方がある。そういうものとしてソシュールは言語を発見した。

言語は，それを使用する私たちをその中に「包囲」して，もちろん私たちの行為としっかりとつながっていながら，しかしその変化が私たちの行為と独立している，ソシュールはそういう他に類比できない独自の存在として言語を発見し，そのような存在を研究する特別の領域があるべきだと考えた。

ここで，子どもたちのことばの獲得を問題にしている私たちが確認すべきは，ソシュールのメッセージの中心をなす一つの主張である。それは，「言語は独特な仕方で存在する」ということである。

2) 動機としての「ある」

なぜこのような視点が必要なのだろう。それは子どもがことばの使用についてのあらゆる自覚を持つ以前に，ことばを語ろうとする長いいとなみを開始するという事実を説明するのは「ことばがある」ということだけだからである。ことばについてのほとんど断片の，さらにその一部すら知らないときにも，子どもたちはことばを語ろうとして何かをはじめる。つまり彼らは，ことばの使用者になるずっと前に，ことばが何かについて「知っている」。このときに，子どもにとって「存在している」ことばが，子どもにことばを獲得するための長い試みを開始させる。

子どもは誕生して最初に話しはじめるとき，すでにこの世界に

ことばが「ある」ことを知覚している。このとき子どもが知覚していることばは，もちろん，それに出会って言語学を構想せざるをえなかったソシュールの発見したことばが「ある」ということとはずいぶんと異なる。しかし，子どもたちがことばを獲得するときに感じているはずのことばが「ある」ことの「驚き」と，「言語そのもの」という存在を発見したソシュールの驚きはどこかで似ているはずなのである。なぜなら子どももソシュールも，どちらも言語が「ある」という，ただそのことについて「驚いている」からであり，ただ「ある」ことに動機づけられているからである。

2 子どもたちを取り囲んでいること

　子どもたちのことばを獲得する試みは，ことばが「ある」場所で開始される。しかしたいがいの言語獲得の理論はこの「ある」ということを軽視してきた。子どもたちの周りにことばが「ある」というときに，従来の言語発達の研究が想像してきた「ある」は，すでにかなりのことばを使用できる子どもや大人が使用していることばであり，既成の言語学が描いたことばであった。

　たとえば，就学時の子どもはことばの使用者として，すでに大量の語彙や複雑な文法規則を理解し使用している。このような長いことばの獲得のいとなみの結果として成立したことばを前提にして，ことばを獲得しようとしている0歳児の周りを見ると一つの感慨が起こる。子どもの周囲を見回してみると，成立することばに比して，乳児を取り囲む環境はただ貧弱なものに見える。

　たとえば，養育者が一つの語を発したとき，子どもの眼の前にある物には多くの属性が張りついている。その属性のうちのどれ

がいま発語されているラベルと対応しているのか。そういう煩雑なことを語が発せられるたびに，いちいち子どもに教えることはとても困難なことに思えてくる（しかし，それなしには，語は物と正しく対にされないのではないか）。獲得された文法をよく調べてみると，それにはきわめて精緻な規則があり，また，子どもを超える共通性がある。そのような純粋で単一の形式に従う規則の存在に対して，ことばを獲得する子どもたちの周りにあることは，ただ多様で複雑であり，規則性という観点からすれば矛盾に満ちた条件でしかないように思える。

　近年の語彙や文法獲得についての理論の多くは，このような獲得されたあとのことばの性質と，子どもを取り囲むところの，ことばにまつわる「環境の貧困さ」のギャップに注目して，その差を埋めようと努力してきた。本書で紹介されてきた語彙獲得の「制約論」や文法獲得の「生得論」は，どれもこの隙間を埋めるために提案された方法である。これらの理論は，子どもの内部にこの隙間を埋める何らかの機構があると考えた。内側にことばの成立を可能にする豊かな装置が存在しているとすることで，「環境の貧困さ」とことばの豊かさの間を埋めようとした。

　しかし，子どもの周りに，完成したことば，言語学の教科書にある例文のようにどこでも通じる語の連続が，雲のようにぽっかりと浮かんでいて，その列に子どもが手を伸ばして自分のものにしようとしているわけではない。流暢な話し手や書き手が使用していることばだけをイメージして，それを前提にして子どもたちのことばの獲得を考えることは，おそらく無理である。問題は子どもの周りにはどのようなことがあるのか，ということである。

1）アフォーダンス──包囲する意味

　子どもが育つところは，どのようなところなのだろう。大人は

どのようなところで子どもを育てているのだろう。私たちが住むところはあまりにも多くのことに満ちた複雑なところなので，このような問いに簡単に答えることはできないと考えるのが常識だろう。しかし，周りにあることについて，その意味について語るための方法がないわけではない。

生態心理学を提案したギブソン（1979）は，私たちを包囲して，私たちが行為するときに発見し利用している環境にある意味のことをアフォーダンスと名づけた。英語動詞の「アフォード」（afford）は「与える，提供する」などを意味する。「アフォーダンス」（affordance）とは，環境が動物に提供するもの，用意したり備えたりするものであり，動物がその進化のために利用してきたことである。それは私たちの周囲に潜在している行為にとっての意味である。アフォーダンスとは，人間を含む動物が生存していくための糧になっているあらゆることである。

たとえば，ギブソンは「陸地の表面がほぼ水平で，平坦で，十分な広がりをもっていて，その材質が堅いならば，その表面は（動物の身体を）支えることをアフォードする」という。つまり，私たちが地面と呼ぶところにあることの意味の一つはからだを「支持する」，その上を「移動する」などのアフォーダンスであるということである。彼は「水は，我々に対して呼吸作用をアフォードすることはない。水は飲むことをアフォードする。水には流動性があるので，容器から流れ出ることをアフォードし，溶解力があるので洗濯や入浴をアフォードする。水の表面は密度の高い大きな動物に対する支えをアフォードすることはない」という。水が何かということは，化学や流体力学などでも定義できるだろうが，生態心理学からすれば，それは「のどの乾きをいやす」，「容れ物で運搬する」，「汚れを落とす」，道具なしにはその上を「移動しない」，あるいは道具を利用してその上を「移動す

る」など(このようにすべての動物の行為にとっての意味を挙げればきりがない)のアフォーダンスの集合なのである。

おそらく,このように水のアフォーダンスを書いても,水にあることを十分には言い尽くせないだろう。たとえば,雨音に私たちが知覚している意味,川や海の視覚的・聴覚的・触覚的な変化に知覚しているたくさんの意味,水彩画家が複雑な色を作り出すために利用しているような水の性質については,十分に記述できない。アフォーダンスとは,その一部をことばにすることができるが,本来は知覚と行為だけが知っている,まだ名づけられていない意味のことである。

私たちはこのようなアフォーダンスの充満している「環境」で生きている。ギブソンは,環境に潜在している動物にとっての意味をまず第一に考えてみて,そこからことばの獲得など,あらゆる知覚と行為の発達について考えてみようと提案した(佐々木, 1994, 1996)。

2) アフォーダンスの配置——修正された環境

リード (Reed, 1996) は,私たちが住まうところを取り囲んでいるアフォーダンスについて語るための枠組みを提案している。彼は,「物」と「場所」と「出来事」のアフォーダンスで周りにあることを考えてみようという。

動物種を区別するのはその生き方である。ヒトがどのような種なのか,その生き方の方法を理解するためには,古生物学や考古学の知見が参考になる。これらの領域の資料が明らかにしているホモ・サピエンスの生き方の特徴は,住むための範囲が広大であること,大集団をなしていること,食物選択性が高度であること,一つの場所に長期にわたって住みつづけること,生きるための資源(アフォーダンス)の利用が集団で共同してなされるこ

と，集団間には物の交換があることなどにまとめることができる。

かつて，ヒトはこの要求を満たすために，季節ごとに住むところを移住したり，あるいは技術を開発したり，他の集団と交易したりしてきた。そして，農耕の開始以来，ヒトがしてきたことはもっぱら「生活圏の修正」という方法である。現代の，複雑に見える私たちの生活の大部分がしていることも，周囲の環境を「修正」することなのである。

地球上のほとんどの場所でヒトの永住がはじまったのは，たった四，五百世代前である。それは環境の修正によって可能になった。修正の方法は複雑で多様ではあるが有限である。たとえば人類の歴史が食物として利用した植物は，花をつける植物のほぼ3,000種に限定される。そのうち栽培されたのはおよそ200種にすぎず，主たる食料はその中のわずか数十種であり，それらが現在でも食用植物の9割を占めている。私たちが利用している資源は，アフォーダンスという観点からすれば，シンプルでもある。

リードによればヒトは3種の仕方で環境を修正してきた。

第一が「物の変形」である。物の変形とは，縁を付ける，とがらせる，丸くする，表面をけばだたせる，なめらかにする，飾りをつける，柔らかくする，固くする，つなぎ合わせる，差し込むなどの仕方で物の表面を変え，物の姿を変えることである。

ヒトの使用してきた物は実に多様であるが，食用植物と同様に限りがある。リードは5種の考古学の資料をまとめて，金属を使用する以前，新石器時代にヒトが利用していた「基本材料」としての物をリスト化している（表1）。そこに列挙されている材料で，当時のヒトの利用した物の9割以上が構成されていた。表2は，これらの基本材料を変形する際に利用された物のアフォーダンスのリストである。これらのアフォーダンスを利用して作られ

■表1　農耕発生以前にヒトが利用した，食物以外の基本材料(Reed, 1996)

植物	鉱物	動物
木	石	骨, 角, 歯
樹皮	泥	毛皮
葉	水	皮膚
つる	土	皮
草	砂	脂肪
染料, 顔料	粘土	卵の殻
	顔料	海貝のから

■表2　ヒトが利用してきた物の基本アフォーダンス（食物を除く）(Reed, 1996)

属　性	潜在的に利用可能なアフォーダンス
特性：	
耐久性	たたく，たたき切る
稠密さ	つぶす，割る，たたき切る
はがれやすさ	形をつける，削る，とがらせる，のこぎりを引く
鋭さ	ひっかく，刻み目をつける，穴を開ける，切る
着色しやすさ	面を装飾する
吸収性	吸い取る，洗う
固さ	穴を掘る，差し込む，打つ，差し伸べる，投げる
形状：	
長い＋可変性がある	結ぶ，縛る，つかをつける
長い＋固い	手で扱う，差し伸べるのに使う，押す and/or 投げるのに使う
凹型をしている	液体を入れる，音を出すのに使う
縁	切る and/or すりつぶす，粉々にする
面の状態：	
なめらか―粗い	こする，ぬぐう，磨く，なめらかにする
柔軟な―固い	型に入れる，分離する，砕く，粉々にする
毛が生えている―生えていない	湿らせない，熱を逃さない

■表3　新石器時代の「道具」リスト (Reed, 1996)

〈入れ物〉	〈たたき切るもの〉	〈身につけるもの〉
つぼ	斧	体を包むもの
カップ	手斧	宝石 and 装飾品
子どもを運ぶもの	つぶすもの	
	木づち or 棍棒	
	かなとこ	
〈棒〉	〈楽器〉	〈刺す道具〉
穴を掘るもの	吹くもの	針
差し込む/こするもの	弓でひくもの	きり
突くもの	たたくもの	かぎ針
槍		
集		
〈ボート〉	〈ひも状の道具〉	〈縁のある道具〉
	わな	ナイフ
〈スポンジ〉	網	こするもの
	やな	
〈櫛〉	革ひも	〈顔料〉
		〈ベッド〉
		〈火〉

た道具のリストが表3である。それらは，現在の私たちを取り囲んでいる物のアフォーダンスと，それをもとにした最新の道具にも似ている。

　環境を修正する第二の方法は「場所の変形」である。場所の変形とは，種々の物の(表)面を置き換えて隠れる場所を作ったり，隠れる場所の一つの面に，見通しがきく部分（窓と呼ばれる）を作ったり，そこではもっぱら暖をとるといったような場所を作るなどの仕方で，周囲の意味を変えることである。

　たとえば，新石器時代のヒトも，住まいの内と外をはっきりと区別していた。外はさらに，作業するための場所と，ゴミ捨て場

のような場所に区別していた。多くの場合，働く場所は焚き火などの暖の周りに丸く輪状に配置されていた。寝る場所も特別な場所として区別され，暖の周りにくぼみがからだの大きさに合わせて掘られて連なっているようなところがあった。食物の貯蔵や調理などのためにも専門化した場所があったが，その場所は主たる生活場所とは別の小屋などに設定されていた。時代が移っても，建築が多種の活動の場を作り出すための，面の独特な配置であるという事実は変わっていない。

　環境を修正する第三の方法は「出来事の変形」である。これは生活の時間的な構造を作ることである。起きる―寝る，食事を何回取るか，いつ取るか，他の人と交渉するときにどのような時間の構造を利用するかなど，あらゆる生活の習慣には独特の時間の構造がある。これが「変形された出来事」である。本来，私たちを取り囲む環境は独特の時間単位，つまり出来事の構造（日，季節……）を持っていて循環している。私たちがしていることは，その循環の構造を修正することである。たとえば，火を明かりとして利用すると，日没前後に時間を延長して活動することが可能になる，「一日」という出来事のパターンが変わる。暖を作り出し，暖かさを調整できるようになり，かつそれをどの場所でも自由に利用できるようになれば，気候の変動に伴う季節という出来事のパターンを修正できる。

　産業革命以来，環境の修正の方法と速度は急速で大規模に，そして多様になった。しかし，私たちが至るところで物と場所と出来事を変形しつづけて，ある生き方を作り上げているという事実だけは変わっていない。表に示されているように，ヒトの活動を動機づけていることは長い時間を超えて共通している。私たちはいつでもどこでも，アフォーダンスを入念に選択して，新たな「物」と「場所」と「出来事」を創造してきたのである。

私たちはこのように，いつも作り変えられつつある「ニッチ」(niche)〔アフォーダンスの集合するところ〕で生きている。この環境への新しい参加者，つまり，ことばの獲得途上にある子どもを取り囲んでいる環境は，それ自体独特に変形された物と場所と出来事であり，子どもの見ている前で大人たちが共同して行っていることも物と場所と出来事を変形することである。子どもとはこのように修正されつつある周囲に取り込まれながら，そこにあるアフォーダンスを長い時間をかけて発見していく存在である。アフォーダンスを共有するためにあることばの獲得は，このようにアフォーダンスが注意深く配置されたところで進行する。

3 意味にたどりつくまで

　アフォーダンスが独特に配置された環境（私たちはそれを自然環境と区別して「文化的環境」と呼ぶことがあるが，2つは区別できない）で，子どもたちがしていることはアフォーダンスを発見することである。ことば（ジェスチャーなどのあらゆる表現の手段を含む）は，アフォーダンスの発見を支持する手立ての一つとしてある。意味が周りにあるとして，次の問題は子どもたちがどのようにして周囲にある意味に出会うのかということである。

1）インタラクション・フレーム
　子どもを取り囲むところは特別に「修正」されている。どの文化でも，子どもの周りには，オモチャ，特別のゲーム，ベビー・ベットのような安全な寝場所，ベビー・サークルのような囲い，歩行器，手すりなどの歩行補助具などがある。特別な物，場所，出来事が「空気」のように厚く子どもを取り囲んでいる。子ども

は一人でここにいるわけでははない。子どもの周りには必ず特別の人がいる。

本書でもいくつかの章で述べられたように,養育者は独特なシンコペーションを多用するリズムで声を出し,歌い,独特な通常とは異なる大きな表情や手の動きや姿勢をする。生まれたばかりの赤ちゃんは,たとえわずかの持続であるとしても他の人の顔に視線を配るが,他者への独特な視覚的な感受性に加えて,他者の発声に対しても特有な感受性がある。赤ちゃんは他の音よりも人の発声により敏感であり,特別の仕方で反応する傾向がある。したがって赤ちゃんの他者への行為と,大人の赤ちゃんへの働きかけは循環し,発達初期の「インタラクション」(interaction, 相互交渉)のループが成立する。

子どもと大人が作り出すインタラクションの構造はインタラクション・フレームと呼ばれる(Fogel, 1993)が,それは他者の参加によってはじめて成立し進むコミュニケーションのパターンであり,大人と子どもに別々にあるのではなく,両者を横断して存在するやりとりの構造である。子どもはまずこのフレームに入る。子どもは,このフレームで何を探しているのだろう。

誕生後6カ月までのインタラクションに特徴的なのは,大人の役割が大きいということである。たとえば,ズコとダンカン(Zukow & Duncan, 1994)は,子どもが6カ月齢時から養育者と子どものペア5組を長期にわたり縦断的に観察して,初語(first word)が発せられる以前に,養育者と子どものペア5組が独特のインタラクションのループを作り上げていることを示した。

この時期の養育者は,顔の誇張した表情,呼びかけ,不意の発声,鋭い息の吸い込み,唇の間で舌を震わせること,物を子どもの前で振る,叩く,動かすなどの多様な仕方で子どもの「注意を

引く」。働きかけは独特なリズムで反復される。この時期の数千場面を超える母子間交渉の分析結果は，注意引きを中心とするインタラクションのループが，交渉のほぼ半数を占めていることを明らかにした。

養育者と呼ばれる特別の人たちがまずすることは，循環するインタラクションのループによって，大人も含めて周りにあることに注意する人に子どもを仕立てることなのである。

2) 物の意味の共有

子どもを周囲のアフォーダンスの発見へと導く基礎となる初期のインタラクションは，その後質的に変化する。

たとえば先のズコとダンカンは，子どもの知覚的注意を引きつける強い働きかけが，子どもが9カ月齢に至ると急に減少することを示している（Zukow & Duncan, 1994）。0歳代の後半では「注意引き」は，周囲にある物へ「注意を向ける」交渉に席をゆずった。6～12カ月齢の遊びについての研究も，最初の「イナイイナイバア」やくすぐり遊びのようなコミュニケーションを目指す遊びが，1歳ころまでには積木遊びのような物を中心とした内容に変わることを報告している。大人と子ども2人の関係に物が登場する。

子どもと養育者のコミュニケーションは，一日に何度も，特定の場所（食卓や寝室など）で行われる。両者の交渉は最初から物と場所と出来事を作り出す独特の環境で行われている。0歳代の後半から，これら周囲にあるアフォーダンスが，子どもと大人のコミュニケーションが探索することの中心の役割を担いはじめる。

物の役割について見てみよう。この時期になると，物の性質によって両者のコミュニケーションの質が変化する。たとえば，そ

れと関わるときに、つかむ、投げる、注視しながら指をくわえる、口をさわるなどの多様な行為が現れるようなオモチャ（それに対する行為が一定のことに限定されていない物）と、それへの働きかけが一定の行為に限定される、分かりやすい特徴のあるオモチャ（たとえばバネ仕掛けのオモチャのような物）を両者の間に置いた観察の結果は、物の性質が養育者と子どもの交渉の仕方を変化させることを示している。特定の行為を導くオモチャで遊ぶ場面では両者の交渉の頻度が高かった。物と人との関わりを、特定の行為（このような行為は一つのアフォーダンスを特定する）でつなぐような物がある場合には、その物を中心にして大人と子ども2人の交渉が繁く行われるのである。逆に交渉が物と行為との関係を特定化するということもある。それと関わる行為が一定に限定されていないオモチャで、養育者と子どもがともに遊ぶことで、最初はずれていた2人の行為が徐々に類似したものに変わってくることが示されている。交渉によって物のアフォーダンスが発見され、共有化されていくということがある (van Leeuwen, *et al*., 1995)。

　物などの環境にあるアフォーダンスが、このようにコミュニケーションの過程で明らかになるために必要なのは、意味を探る行為が可能であるということである。ギブソンは探索行為が可能になることが、アフォーダンスを他者と共有することにとって重要であると述べた。発達初期の子どもの場合には、自分で移動できるようになることで、環境を他者と共通した視点で観察する可能性を持ち、それが、他者とアフォーダンスを共有する可能性、つまり同じ意味を理解する可能性につながる。

　グスタフソン (Gustafson, 1984) は、まだ自力では移動できない6〜10カ月児を歩行器の中に入れて、自力で移動できる経験を可能にすることで、子どもの何が変化するかを観察してい

る。歩行器の外に置かれているときには、プレイルーム内の目を引くオモチャにばかり注目していた子どもは、歩行器の中に入ると、それまでは見なかった遠くのオモチャ、部屋の中にいる人、オモチャ以外の部屋の中の様子、たとえばポスターや床に張られたテープなどにも注意を向けた。また歩行器の中では、他者に対する笑いかけや声かけなどの行為も増えた。移動の可能性は環境への探索の幅を大きく広げる。ギブソンが言うように、移動手段の獲得は、大人と子どもによるアフォーダンスの共通の探索を大きく加速する。この時期に子どもはすでに周りにあるアフォーダンスを探索する人としての活動を開始している。

　しかし、一つのアフォーダンスが大人と子どもの間で共有されるまでには長い時間が必要である。筆者は、数家庭に、毎月1回乳児の食事の開始から終了までを数年間にわたってビデオ録画することを依頼した。その中から一人の男児のデータを表4に示した。ここに示されているのは発達の種々の時期の食事で、子どもの口に多種の食材が入ったその系列である。表では「ご飯」を枠で囲んでいる。1歳9カ月までは、母親の手が食材の系列に介入しているが、その後は子ども自身が物と関わって成立した食材の系列である。枠で囲まれた「ご飯」が他の食材とどのような系列をなしているのかに注目すると、一種の発達的変化を発見できる。3歳4カ月までは、「ご飯」とおかずはあまり関係せずに、それぞれを食べているが、4歳では、「ご飯」とおかずを交互に食べ、口中で折衷している。つまり、混合したときの味が、食事を制御しはじめている。

　表は私たちが主食と呼ぶ「ご飯のアフォーダンス」が、この男児では4歳になって発見されていることを示唆している。つまり、他の「おかず」の間に介在して口に入れる文化的な独特の意味を与えられた食物としての「ご飯」の意味、一食の流れを媒介

■表4 口に入った食材の系列（半谷，1997 をもとに作成）

月齢	1歳9カ月	2歳7カ月	3歳4カ月	4歳
食事の内容	ほうれん草とたまご，魚，ご飯，リンゴ	ウインナー，ほうれん草のおひたし，漬け物，ご飯，イチゴ	ホワイトシチュー，サラダ，冷や奴，しば漬け，ご飯，リンゴ	ぎょうざ，キュウリの酢のもの，トマト，冷や奴，ご飯
食具	スプーン，フォーク	スプーン，フォーク	スプーン	はし，スプーン
1	ご飯	ウインナー	冷や奴	ぎょうざ
2	ご飯	ウインナー	シチュー	ご飯
3	魚	ほうれん草	シチューご飯	ご飯
4	魚	ウインナー	シチューご飯	ぎょうざ
5	魚	ウインナー	シチューご飯	ご飯
6	魚	ウインナー	シチューご飯	冷や奴
7	魚	漬け物	シチューご飯	ご飯
8	魚	ご飯	シチューご飯	ご飯
9	ほうれん草	ご飯	シチューご飯	キュウリの酢のもの
10	ご飯	ご飯	シチューご飯	ご飯
11	ご飯	ご飯	シチューご飯	ご飯
12	ご飯	ご飯	シチューご飯	ご飯
13	ご飯	ご飯	トマト	ぎょうざ
14	魚	ほうれん草	トマト	ぎょうざ
15	魚	ご飯	トマト	ご飯
16	魚	ウインナー	トマト	ぎょうざ
17	魚	ウインナー	トマト	ご飯
18	魚	ウインナー	しば漬け	キュウリの酢のもの
19	ご飯	ウインナー	しば漬け	ご飯
20	ご飯	ウインナー	しば漬け	キュウリの酢のもの
21	ほうれん草	漬け物	シチューご飯	ご飯
22	ほうれん草	いちご	冷や奴	ご飯
23	ご飯	ほうれん草	冷や奴	冷や奴
24	ほうれん草	ご飯	ご飯粒とサラダと冷や奴（一度に）	キュウリの酢のもの
25	ご飯	ご飯	ご飯粒とサラダと冷や奴（一度に）	ご飯
26	ご飯	いちご	ご飯粒とサラダと冷や奴（一度に）	ご飯
27	ご飯			ご飯
28	ご飯			キュウリの酢のもの
29	ご飯			キュウリの酢のもの
30	ご飯			冷や奴

↓ 口に入った順

する特別の食物としての「ご飯のアフォーダンス」は4年間の食事を通して探索され発見されたということになる（半谷，1997）。物のアフォーダンスはこのように長く探索される。「ご飯」ということばの使用は，このような行為によるアフォーダンスの探索とともに探られている。

ここでは「物」だけに焦点を当てて述べたが，子どもの周囲は慎重にアフォーダンスが配置された独特の「場所」であり，独特の時間的循環である「出来事」が構築されているところである。「場所」の意味，「出来事」の意味も同様に大人と子どもがともに探索することの対象である。

3）ローカルなニッチから

子どもたちは，ここで述べたようなローカル（局所的）な意味がたくさん埋め込まれた場所で長い時間をかけてアフォーダンスを発見する。ことばが誕生してくるのも同じところである。本書のいくつかの章に示された事実も，ことばは意味が特別に配置されたところから開始されることを示していた。

たとえば，小林（1992）は1歳3カ月から2歳3カ月までの母親と女児がボール，スプーン，シャツ，帽子，皿，紙など多種の物を介して交渉する場面を長く縦断的に観察し，発語に先立ち，物に特定的な行為で長く交渉することが見られること，ついで行為や行為が行われる状況の一部を表現しているような，養育者と子どもの間だけで通じる「個性的な音の連続」（これはもうアフォーダンスを特定する語である）がこの場に登場すること，そしてこのローカルな場に根づいた「個性語」が，変化しながらもかなり長く（6カ月程度）使用されるということを示した。

たとえば，スプーンは，まず「口に食べ物を入れる行為」と「台所に行く行為」で指示され，次いで1歳7カ月のときに台所

という場所を指示する行為とともに「アト」(あそこ) という語で指示され，その後に母親との交渉で「アーンと口を開けてパクンと食べる」ことを意味する語「アップン」とスプーンとの中間的な表現である「アプーン」という語で指示された。この子どもが「スプーン」と発語したのは2歳2カ月になってからである。小林が示したのは，まず物を介在させたインタラクションがあり，物に特定的な行為による独特な交渉（おそらく独特の場所で，独特の時間に）が徐々に成立し，その交渉の長い持続が個性語を生み，その個性語が「発達」する，というプロセスの存在である。

文法を問題にしたトマセロ（Tomasello, 1992）の研究では，娘の1歳代の「動詞」の変化を克明に記録している。記録されたのは自発的（模倣以外）な非名詞的発話と「語の連結」のすべてで，それらが発語された状況も記述されている。「動詞」は「何らかの過程を表現していること，述語として用いられている語」と非常にゆるやかに定義され，したがって関係語（more とか bye-bye）も含まれている。1年に及ぶ観察の結果は2つのことを明らかにした。第一に二語文が使用される時期以降の文法の変化は動詞が担っているということである。この時期，動詞は文変形の核となっており，自発された文で動詞を伴わないものはほんのわずかで，これら動詞を含まない名詞的語のみからなる連鎖はそれ以上複雑な構造へと変化することはない。

第二の発見は，このように「文の発達」を中心として担う個々の動詞には，共通した規則的な変化は見られないということであった。変化は個々の動詞で孤立しており特殊であった。たとえば，この時期に観察されたすべての動詞162語のうち，90語は一貫して1語か2語で，3語以上の文に使用されたのはわずか17語のみであった。また否定形の文に使用されたのは7，疑問

形に使用されたのは 12 動詞のみであった。

　その使用のし方は動詞ごとに開始時点から大きく異なっていた。したがって，同時期のある動詞が使用されている文の形式から，他の動詞の形式を予測することは不可能で，動詞の変化を予測するためには，その動詞の発達の個性的な歴史を追うことしかなかった。トマセロはこのような事実から，2歳代には個々の動詞を越えた語形変化の規則は存在しない，文法構造の組織化は普遍的な規則に従う（当てはめる）のではなく，個々の動詞を「島」にして進むと結論している。文の変化は動詞が担うが，動詞はまとまった「大陸」のように同一の基礎を文に対して提供するのではなく，それぞれ個性的な「島」として文の変化を導く。この仮説は「動詞-島仮説」（verb Island hypothesis）と呼ばれている。

　岩立（1992；本書第5章）も，「文法」が特定の場面と緊密に結び付いて個性的に誕生することを示している。岩立はこれを「ローカル」な文法と呼んでいる。

　これらの事実は，初期の語や初期の文法が，子どもが物と場所と出来事を配置したアフォーダンスの集合するところ，生態学の用語でいえば「ニッチ」でことばを使いはじめていくことを示している。このローカルな意味の場で長い時間をかけて行われていることを軽視して，ことばの獲得を語ることはできない。植物学では，植物の花が葉の変化したものであることを明らかにしている。子どもたちがはじめて発語するとき，私たちはその「花」につながる肥えた大地と根と茎と葉の存在について忘れてはならない。子どもたちがことばの獲得のための長い試みを開始するときに彼らの周りにあることから，ことばの獲得を考える必要がある。

●読書案内

1 Reed, E. S., *Encountering the world: towards an ecological psychology,* Oxford University Press, 1996

　本章を読まれた方は，ことばの獲得のごく最初のあることについては分かったが，その後のこと，つまり複雑な文法のようなことについてアフォーダンス理論はどのように説明するのかと疑問に思われたことだろう。またアフォーダンス理論では，思考をどのように考えるのかと思われただろう。リードの本では言語の問題，思考の問題が生態心理学の立場から議論されている。

文　献

第1章

Baldwin, D. A. (1991), "Infants' contribution to the achievement of joint reference." *Child Development*, 62(5), 875-890.

Bates, E. (1994), "Modularity, domain specificity and the development of language." *Discussions in Neurosciences*, 10, 1/2, 136-149.

Bates, E. & B. MacWhinney (1987). "Competition, variation and language learning." In B. MacWhinney (ed.), *Mechanisms of language acquisition*. Hillsdale, NJ: Lawrence Erlbaum Associates.

Bates, E., Dale, P. S. & D. Thal (1995), "Individual differences and their implications for theories of language development." In P. Fletcher & B. MacWhinney (eds.), *The handbook of child language*, pp. 96-151. Cambridge, Mass.: Basil Blackwell Inc.

Berwick, R. (1985), *The acquisition of syntactic knowledge*. Cambridge, Mass.: The MIT Press.

Brown, R. & C. Hanlon (1970), "Derivational complexity and order of acquisition in child speech." In J. R. Hayes (ed.), *Cognition and the development of language*, pp. 11-53. New York: Wiley.

Carpenter, M., Nagell, K. & M. Tomasello (1998), "Social cognition, joint attention, and communicative competence from 9 to 15 months of age." *Monographs of the Society for Research in Child Development*, 63.

Crain, S. (1992), "Language acquisition in the absence of experience." *Behavioral and Brain Sciences*, 14, 597-611.

Crain, S. & M. Nakayama (1986), "Structure dependence in children's language." *Language*, 62, 522-543.

Elman, J. L., Bates, E. A., Johnson, M. H., Karmiloff-Smith, A., Parisi, D. & K. Plunkett (1996), *Rethinking innateness: A Connectionist perspective on development*. Cambridge, Mass.: The MIT Press.

Hoff, E. & L. Naigles (2002), "How children use input to acquire a lexicon." *Child Development*, 73, 418-433.

Hollich, G. J., Hirsh-Pasek, K. & R. M. Golinkoff (2000), "Breaking the language barrier: An emergentist coalition model for the origins of word learning." *Monographs of the Society for Research in Child*

Development, 65 (3, Serial No. 262).

Hyams, N. (1986), *Language acquisition and theory of parameters*. Dordrecht: D. Reidel.

伊藤武彦・田原俊司・朴媛淑 (1991),「被動作主をあらわす助詞ヲの獲得:助詞ガとの手がかりの強さの比較」『教育心理学研究』39, 75-84.

前田富祺・前田紀代子 (1996),『幼児語彙の統合的発達の研究』武蔵野書院.

松井智子 (2006),「階層的補文構造の獲得と使用基盤モデル:森川論文へのコメント」『心理学評論』49, 110-113.

Meisel, J. M. (1995), "Parameters in acquisition." In P. Fletcher & B. MacWhinney (eds.) *The handbook of child language*. Cambridge, Mass.: Basil Blackwell Inc.

明和政子 (2006),『心が芽ばえるとき:コミュニケーションの誕生と進化』NTT出版.

Meltzoff, A. N. (1995), "Understanding the intentions of others: Re-enactment of intended acts by 18-month-old children." *Developmental Psychology*, 31, 838-850.

Morgan, J. L. (1986), *From simple input to complex grammar*. Cambridge, Mass.: The MIT Press.

森川尋美 (2006),「孤島から文法の大陸へ:形態統語獲得の使用基盤モデルに関する理論的背景と諸研究」『心理学評論』49, 96-109.

村瀬俊樹 (2006),「子どもの語の獲得における養育者のことばの役割」『心理学評論』49, 45-59.

Nelson, K. E. (1982), "Experimental gambits in the service of language acquisition theory." In S. A. Kuczaj (ed.), *Language Development, vol. 1, Syntax and Semantics*. Hillsdale, NJ: Lawrence Erlbaum Associates.

Newport, E., Gelitman, H. & L. Gleitman (1977), "Mother, I'd rather do it myself: Some effects and noneffects of maternal speech style." In C. Snow & C. Ferguson (eds.), *Talking to children: Language input and acquisition*. Cambridge: Cambridge University Press.

西垣内泰介 (1995),「言語の知識」大津由紀雄編『認知心理学3 言語』13-36頁. 東京大学出版会.

小椋たみ子 (2006),「言語獲得における認知的基盤」『心理学評論』49, 25-41.

大津由紀雄 (1989),「心理言語学」太田朗編『英語学大系 第6巻 英語学の関連分野』181-361頁. 大修館書店.

Pinker, S. (1994), *The language instinct: How the mind creates language*. New York: William Morrow. 邦訳/スティーブン・ピンカー (1995),『言語を生みだす本能』椋田直子訳. 日本放送出版協会.

柴谷方良 (1989),「言語類型論」太田朗編『英語学大系 第6巻 英語学の関連分野』1-179頁. 大修館書店.

Smith, L. B. (2000), "How to learn words: An associative crane." In R. Golinkoff & Hirsh-Pasek (eds.), *Breaking the word learning barrier*, pp. 51-80. Oxford: Oxford University Press.

Snow, C. E. (1994), "Beginning from Baby Talk: Twenty years of research on input in interaction." In C. Gallaway & B. J. Richards (eds.), *Input and interaction in language acquisition*, pp. 3-12. Cambridge: Cambridge University Press.

Snow, C. E. & C. Ferguson (1977), *Talking to children: Language input and language acquisition*. Cambridge: Cambridge University Press.

Snow, C. E., Perlmann, R. & D. Nathan (1987), "Why routines are different: Toward a multiple-factors model of the relation between input and language acquisition." In K. E. Nelson & A. van Kleeck (eds.), *Children's language*, Vol. 6, 65-97. Hillsdale, NJ: Lawrence Erlbaum Associates.

Sokolov, J. L. & C. E. Snow (1994), "The changing role of negative evidence in theories of language development." In C. Gallaway & B. J. Richards (eds.), *Input and interaction in language acquisition*. Cambridge: Cambridge University Press.

Tomasello, M. (1992), *First Verbs: A case study of early grammatical development*. New York: Cambridge University Press.

Tomasello, M. (1995), "Language is not an instinct." *Cognitive Development*, 10, 131-156.

Tomasello, M. (1999), *The cultural origins of human cognition*. Cambridge, MA: Harvard University Press. 邦訳／マイケル・トマセロ (2006),『心とことばの起源を探る』大堀壽夫・中澤恒子・西村義樹・本多啓訳. 勁草書房.

Tomasello, M. (2003). *Constructing a language: A usage-based theory of language acquisition*. Cambridge, MA: Harvard University Press.

Tomasello, M., & J. Farrar (1986), "Joint attention and early language." *Child Development*, 57, 1454-1463.

Valian, V. (1990), "Logical and psychological constraints on the acquisition of syntax." In L. Frazier & J. de Villiers (eds.), *Language processing and language acquisition*, pp. 119-145. Dordrecht: Kluwer.

第2章

Barton, D. (1978), "The discrimination of minimally-different pairs of real words by children aged 2; 3 to 2; 11." In N. Waterson, & C. Snow (eds.), *The Development of Communication*, pp. 255-261. Chichester:

Wiley.

Bertoncini, Bijeljac-Babic R., Blumstein, S. E. & J. Mehler (1987), "Discrimination in neonates of very short CVs." *Journal of the Acoustical Society of America*, 82, 31-37.

Best, C. T. & G. W. McRoberts (2003), "Infant perception of non-native consonant contrasts that adults assimilate in different ways." *Language and Speech*, 46, 183-216.

Bradlow, A. R., Pisoni, D. B., Akahane-Yamada, R. & Y. Tohkura (1997), "Training Japanese listeners to identify English /r/ and /l/: IV. Some effects of perceptual learning on speech production." *Journal of the Acoustical Society of America*, 101, 2299-2310.

Brent, M. R. & J. M. Siskind (2001), "The role of exposure to isolated words in early vocabulary development." *Cognition*, 81, B 33-44.

Cheour, M., Ceponiene, R., Lehtokoski, A., Luuk, A., Allik, J., Alho, K., & R. Näätänen (1998), "Development of language-specific phoneme representations in the infant brain." *Nature Neuroscience*, Sep; 1(5), 351-353.

Eimas, P. D & J. L. Miller (1980), "Contextual effects in infant speech perception." *Science*, 209, 1140-1141.

Jusczyk, P. W. & R. N. Aslin (1995), "Infants' detection of the sound patterns of words in fluent speech." *Cognitive Psychology*, 29, 1-23.

Jusczyk, P. W., Houston, D. M. & M. Newsome (1999), "The beginnings of word segmentation in English-learning infants." *Cognitive Psychology*, 39, 159-207.

Kajikawa, S., Sato, K., Kanechiku, K., Imai, M. & E. Haryu (2005), "Infant discrimination of similar sounds in words: The more difficult to articulate, the more difficult to perceive?" Poster presented at Xth International Congress for the Study of Child Language.

金田一春彦監修・三省堂編修所編 (1996),『こどもことば絵じてん』三省堂.

Kuhl, P. K. (1991), "Human adults and human infants show a 'perceptual magnet effect' for the prototypes of speech categories, monkeys do not." *Perception & Psychophysics*, 50, 93-107.

Kuhl, P. K. (1999), "Speech, language and the brain: innate preparation for learning." In M. Konishi & M. Hauser (eds.), *Neural Mechanisms of Communication*, pp. 419-450. Cambridge, MA: MIT Press.

Kuhl, P. K., Tsao, F. & H. Liu (2003), "Foreign-language experience in infancy: Effects of short-term exposure and social interaction in phonetic learning." *Proceedings of National Academy of Sciences*, 100, 9096-9101.

Kuhl, P. K., Williams, K. A., Lacerda, F., Stevens, K. N. & B. Lindblom (1992), "Linguistic experience alters phonetic perception in infants by 6 months of age." *Science*, 255, 606-608.

Kuhl, P. K., Andruski, J. E., Chistovich, I. A., Chistovich, L. A., Kozhevnikova, E. V., Ryskina, V. L., Stolyarova, E. I., Sundberg, U. & F. Lacerda (1997), "Cross-language analysis of phonetic units in language addressed to infants." *Science*, 277, 684-686.

Liu, H., Kuhl, P. K. & F. Tsao (2003), "An association between mothers' speech clarity and infants' speech discrimination skills." *Developmental Science*, 6, F1-F10.

Maye, J., Werker, J. F. & L. Gerken (2002), "Infant sensitivity to distributional information can affect phonetic discrimination." *Cognition*, 82, B101-111.

Nazzi, T. (2005), "Use of phonetic specificity during the acquisition of new words: differences between consonants and vowels." *Cognition*, 98, 13-30.

劉 秋燕 (2000), 「台語母語話者に見られる日本語歯茎音 /d, n, r/ の聴取傾向」『日本語教育』107, 85-94.

Shvachkin, N. K. (1973), "The development of phonemic speech perception in early childhood". In C. A. Ferguson & D. I. Slobin (eds.), *Studies of Child Language Development*, pp. 91±127. New York: Holt, Rinehart, and Winston. (Original work published 1948).

Stager, C. L., & J. F. Werker (1997), "Infants listen for more phonetic detail in speech perception than in word-learning tasks." *Nature*, 388, 381-382.

Swingley, D. & R. N. Aslin (2000), "Spoken word recognition and lexical representation in very young children." *Cognition*, 76, 147-166.

Swingley, D. & R. N. Aslin (2002), "Lexical neighborhoods and the word-form representations of 14-month-olds." *Psychological Science*, 13, 480-484.

Werker, J., Pons, F., Dietrich, C., Kajikawa, S., Fais, L. & S. Amano (2007), "Infant-directed speech supports phonetic category learning in English and Japanese." *Cognition*, 103(1), 147-162.

第3章

Acredolo, L. & S. Goodwyn (1988), "Symbolic gesturing in normal infants." *Child Development*, 59(2), 450-466.

麻生 武 (1992), 『身ぶりからことばへ:赤ちゃんにみる私たちの起源』新曜社.

Bates, E., Benigni, L., Bretherton, I., Camaioni, L. & V. Volterra

(1979), "Cognitive and communication from nine to thirteen months: Correlational findings." In E. Bates (ed.), *The emergence of symbols: Cognition and communication in infancy*, pp. 69-140. New York: Academic Press.

Butcher, C. & S. Goldin-Meadow (2003), "Pointing toward tow-word speech in young children." In S. Kita (ed.), *Pointing: Where language, cognition, and culture meet*, pp. 85-107. Mahwah, NJ: Lawrence Erlbaum.

Butterworth, G. & N. Jarrett (1991), "What minds have in common is space-spatial mechanisms serving joint visual-attention in infancy." *British Journal of Developmental Psychology*, 9, 55-72.

Church, R. B. & S. Goldin-Meadow (1986), "The mismatch between gesture and speech as an index of transitional knowledge." *Cognition*, (23), 43-71.

Goldin-Meadow, S., Alibali, M. W. & R. B. Church (1993), "Transitions in concept acquisition: Using the hand to read the mind." *Psychological Review*, 100, 279-297.

Goldin-Meadow, S. & M. Morford (1990), "Gesture in early child language." In V. Volterra & C. J. Erting (eds.), *From gesture to language in hearing and deaf children*, pp. 249-262. Berlin: Springer-Verlag.

Hood, B. M., Willen, J. D. & J. Driver (1998), "Adult's eyes trigger shifts of visual attention in human infants." *Psychological Science*, 9(2), 131-134.

Iverson, J. M. & S. Goldin-Meadow (1998), "Why people gesture when they speak." *Nature*, 396, 228.

Iverson, J. M. & S. Goldin-Meadow (2005), "Gesture paves the way for language development." *Psychological Science*, 16(5), 367-371.

喜多壮太郎 (1993),「ことばとジェスチャー」『言語』Vol. 22, 78-81.

喜多壮太郎 (2002a),『ジェスチャー:考えるからだ』金子書房.

喜多壮太郎 (2002b),「人はなぜジェスチャーをするのか」齋藤洋典・喜多壮太郎編『ジェスチャー, 行為, 意味』pp. 2-23. 共立出版.

Kendon, A. (1994), "Do gestures communicate: A review." *Research on Language and social interaction*, 27, 175-200.

Lock, A., Young, A., Service, V. & P. Chandler (1990), "Some observations on the origin of the pointing gesture." In V. Volterra & C. J. Erting (eds.), *From gesture to language in hearing and deaf children*, pp. 42-55. Berlin: Springer-Verlag.

正高信男 (1993),「身振りの行動発達学」『科学』Vol. 63, 499-507.

マクニール, D (1987/1990)『心理言語学』鹿取他訳, サイエンス社.

McNeill, David. (1992), *Hand and Mind*. Chicago: University of Chicago Press.

マクニール, D. (2002),「成長点, キャッチメント, 文脈」齋藤洋典・喜多壮太郎編『ジェスチャー, 行為, 意味』pp. 24-54, 共立出版.

Nicoladis, E. (2002), "Some gestures develop in conjunction with spoken language development and others don't: Evidence from bilingual preschoolers." *Journal of Nonverbal Behavior*, 26(4), 241-266.

野邊修一 (2007),「マクニール『Hand and mind』」『言語』Vol. 36, No. 7, 100-105.

関根和生 (2006a),「身振りの発達に関する心理学的研究の展望」『人間発達研究』Vol. 4, 117-137 (『和光大学人間関係学部紀要, 第10号, 第2分冊』).

関根和生 (2006b),「幼児に置ける空間参照枠の発達：経路説明における言葉と身振りによる検討」『発達心理学研究』Vol. 17, 263-271.

第4章

Akhtar, N., & M. Tomasello (1996), "Twenty-four-month-old children learn words for absent objects and actions." *British Journal of Developmental Psychology*, 14, 79-93.

Baldwin, D. A. (1991), "Infants' contribution to the achievement of joint reference." *Child Development*, 62(5), 875-890.

Baldwin, D. A. (1993), "Infants' ability to consult the speaker for clues to word reference." *Journal of Child Language*, 20(2), 395-418.

Bates, E., Marchman, V., Thal, D., Fenson, L., Dale, P., Reznick, J. S., Reilly, J. & J. Hartung (1994), "Developmental and stylistic variation in the composition of early vocabulary." *Journal of Child Language*, 21, 85-123.

針生悦子 (1991),「幼児における事物名解釈方略の発達的検討：相互排他性と文脈の利用をめぐって」『教育心理学研究』39, 11-20.

今井むつみ・針生悦子 (2007),『レキシコンの構築：子どもはどのように語と概念を学んでいくのか』岩波書店.

Imai, M. & Haryu E. (2001), "Learning proper nouns and common nouns without clues from syntax." *Child Development*, 72, 787-802.

Kobayashi, H. (1997), "The role of actions in making inferences about the shape and material of solid objects among Japanese 2-year-old children." *Cognition*, 63, 251-269.

Kobayashi, H. (1998), "How 2-year-old children learn novel part names of unfamiliar objects." *Cognition*, 68, B 41-51.

小林春美 (1999),「共同注意手がかりと場所知識手がかりが語の意味の推測における相互排他性利用において果たす役割」『教育心理学研究』47,

209-217.

Kobayashi, H. (2002), Learning the novel part names with observation of adults' gestures. *Studies in Language Sciences 2*, 149-156.

Kobayashi, H. (2007), "The effect of touching object parts on learning novel object part names among young children and adults." *Studies in Language Sciences* 6, 61-76.

Kobayashi, H. & T. Yasuda (2007a), "Caregivers' Strategies to Teach Part Names of Familiar and Unfamiliar Objects." Society for Research in Child Development (SRCD) 2007 Biennial Meeting, Poster Session 4-037.

Kobayashi, H. & T. Yasuda (2007b), "A flow-of-conversation plays a role: Examining line-of-regard of young children and adults in a discrepant labeling situation." *the Second European Cognitive Science Conference*, 107-112.

Landau, B., Smith, L. B. & S. S. Jones (1988), "The importance of shape in early lexical learning." *Cognitive Development*, 3, 299-321.

前田富棋・前田加世子 (1983),『幼児の語彙発達の研究』武蔵野書院.

Markman, E. (1989), "*Categorization and naming in children: Problems of induction.*" Cambridge, Mass.: The MIT Press.

Markman, E. (1994), "Constraints on word meaning in early language acquisition." In L. Gleitman & B. Landau (eds.), *The acquisition of the lexicon*, pp. 199-227. Cambridge, Mass.: The MIT Press.

Markman E. & J. E. Wachtel (1988), "Children's use of mutual exclusivity to constrain the meanings of words." *Cognitive Psychology*, 20, 121-157.

Moll, H., Koring, C., Carpenter, M. & M. Tomasello (2006), "Infants determine others' focus of attention by pragmatics and exclusion." *Journal of Cognition and Development*, 7, 411-430.

Nelson, D. G., Kelmer, Russell, R., Duke, N., & K. Jones (2000), "Two-year-olds will name artifacts by their functions." *Child Development*, 71, 1271-1288.

Soja, N., Carey, S. & E. Spelke (1991), "Ontological categories guide young children's inductions of word meaning: Object terms and substance terms." *Cognition*, 38, 179-211.

Tomasello, M. (1997), "The pragmatics of word learning." *Japanese Journal of Cognitive Science*, 4, 59-74.

Tomasello, M. (2001), "Perceiving intentions and learning words in the second year of life." In M. Bowerman, & S.C. Levinson (Eds.), Language acquisition and conceptual development. Cambridge, UK: Cambridge University Press.

Tomasello, M. & M. Barton (1994), "Learning words in non-ostensive contexts." *Developmental Psychology*, 30, 639–650.

第5章

Bernstein, D. K. & Tiegerman-Farber (1997), *Language and communication disorders in children*. Allyn and Bacon.

岩立志津夫 (1981),「一日本語児の動詞形の発達について」『学習院大学文学部研究年報』27, 191–205.

岩立志津夫 (1992a),「言語獲得」東洋・繁多進・田島信元監修『発達心理学ハンドブック』550–563頁, 福村出版.

岩立志津夫 (1992b),「文法の獲得：ローカル・ルールからグローバル・ルールへ」『言語』Vol. 21, No. 4, 46–51.

岩立志津夫 (1994),『幼児言語における語順の心理学的研究』風間書房.

岩立志津夫・伊藤亜子・小片亜衣・寺田雅英 (2004),「言語発達の基礎・支援研究(3)：社会的・生物的認知アプローチ」『日本発達心理学会第15回大会発表論文集』191頁.

岩立志津夫 (2006),「生得論と使用に準拠した理論で十分か？：社会的・生物的認知アプローチ」『心理学評論』49(1), 9–18.

岩立志津夫 (2007),「社会的・生物的認知アプローチ研究(1)：認知システムの質的能力に基づく文法獲得」『日本発達心理学会第18回大会論文集』644頁.

Nelson, K. (1982), "The syntagmatics and paradigmatics of conceptual representation." In S. Kuczaj (ed.), *Language Development,* Vol. 2, pp. 159– 199. Hillsdale, NJ: Lawrence Erlbaum Associates.

Sano, T. (1995), "A study of UG with special reference to child grammar." Unpublished Ph. D. dissertation, UCLA.

Tomasello, M. (1992), *First verbs: A case study of early grammatical development*. Cambridge University Press.

Tomasello, M. (2003), *Constructing a language: A usage-based theory of language acquisition*. Harvard University Press.

第6章

Clancy, P. M. (1985), "The acquisition of Japanese." In D. I. Slobin (ed.), *The crosslinguistic study of language acquisition*, Vol. 1, pp. 373– 524. Lawrence Erlbaum Associates.

藤原与一 (1977),『幼児の言語表現能力の発達：「わが子のことば」を見つめよう』文化評論出版.

岩淵悦太郎・村石昭三 (1968),「言葉の習得」岩淵悦太郎他 編『ことばの誕生』109–177頁. 日本放送出版協会.

久野 暲 (1973),『日本文法研究』大修館書店.

Miyahara, K. (1974), "The acquisition of Japanese particles." *Journal of Child Language*, 1, 283-286.

永野　賢 (1959),「幼児の言語発達について：主として助詞の学習過程を中心に」『ことばの研究1』383-396. 国立国語研究所.

永野　賢 (1960),「幼児の言語発達：とくに助詞「の」の習得過程について」『島田教授古稀記念国文学論集』405-418. 関西大学国文学会.

野地潤家 (1977),『幼児期の言語生活の実態Ⅰ』文化評論出版.

大久保愛 (1967),『幼児言語の発達』東京堂出版.

Slobin, D. I. (1973), "Cognitive prerequisites for the development of grammar." In C. A. Ferguson & D. I. Slobin (eds.), *Studies of child language development*, pp. 175-208. Holt, Rinehart and Winston.

横山正幸 (1989a),「幼児の連体修飾発話における助詞ノの誤用：R児の場合」F. C. パン他編『個人の言語と社会の言語』76-111頁. 文化評論出版.

横山正幸 (1989b),「幼児による格助詞ニの誤用について」『日本心理学会第53回大会発表論文集』801.

横山正幸 (1990),「幼児による助詞の誤用の出現時期と類型について—R児の場合」F. C. パン他編『言語行動のバリエーション』207-229頁. 文化評論出版.

横山正幸 (1991a),「幼児による格助詞ニ→ガの置換誤用」『福岡教育大学紀要』第40号, 第4分冊, 303-312.

横山正幸 (1991b),「幼児はなぜ目的語を格助詞ガで標示するのか」F. C. パン他編『社会における言語機能の諸相』144-163頁. 文化評論出版.

第7章

バウアー, T. G. R. (1980),『乳児期』岡本夏木・野村庄吾・岩田純一・伊藤典子訳. ミネルヴァ書房.

カーティス, S. (1992),『ことばを知らなかった少女ジニー』久保田競・藤永安生訳（抄訳）. 築地書館.

藤永　保 (1982),『発達の心理学』岩波新書.

藤永　保 (1990),『幼児教育を考える』岩波新書.

藤永　保 (1995),『発達環境学へのいざない』新曜社.

藤永　保・斎賀久敬・春日喬・内田伸子 (1987),『人間発達と初期環境』有斐閣.

藤永　保 (2001),『ことばはどこで育つか』大修館書店.

金子　保 (1994),『ホスピタリズムの研究』川島書店.

レネバーグ, E. H. (1974),『言語の生物学的基礎』佐藤方哉・神尾昭雄訳. 大修館書店.

ローレンツ, K. (1974),『動物行動学Ⅰ』丘直通・日高敏隆訳. みすず書房.

ペンフィールド, R. (1963),『言語と大脳』上村忠男・前田利男訳. 誠信

書房.
ライマー, R. (1995),『隔絶された少女の記録』片山陽子訳. 晶文社.
スピッツ, R. (1964),『母子関係の成り立ち』古賀行義訳. 同文書院.
Thompson, A. M. (1986), "Adam-A severely deprived Columbian orphan: A case report." *Journal of Child Psychology and Psychiatry*, 27, 689-695.
氏家洋子 (1996),『言語文化学の視点』おうふう
ヴィゴツキー, L. S. (1962),『思考と言語』(上・下) 柴田義松訳. 明治図書.

第8章

American Psychiatric Association (1994), *DSM-IV: Diagnostic and statistical manual of mental disorders* (*4th ed.*). Washington, D.C.: Author.
Bates, E. (1979), "On the evolution and development of symbols." In E. Bates (ed.), *The emergence of symbols: cognition and communication in infancy,* pp. 1-32. Academic Press.
Bates, E., Benigni, L., Bretherton, I., Camaioni, L. & V. Volterra (1979), "Cognition and communication from nine to thirteen months: Correlational findings." In E. Bates (ed.), *The emergence of symbols: Cognition and communication in infancy*, pp.69-140. Academic Press.
Bates, L., Camaioni, L., & Volterra, V. (1975) The acquisition of performatives prior to speech. *Merrill-Palmer Quarterly* 26, 407-423.
Gopnik, A. & A. N. Meltzoff (1997), *Words, thought, and theories*. MIT Press.
Kanner, L. (1943), "Autistic disturbances of affective contact." *Nervous Child*, 2, 217-250.
McCune-Nicolich, L. (1981), "Toward symbolic functioning: Structure of early pretend games and potential parallels with language." *Child Dev.,* 52, 785-797.
オグデン, C. K. & リチャーズ, I. A. (1967),『意味の意味』石橋幸太郎訳. ぺりかん社.
小椋たみ子 (1988), 「初期言語発達と事物操作の関係についての縦断的研究」『教育心理学研究』36(1), 19-28.
小椋たみ子 (1992), 「自閉性障害児の初期言語発達と認知発達の関係」『聴能言語学研究』9 (1), 10-20.
小椋たみ子 (2006), 「言語獲得における認知的基盤」『心理学評論』49(1), 25-41.
小椋たみ子・綿巻徹 (2004),『日本語マッカーサー乳幼児言語発達質問紙「語と身振り」手引』京都国際社会福祉センター.

大伴　潔 (2006),「障害と言語発達」『心理学評論』49(1), 140-152.
大藪　泰 (2004),『共同注意　新生児から2歳6か月までの発達過程』川島書店.
ピアジェ, J. (1978),『知能の誕生』谷村他訳. ミネルヴァ書房.
ピンカー, S. (1995)『言語を生み出す本能（上・下）』椋田直子訳. NHKブックス.
Piaget, J. (1962), *Play, dreams and imitation in childhood.* Norton.
ロッシャ, P. (2001),『乳児の世界』板倉昭二・開一夫監訳. ミネルヴァ書房.
嶋津峯真・生澤雅夫・中瀬惇 (1983),『新版K式発達検査実施手引書』京都国際社会福祉センター.
トマセロ, M. (2006),『心とことばの起源を探る』大堀壽夫他訳. 勁草書房.
Ungerer, J. & M. Sigman (1987), "Categorization skills and receptive language development in autistic children." *J. Autism Dev. Disord.,* 17, 3-16.
ウズギリス, I. C. & ハント, J. McV. (1983),『乳幼児の精神発達と評価』白瀧他訳. 日本文化科学社.
綿巻　徹 (1997),「自閉症児における共感獲得表現助詞『ね』の使用の欠如：事例研究」『発達障害研究』19(2), 146-157.
ウエルナー, H. & カプラン, B. (1974),『シンボルの形成：言葉と表現への有機－発達論的アプローチ』柿崎監訳. ミネルヴァ書房.

第9章

クラーク, I. V. (1976),「身振りからことばへの発達」ブルーナー, J. S.・ガートン, A. 編『こどもの成長と発達』大山正・畑山みさ子訳, 104-105頁. 新曜社.
Goldin-Meadow, S. (2003), *The resilience of language.* New York: Psychology Press.
Goldin-Meadow, S., & C. Mylander (1984), "Gestural communication in deaf children." *Monographs of the Society for Research in Child Development*, 49, 1-121.
グロース, E. N. (1991),『みんなが手話で話した島』佐野正信訳, 築地書館.
Meier, R. P. (2002), "The acquisition of verb agreement." In G. Morgan & B. Woll (eds.), *Directions in sign language acquisition*, pp.115-141. Amsterdam, The Netherlands: John Benjammins.
Meier, R. P. & R. Willerman (1995), "Prelinguistic gesture in deaf and hearing infants." In K. Emmorey & J. Reilly (eds.), *Language, gesture and space*, pp. 391-409. Mahwah, NJ: Lawrence Erlbaum.

Newport, E. (1988), "Constraints on learning and their role in language acquisition." *Language Sciences*, 10(1), 147-172.
Petitto, L. A. (1987), "On the autonomy of language and gesture." *Cognition,* 27, 1-52.
Petitto, L. A. (2000), "The acquisition of natural signed languages." In C. Chamberlain, J. Morford & R. I. Mayberry (eds.), *Language acquisition by eye*, pp. 41-50. Mahwah, NJ: Lawrence Erlbaum.
Petitto, L. A. & P. F. Marentette (1991), "Babbling in the manual mode: Evidence for the ontogeny of language." *Science*, 251, 1493-1496.
Polich, L. (2005), *The emergence of the Deaf Community in Nicaragua*. Washington, D.C.: Gallaudet University Press.
Reilly, J. S. & U. Bellugi (1996), "Competition on the face: Affect and language in ASL motherese." *Journal of Child Language*, 23, 219-239.
Reilly, J. S. & M. McIntire (1991), "WHERE SHOE: The acquisition of Wh-questions in American Sign Language." *Papers and Reports on Child Language Development*, 30, 104-111.
Reilly, J. S., McIntire, M. & U. Bellugi (1990), "The acquisition of conditionals in American Sign Language." *Applied Psycholinguistics*, 11, 369-392.
Senghas, A. (1995), "Children's contribution to the birth of Nicaraguan Sign Language." *Unpublished Doctoral dissertation*. MIT.
Singleton, J. L. (1989), "Restructuring of language from impoverished input: Evidence for language compensation." Unpublished Doctoral dissertation, University of Illinois at Urbana-Champaign.
武居渡・鳥越隆士(2000),「聾児の手話言語獲得過程における非指示ジェスチャーの役割」『発達心理学研究』11(1), 12-22.
Takei, W. & T. Torigoe (2001), "The role of pointing gestures in the acquisition of Japanese Sign Language." *Japanese Journal of Special Education*, 38(6), 51-63.
武居渡・鳥越隆士・四日市章(1997),「離島に住む成人聾者が自発した身振りの形態論的分析」『特殊教育学研究』35(3), 33-41.
鳥越隆士(1995),「ろう児はいかに手話を学ぶか」『手話学研究モノグラフ』5, 1-61.
鳥越隆士(1996),「手話言語における『音韻』発達：第一言語として手話を習得しつつあるろう児の事例から」『発達』19, 172-181.
Torigoe, T. & W. Takei (2001), "A descriptive analysis of early word combination in deaf children's signed utterance." *Japanese Psychological Research*, 43(3), 156-161.
Torigoe, T. & W. Takei (2003), "A descriptive analysis of pointing and

oral movements in a home sign system." *Sign Language Studies*, 2(3), 281-295.

山梨正明 (1995), 『認知文法論』ひつじ書房.

第10章

Fogel, A. (1993), *Developing through relationships: Origin of communication, self, culture*. University of Chicago Press.

Gibson, J. J.(1979), *The ecological approach to visual perception*. LEA. 邦訳／ギブソン, J. J. (1979), 『生態学的視覚論』古崎他訳. サイエンス社.

Gustafson, G. E. (1984), "Effects of the ability to locomotion on infants' social and exploratory behaviours: An experimental study." *Developmental Psychology*, 20(3), 397-405.

半谷実香 (1997), 「『食事』の誕生：幼児の食事場面の縦断的観察」早稲田大学人間科学部卒業論文.

岩立志津夫 (1992), 「文法の獲得：ローカル・ルールからグローバル・ルールへ」『言語』Vol. 21, No. 4, 46-51.

小林春美 (1992), 「アフォーダンスが支える語彙獲得」『言語』Vol. 21 No.4, 37-45.

前田英樹 (1989), 『沈黙するソシュール』書肆山田.

Reed, E. S. (1996), *Encountering the world: towards an ecological psychology*. Oxford University Press. 邦訳/リード, E. S. (2000), 『アフォーダンスの心理学：生態心理学への道』細田直也訳・佐々木正人監修. 新曜社.

佐々木正人 (1994), 『アフォーダンス：新しい認知の理論』岩波科学ライブラリー.

佐々木正人 (1996), 『知性はどこに生まれるか：ダーウィンとアフォーダンス』講談社現代新書.

Tomasello, M. (1992), *First verbs: A case study of early grammatical development*. New York: Cambridge University Press.

van Leeuwen, L., Kaufmann-Hayoz, R. & D. Walther (1995), "Object-affordances guiding mother-child interaction." *Paper presented at 8th International Conference on Perception and Action*.

Zukow, P. & K. R. Duncan (1994), "An ecological approach to the emergence of the lexicon." In V. John-Steiner, *et al.* (eds.), *Interactionist approaches to language and literacy*. Cambridge University Press.

索　引

あ行

アイ・コンタクト　178, 216
愛着関係　190, 223
アダムの事例　196
アフォーダンス　113, 267, 276
アフォーダンスの共有　276
アメリカ手話　233
暗示的否定証拠　30
言い誤り　55
意図解読　138
意図的コミュニケーション　209
意図的主体　204
意図の推測　111
イミテーション　35
イメージ的思考　74
インタラクション　274
インタラクションのループ　274
インプット　12
韻律　50
ヴィゴツキー　187
ウィリアムズ症候群　17, 20
ウズギリス - ハント尺度　209
埋め込み文　19, 31
映像的身振り　73, 82
F・Gの事例　184
エルマン　39
音韻　52
音響的特徴　53
音響的変異　53

か行

下位カテゴリー　104
外言　187
カーティス　179
会話の流れ　112
過拡張的用法　92
係助詞　215
格助詞　215
格助詞ガ　153
格助詞ノ　159
格助詞ヲ　152
形バイアス　102
活用否定　124
カテゴリー関係　101
カテゴリー制約　99
カテゴリー知覚　53
感覚運動期　207
感覚運動知能　208
慣習性　206
間接否定証拠　15, 30
慣用的操作　222
慣用的身振り　222
ギブソン　267
基本カテゴリー　104
競合モデル　38
共同注意 (joint attention)　28, 65, 218
局所相同説　208, 216
空主語 (null subject) パラメータ　12
句構造　19
句構造規則　9
クレオール　17
クレオール化　21
クレオール的手話　22

クレーン行動 218
グローバル・ルール 134
原言語発話 77, 81
言語獲得の臨界期 249
言語獲得の臨界期説 173
言語行動 5
言語入力 8, 27
言語能力 8
言語の運用 8
言語の生得性 17, 25
言語のモジュール性 24
原始的共有状態 206
原叙述形 218
原身振り 75
原命令形 218
原理とパラメータのアプローチ 9
語彙獲得の第一段階 93
語彙獲得の第二段階 95
語彙の増加 214
語彙の爆発的増加(word explosion) 94
肯定証拠 14
行動主義 5
行動主義アプローチ 5
口話法 18
国際音声記号 53
語順 10
子どもへの話しかけ 61
コネクショニズム 38
語の音声がもつ聴覚表象 207
語の連結 7
個別文法 8
コミュニカティブ・ジェスチャー 238
コミュニケーションの意図性 203
コミュニティ・サイン 254
固有のルール 23
語用能力 225
語用論的側面 225
語用論的手がかり 226
語用論的要素 8

ゴールデン＝メドウ 85, 250

さ行

三項関係 36
三項関係の段階 203
参照視(referential looking) 218
恣意性 206
刺激の貧困 8, 19, 27
自己修正発話 149
自己へのふり遊び 222
指示語の出現 213
指示される対象 207
指示の意図 108
視点(パースペクティヴ；perspective) 34
ジニーの事例 175
事物全体制約 99
自閉症 216
自閉症児 132
社会的手がかり 226
社会的相互作用 33, 64, 106
社会的な手がかり 42
社会的認知 204
社会的認知能力 29, 224
修飾語枠 125
終助詞ネ 160
手指喃語(manual babbling) 238
樹状構造 18
主題の関係 100-101
主要部(head) 9, 10
手話単語 238
手話としての指さし 244
手話の音韻論 234
手話のクレオール化 250
手話の形態論 236
手話の統語論 236
手話の表情 246
手話の文法 245
手話の文法発達 245
手話文の生成 245
馴化 58

馴化スイッチ法　58
準体助詞ノ　158
上位カテゴリー　104
使用基盤モデル　40
象徴　204
象徴遊び　209
象徴機能　204
象徴機能の発達　207
象徴体　204
象徴的身振り　75, 78
情緒-社会性　223
所記　207
初期環境の貧困　185, 195
初期設定　13
初語　91
初語の出現　212
助詞の誤用　144
助詞の「ネ」　226
シンタグマティックな範疇　130, 136
心的表象　74
シンボル機能　224
親密な養育関係（愛着）　190
親密な養育関係の成立　184
スキナー　5
ストレスパターン　50
スノウとファーガソン　27
刷り込み　171
スロービン　151
生育環境の貧困　184
生起率　7
生成文法論者　26
生態心理学　267
制約論　29
セグメンテーション問題　50
接続誤用　149
線形ルール　18
前言語期　28
生成文法理論　24
相互排他性　99
操作原理（Operating Principles）　121
創発連立モデル　41
即時反響言語　220
即時マッピング　98
ソシュール　207, 263
存在論的カテゴリー　101

た行

代置　214
代置のみたて遊び　214, 222
ダウン症児　218
他者の意図理解　43
他者の意図を推測する能力　33
脱材料化　212
脱馴化　59
脱中心化　212
脱文脈化　212
単語音声　51, 65, 68
単語の切り出し　50, 57
短母音　61
地域のサイン　254
小さな言語　13
遅延反響言語　220
置換誤用　146, 152
注意統計的学習　29, 43
注意の共有　76
注意引き　275
聴覚口話法　249
聴覚障害児　18
聴覚表象　207
長母音　61
直示的身振り　73, 75, 82
直接否定証拠　30
チョムスキー　6
津守・稲毛式乳幼児言語発達質問紙　216
手型　235
手型の誤り　242
手さし　76
手の位置　235
手の運動　235

手の形　235
デフォルト　14
電報文体　150
統計情報　51
統計的学習　39, 51, 60
動詞-項構造　125
動詞-島仮説　23, 129, 137
動詞の形態素獲得　6
トマセロ　33, 106
トリガー（引き金をひく）　9
取り込み　32

な行

内言　187
ナイ付加否定文　124
二極的入力　62
二項／情緒的関係の段階　203
二語発話　79
二語発話の出現　215
ニッチ　273, 281
日本語マッカーサー乳幼児言語発達質問紙　216
日本手話　233
ニューポート　249
入力　60
人形へのふり遊び　222
認知的・社会的学習スキル　138
認知能力の発達　207
能記　207

は行

バウアー　191
パターン発見　40
発達遅滞児　218
母親語　27, 62
パラディグマティックな範疇　130, 136
パラメータの「再設定」　13
パラメータ（parameters）の設定　10
反響言語　220

ピアジェ　207
非言語コミュニケーション　216
非言語的手がかり　114
非指示ジェスチャー　238-9
非手指要素（non-manual signal）　236
ピジン　17
ピジン的手話　22
ピジンのクレオール化　17
否定証拠　30
否定証拠の欠如　15, 31
非文法的な文　14, 19
表象関係　207
表象的身振り　73
ピンカー　16
敏感調整仮説　28
不一致ラベルづけ　107
フォルマント周波数　54
付加誤用　148
部分集合の原理　14
普遍的なルール　23
普遍文法　8, 10, 26
ふり遊び　215
プロソディー　50
文化的環境　273
文法化　255
文法出現期　215
文法的直感　7
文法的な表情　247
文法的な指さし（手話）　255
文法的表情の発達過程　246
文法的文　14
文法的類似性　160
平均発話長（MLU）　19, 82
閉鎖音　53
ベイツ　208, 218
ペティトー　243
報酬　6
ホスピタリズム　167
母性的養育の欠如　170
補部（complement）　9

ホーム・サイン　18, 250, 254

ま行

マクニール　73, 83
マークマン　98
摩擦音　53
マザリーズ（motherese）　27, 62, 64
マターナル・デプリベーション　170
間違ったパラメータ設定　31
マッカーサー乳幼児言語発達質問紙　216
まれな出来事　31
見せる行動（ショウイング；showing）　203
ミニマリスト　11
ミニマルペア　52, 56
身振り　80
身振りコミュニケーション（ろう児）　250
身振りの単語　78
身振りの発達　75
身振り連鎖　251
明示的指示定義　106
命名の洞察（naming insight）　95
モジュール　17
物の永続性　208
物のやりとり　203
物へ注意を向ける　275
模倣　5
模倣・機械的適用　160

模倣能力　36

や行

役割交替のイミテーション　35
指さし（pointing）　75, 79, 203
指たて（index finger extension）　76
養育者の役割　33

ら行

臨界期　171, 172
ルール　6
レネバーグ　173
ろう学校　248
ろう教育　253
ろう児　248
ろう者　233
ろう者社会　233, 249, 253
ローカル・ルール　134
ローレンツ　171

わ行

渡す行動（ギビング；giving）　203

A〜X

CDS（Child Directed Speech）　27
MLU（Mean Length of Utterances）　82
PDPモデル　38
Xバー理論　9

●執筆者紹介 (五十音順・敬称略・括弧内は担当章)

岩立志津夫 (第5章)
1980年東京都立大学大学院博士課程中途退学，心理学専攻，文学博士。
現在，日本女子大学名誉教授。
主著:『幼児言語における語順の心理学的研究』，風間書房，1994。『よくわかる言語発達』(編著)，ミネルヴァ書房，2005。

小椋たみ子 (第8章)
1974年京都大学大学院博士課程単位取得退学，心理学専攻，博士(文学)。
現在，大阪総合保育大学特任教授，神戸大学名誉教授。
主著:『初期言語発達と認知発達の関係』，風間書房，1999。『乳幼児期のことばの発達とその遅れ』，2015年，ミネルヴァ書房。『日本語マッカーサー乳幼児言語発達質問紙の開発と研究』，2016年，ナカニシヤ出版。主要論文: "The use of nouns and verbs by Japanese children and their caregivers in book-reading and toy-play contexts." *Journal of Child Language*, 33, 1-29.

梶川祥世 (第2章)
2001年東京大学大学院博士課程修了，学術博士。
現在，玉川大学リベラルアーツ学部教授。
主著:「なるほど！赤ちゃん学　ここまでわかった赤ちゃんの不思議」(分担執筆)，新潮社，2012。「こどもの音声」(分担執筆)，コロナ社，2019。

喜多壮太郎 (第3章)
1993年米国シカゴ大学大学院博士課程修了，言語学・心理学専攻，Ph. D.
現在，英国，ウォーリック大学心理学科教授。
主要論文: Senghas, A., Kita, S., & Özyürek, A. Children creating core properties of language: Evidence from an emerging sign language in Nicaragua. *Science. 305(5697)*. 1779-1782, 2004. Imai, M., & Kita, S. The sound symbolism bootstrapping hypothesis for language acquisition and language evolution. *Philosophical Transactions of the Royal Society B: Biological Sciences*. 369(1651). 2014.

執筆者紹介

小林 春美（第1章・第4章）
1991年米国メリーランド大学大学院博士課程修了，発達心理学専攻，Ph. D.
現在，東京電機大学大学院理工学研究科教授。
主著:「言語発達とその支援」（分担執筆），ミネルヴァ書房，2002。「よくわかる言語発達」（分担執筆），ミネルヴァ書房，2005。「コミュニケーション発達の理論と支援」（分担執筆），金子書房，2018。

佐々木正人（第10章）
1980年筑波大学大学院博士課程修了，生態心理学専攻，教育学博士。
現在，東京大学名誉教授。
主著:『新版アフォーダンス』，岩波書店，2015。『アフォーダンス入門 知性はどこに生まれるか』，講談社学術文庫，2008。『あらゆるところに同時にいる』，学芸みらい社，2020。

鳥越隆士（第9章）
1987年広島大学大学院博士課程単位取得退学，教育心理学専攻，博士（心理学）。
現在，兵庫教育大学大学院学校教育研究科教授。
主著:『バイリンガルろう教育の実践』（共著），全日本ろうあ連盟出版局，2003。『障害児教育』（分担執筆），ミネルヴァ書房，2001。『聴覚障害の心理』（分担執筆），田研出版，1999。

藤永　保（第7章）
1952年東京大学文学部心理学科卒業。
日本教育大学院大学学長・お茶の水女子大学名誉教授。2016年逝去。
主著:『発達の心理学』，岩波新書，1991。『思想と人格』，筑摩書房，1982。『発達環境学へのいざない』，新曜社，1995。『ことばはどこで育つか』，大修館書店，2001。

横山正幸（第6章）
1968年広島大学大学院修士課程修了，教育心理学専攻。
現在，福岡教育大学名誉教授。
主著:『文法の獲得』（共訳），大修館書店，1981。『学校大好き！―笑顔輝くトルコの子ども達―』（共著），清流出版，2003。『提言　子育て問題を考える』（共編著），日本小児医事出版社，2007。

新・子どもたちの言語獲得
ⓒ H. Kobayashi & M. Sasaki 2008　　　　　　NDC 376／x, 303p／20cm

初版第1刷────2008年3月20日
第5刷────2020年9月1日

編者	小林春美・佐々木正人
発行者	鈴木一行
発行所	株式会社 大修館書店

〒113-8541 東京都文京区湯島2-1-1
電話03-3868-2651(販売部) 03-3868-2293(編集部)
振替00190-7-40504
［出版情報］https://www.taishukan.co.jp

装丁者	永田勝也
編集協力	㈲メビウス
印刷所	壮光舎印刷
製本所	牧製本

ISBN 978-4-469-21318-8　　　Printed in Japan

Ⓡ本書のコピー、スキャン、デジタル化等の無断複製は著作権法上での例外を除き禁じられています。本書を代行業者等の第三者に依頼してスキャンやデジタル化することは、たとえ個人や家庭内での利用であっても著作権法上認められておりません。